中国残疾人福利基金会推荐用书

应用行为分析(ABA)完整教程
A Complete ABA Curriculum
基础技能分步训练

原　　著　Julie Knapp　Carolline Turnbull

主　　译　贾美香　白雅君

执行主译　彭旦媛　李　响

副 主 译　高　峰　于　洋　贾　萌　张海燕　李　荔

译　　者（按汉语拼音排序）

车翰博　陈素云　陈晓芳　程献莹　初晓菲　崔蒙蒙
代恒双　邓丽丽　刁风菊　董丹凤　董　慧　杜丽源
范晓娇　方丽娟　何　影　胡慧萍　纪志伟　贾慧锋
金浩然　柯黎颖　李　东　李恩耀　李　瑞　李　雪
梁艳林　林　恒　刘冬梅　刘桂赞　刘　欢　刘　堃
刘　星　刘艳君　吕文静　罗立晖　牟效玲　倪明明
齐丽娜　邵　沫　沈　琪　隋晓玉　孙丽娜　孙　琪
孙石春　孙　艳　谭筑霞　陶　煜　汪洪波　王红微
王丽琴　王晓武　王　玉　肖丽媛　谢裴风　徐振弟
杨　轲　杨　洋　杨智然　于秋霞　于　涛　于婷婷
云爱玲　曾　刚　张家翾　张黎黎　张　楠　张　妮
张晓燕　张兆惠　赵　芳　赵　泓　赵永林　周　娟
祝贺荣

人民卫生出版社

First published in 2014 by Jessica Kingsley Publishers
73 Collier Street, London, N1 9BE, UK
and
400 Market Street, Suite 400, Philadelphia, PA 19106, USA
www. jkp. com

图书在版编目(CIP)数据

应用行为分析(ABA)完整教程:基础技能分步训练/(美)朱莉·纳普(Julie Knapp)原著;贾美香,白雅君主译.—北京:人民卫生出版社,2017
ISBN 978-7-117-24307-0

Ⅰ.①应… Ⅱ.①朱…②贾…③白… Ⅲ.①缄默症-行为分析-儿童教育-特殊教育-教材 Ⅳ.①G766

中国版本图书馆 CIP 数据核字(2017)第 064033 号

人卫智网	**www. ipmph. com**	**医学教育、学术、考试、健康,购书智慧智能综合服务平台**
人卫官网	**www. pmph. com**	**人卫官方资讯发布平台**

图字: 01-2016-9314

应用行为分析(ABA)完整教程
基础技能分步训练

主　　译: 贾美香　白雅君
出版发行: 人民卫生出版社(中继线 010-59780011)
地　　址: 北京市朝阳区潘家园南里 19 号
邮　　编: 100021
E - mail: pmph @ pmph. com
购书热线: 010-59787592　010-59787584　010-65264830
印　　刷: 三河市宏达印刷有限公司
经　　销: 新华书店
开　　本: 889×1194　1/16　**印张:** 26
字　　数: 769 千字
版　　次: 2017 年 9 月第 1 版　2024 年 6 月第 1 版第 10 次印刷
标准书号: ISBN 978-7-117-24307-0/R · 24308
定价(含光盘): 95. 00 元
打击盗版举报电话: 010-59787491　E-mail: WQ @ pmph. com
(凡属印装质量问题请与本社市场营销中心联系退换)

序

自闭症，原来是多么陌生的词，可就是这么一个陌生的词打乱了多少家庭原本平静的生活。在中国，患者人数已达千万，但由于公众认知的淡薄、传统观念的偏见、专业支持系统和教育的缺失，他们仍被排斥在正常生活之外，连争取最基本的权利和尊严也相当艰难。

由儿子同桌的家长引荐，我有机会将目光投向这一奇特的病症：自闭症（又称孤独症）——儿童发育障碍中最为严重的疾病之一，以明显的社会交往障碍、言语发育障碍以及刻板的兴趣、奇特的行为方式为主要特征，故自闭症患儿被称为“遥远星空的孩子”。自闭症是一种终身性疾病，起病于3岁以前，预后大多较差，大约80%的孩子没有独立社交能力，无法独立生活，有的甚至终身没有语言。仅有约10%的高功能轻度自闭症患者预后较好，极少数可上大学、可独立生活。但罕有完全恢复正常的患者。迄今为止，该病查不出病因，亦无任何药物可以治疗。早期的专业训练是目前最好的治疗措施。最后这句话似乎成了这个群体唯一的希望，也启发我要帮助这样一个特殊的群体，光有爱心和志愿是不够的，职业化、专业化才是最好的解决问题的办法。支持那些愿意以自闭症康复训练为业的特教老师，引进、吸收国内外先进的康复训练方法。为此，我创办了大连万卷儿童自闭症康复中心，经过几年的努力，开设了董丹凤工作室、刘堃工作室、刘冬梅工作室，以及万卷社区儿童馆，将儿童的训练和社会融合结合起来，给自闭症儿童以全方位的支持和指导。我们还设立了“自闭症关爱汇”，致力于将全社会的爱心积聚起来。我们相信爱的力量定能汇成河，通过专业、优质、持续的服务送达到每一个加入关爱汇的自闭症家庭，共建孩子的成长家园。

在这个过程中，我们也在不断地探索、找寻国内外先进的自闭症康复训练成果，这一理念得到了许多爱心人士的赞同和支持。汪洪波，原国家疾控中心职员、英国博士留学归国人员、热衷公益的牙医，向我推荐了Jessica Kingsley Publishers（JKP）出版社刚刚出版的《应用行为分析（ABA）完整教程》，当时该出版社刚刚出版了一套四本书中的三本，尚有一本还未出版，当我拿到这套书的部分目录时，立即被书中循序渐进、自成体系的训练所折服。我把这些内容分别转给了各个工作室的主任及辽宁师范大学心理学院副院长刘文教授、中国残联自闭症专业委员会主任委员贾美香大夫，他们一致认为：这是目前自闭症领域中康复目标设定最系统、最细致的康复训练教程。

出版此套书籍的原出版社Jessica Kingsley Publishers（JKP），是一家有着29年历史的独立跨国出版社，由创始人Jessica Kingsley在1987年创立，总部位于伦敦。JKP出版了大量社会科学和行为科学类的著作，在艺术治疗和自闭症类书籍的出版上更是享有国际声誉。2007年，在英国独立出版商协会（the Independent Publishers Guild，IPG）、英国 *The Bookseller* 杂志及伦敦书展（London Book Fair）合作创办的年度独立出版奖上，JKP获得了“年度最佳学术与专业出版社”奖项。

我们了解了很多关于自闭症儿童康复训练的教程，国外在这方面的研究比我们早了将近半个世纪，积累了不少经验，这套由Julie Knapp、Carolline Turnbull编写的《应用行为分析（ABA）完整教程》是一套面向自闭症康复领域的专业权威书籍。我们在引进、翻译、出版此书的过程中，曾经遇到各方面的困难，这些困难都因为有众多爱心志愿者对自闭症的关心而得以解决。在此表示感谢。

大连万卷儿童自闭症康复中心创办者　**白雅君**

2017年6月

原著作者

Julie Knapp，哲学博士，美国国家认证行为分析师，Knapp患者发展中心执行主任（该机构位于美国俄亥俄州的Boardman，致力于自闭症患者的诊断和治疗）。Knapp博士同时还是克利夫兰大学医院系统彩虹婴幼儿医院的顾问，且任职于美国凯斯西储大学。此前，Knapp博士曾任职于克利夫兰诊所自闭症中心，她还是杜肯大学和查塔姆大学心理学教育论坛的老师。她完成了一项开展于沃森研究所涉及神经心理学与自闭症谱系障碍领域的为期2年的博士后研究，其后又完成在宾夕法尼亚州立大学开展的行为分析领域附加训练。Knapp博士曾在国家神经心理学学院担任了2年的委员会成员；Knapp博士目前持有自闭症诊断观察计划（Autism Diagnostic Observation Schedule，ADOS）与自闭症诊断访谈量表修订本（Autism Diagnostic Interview-Revised，ADI-R）的双重认证证书。在Knapp患者发展中心，Knapp博士提供了一项国际应用行为分析（Applied Behavior Analysis，ABA）项目帮助世界其他国家的家庭前往美国接受应用行为分析项目的治疗。她同样还为军人家庭提供了一个应用行为分析治疗项目。她通过自闭症之声（世界领先的自闭症科学与倡导组织）收到了一笔赠款，并将其作为她社交技能项目的种子资金。她为自闭症患者提供家庭应用行为分析教程及夏令营治疗项目、召开家长会，以及创办培训学校。Knapp博士在专业期刊上发表了9篇有关于自闭症的文章与论文摘要，在全国性会议上提出了许多研究所得，还为俄亥俄州自闭症服务项目编辑了一份资源指南（得到了克利夫兰研究中心的资助并得以发表），Knapp博士曾参加过多个访谈以及通过大众媒体（如电视与杂志文章）参与过许多教育论坛；Knapp博士曾是国家卫生研究所（National Institute of Health，NIH）开展的自闭症幼儿药物试验的主要研究人员，同时还任职于克利夫兰研究中心。她在2012年、2013年连续2年为自闭症之声主持了第一届、第二届“马霍宁山谷行动”，为该组织筹集了超过10万美金的善款。Knapp博士是自闭症之声俄亥俄州分会咨询委员会成员，以及自闭症协会俄亥俄州马霍宁山谷分会的董事会成员。她负责核查自闭症之声俄亥俄州的拨款申请。她在处理患者发育障碍领域拥有超过15年的经验，在地方、州、国家性的会议或集会上，她开展了超过75次有关于自闭症的研讨会与讲座。

Carolline Turnbull是俄亥俄州Twinsburg一家名为患者纽带神经行为中心的国家认证助理行为分析师。Carolline是一名以家庭与学校为基础的行为咨询顾问，她为存在不同神经认知与机能障碍的智力相当于3～6岁的患者开发了一套舞蹈课程。她完成了她在肯特州立大学有关于言语病理学与听力学的学士学位，在佛罗里达理工学院（FIT）完成了她助理行为分析师的认证课程。Carolline在患有发育障碍的患者及青壮年的行为管理领域已有超过15年的经验。在加入患者纽带神经行为中心之前，Carolline在克利夫兰的自闭症研究中心任职了8年，在这段时间内，她担任了不同岗位的职责，如课堂行为治疗师与拓展行为治疗师，针对家庭与学校人员提供咨询，且担任了2年SPIES社交夏令营的的副主任。

目录

第一部分　教 程 实 施

第二部分　教 程 内 容

第一部分

教程实施

第1章 应用行为分析(ABA)教程介绍

应用行为分析(applied behavior analysis, ABA)教程旨在教导自闭症谱系障碍(autism spectrum disorders, ASD)患者学会各种技能,包括安坐技能、模仿(精细动作、粗大动作和口腔运动)、视觉空间能力、接受性语言、表达性语言、语用语言、适应能力、学业能力、社交/游戏能力和职业技能。这套进阶能力教程由包括渐进的技能的四本书组成,本册书是其中的第一本,包含了进行更高级技能教学所需的基础技能。很多人可能已经具备这些基础技能从而可以直接学习第二册或第三册课程。但是必须确保你所教的受训者在学习高级技能前已经掌握这些基础技能,因为如果他们还没有掌握这些基础技能,他们很可能在直接学习高级技能时困难重重。作为整套丛书的第一本,本课程针对1~4岁受训者,书名可能让人误解,因为此书中列举项目所培养的技能,大部分发育正常的儿童在1~4岁时就能习得。然而,自闭症谱系障碍受训者多表现为发育迟缓,因此,这本书主要的受众可能是处于自闭或其他发育迟缓的2~4岁受训者,也可能是实际年龄更大而发育年龄处于这一年龄区间的受训者。最后需要强调的是,自闭症谱系障碍人群往往同时缺乏多种技能(如语言、视觉空间技能等),因此具体的教学计划所需的任务分析技术可能同时分布在该丛书的多本课程中。

ABA发展课程针对发育迟缓的受训者提供了超过550个具体的教学程序,本书包含其中的140个项目。每种程序或技能作为一个任务分析(task analysis, TA)的形式呈现。我们为如何解读和实施任务分析、如何收集和记录数据,以及如何把数据制成表格提供指导。此外,我们也提供一些教学策略的建议。因为这门课程是以工作簿的形式来设计,所以可以直接在有任务分析的相关页面记录受训者的进步,或者从附赠的CD中将相关的任务分析表打印出来放入受训者活页档案中,成为个体化ABA课程的一部分。另外,除了附带CD中的TA外,还有三个页面可以下载打印,内容是数据收集表和两个表格(技能习得和辅助数据)。在使用此工作簿时,这三页要打印,以便记录每个疗程的数据并用表格呈现结果。我们建议您打印并复印这三页,然后将它们连同选定的"任务分析"放入一个活页档案。在该活页档案中,我们建议您将数据收集表作为首页(因为使用频繁),并区分每个教学领域(即参与、视觉空间、接受性语言等等)。

每个部分都会有任务分析表(除非你直接将其记录在工作簿中)和依据任务分析表所收集的数据图所画出来的表格(每个治疗部分可能会进行10~15个任务分析)。

这样一来,这份活页档案与这套ABA教程就完整记录了受训者的个性化ABA诊疗课程。ABA教程还为您提供了一份包括教授技能的项目列表(这个列表被称为"课程指南";在附赠CD上)。本指南旨在指导您根据教学对象选择具体项目,并标记哪些项目在教学对象的当前教程表中,哪些项目已经完成并存档。我们提供大约140个项目,旨在帮助你所教导的学生实现自身最佳状态和最大程度的独立。

ABA教学的基本策略

本套教程的内容以应用行为分析的理论和实践为基础。ABA被普遍认为可通过改善认知、语言、社会性和适应性功能来改变自闭症谱系障碍人士的发展。利用研究成果作为指导并借鉴行为分析中的高级训练手段,我们创建了"如何做"工作簿指导如何对自闭症谱系障碍人士进行具体的TA。项目中的每项能力都是通过TA教学来实现的,每个TA都是将复杂任务分解成简单步骤的过程。这些简化的步骤让学习变得更容易且有益于减少学习复杂任务时所产生的挫败感。对学习者来说,学习过程越简单,就越容易掌握目标行为,进而获得更大的成功。

ABA以数据为基础,是一种基于数据分析从而达到改变行为构建能力的动态方法。ABA可以消除伴随自闭症谱系障碍、注意缺陷多动障碍

(attention deficit hyperactivity disorder,ADHD)、学习障碍、发育迟缓及行为障碍的不适应性行为。通过强化和辅助,ABA 也被用于增加期待的适应性行为。ABA 为大多数学习者带来多种技能的全面持续的提升。ASD 患者很难像同龄人那样在传统环境中学习,但通过正确的指导可以学会很多。辅助和强化经常是教程中常用的执行 TA 的方法,这两种方法也成为 ABA 的主要教学方法。

辅助与辅助等级

辅助是 ABA 主要的教学技巧之一。辅助给予教授对象有助于促进其反应的提示。简而言之,如果受训者不能独立完成某项技能,我们给予辅助来教授他们该技能。辅助按照指导程度的多少分为多个等级。训练师应该使用必要的且最少的辅助来帮助受训者实现正确反应。需要强调的是,在教学中需要淡化辅助,避免造成辅助依赖。辅助依赖指的是受训者在完成指令或看到辨别性刺激(discriminative stimulus,S^D)时依赖于训练师的提醒。为了防止这一点,在教授每一项技能时必须逐渐淡化辅助并促进受训者的独立行为。

此外,训练师要警惕无意识辅助,教授者可能没意识到,但这种情况可能多次发生。这也是要和国家认证行为分析师(Board Certified Behavior Analyst,BCBA)一道开展工作的众多重要原因之一,因为更多的专家能给出关于辅助和无意识辅助的意见与建议。无意识辅助可以无形中帮助受训者成功完成任务,然而这并不是因为他们真正掌握了这项任务的技能,而是因为他们遵循了训练师的无意辅助。

例如,我们建议训练师始终以随机辅助方式放置目标项目或图片。例如,在一个配对活动中,区域内有 3 个(是指期望受训者作出选择的对象数目)对象,在培训过程中将目标有针对性地放置在不同的地点(即居左、居右或居中)。这样放置有助于避免不恰当的辅助,即将目标放置于离受训者近的一侧。

表 1.1 详细描述了在 ABA 教程中应用最为广泛的一些辅助类型。位于表格顶端的辅助的干预最为强烈,由上至下,辅助所包含的干预性逐步减弱。

表 1.1　ABA 中广泛使用的一些辅助。表中辅助的强度由上到下依次递减

辅助类别	描　述	举　例	辅助图例
全躯体辅助(full physical,FP)	受训者需要借助完全身体协助来完成任务。训练师提供手把手的辅助确保受训者给出正确反应	训练手指画时,训练师将手放在受训者的手上向他们展示如何用手蘸颜料,然后再把手放在画纸上	
部分躯体辅助(partial physical,PP)	受训者需要借助部分身体辅助来完成任务	训练受训者使用图片交换沟通系统(picture exchange communication system,PECS)表达需求时,训练师拿起受训者的手放置在画面上然后松开手,或者将手放在受训者的小臂上来引导他们	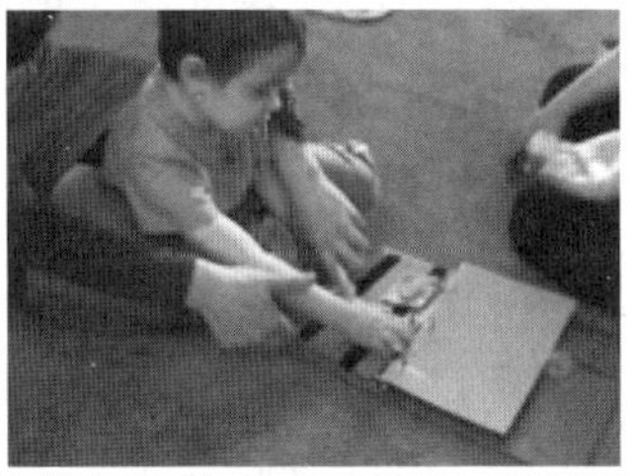
姿势辅助(gesture,G)	训练师做出某些姿势来辅助受训者进行正确反应	训练梳理头发时,训练师和受训者站在镜子前,训练师通过镜子将要梳理一侧头发的动作示范给受训者	

续表

辅助类别	描　述	举　例	辅助图例
位置辅助（positional，POS）	训练师在某个特定的位置放置辅助物	放3张熟悉的人的照片并给出指示“触摸爸爸”，训练师应把正确答案放在离受训者较近的位置上	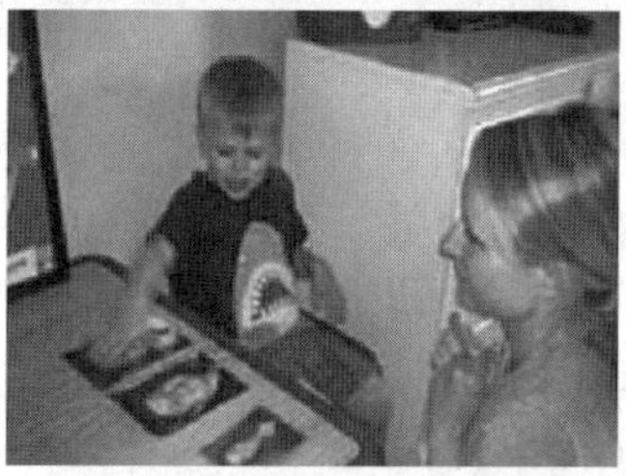
视觉辅助（visual，VS）	训练师给出答案的视觉性线索	提问“我们喝什么”时，训练师手举一幅杯子图片	
言语辅助（verbal，VB）	训练师直接说出正确答案	训练命名物体颜色“紫色”。训练师在展现图例时应立刻口头辅助“这是什么颜色？紫色”	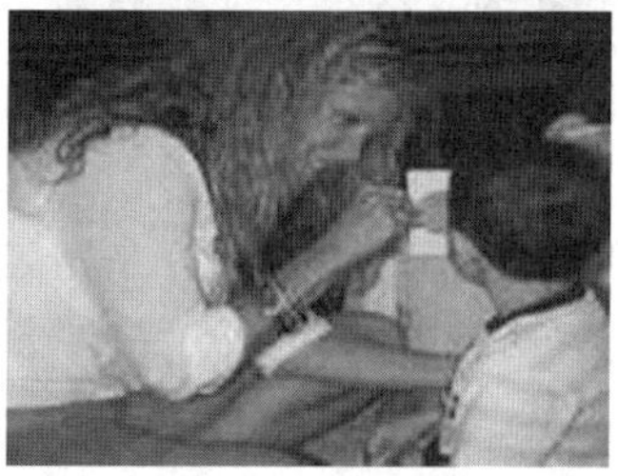

需要强调的是，因为所有人都可能有依赖辅助的倾向，所以必须考虑使用成功完成任务所必要的辅助等级，并迅速尝试弱化辅助的作用以避免辅助依赖倾向。一般来说，最好先从最弱辅助上升到最强辅助。例如，指导一名受训者去触摸身体一个特定的部分，您可能会使用姿势辅助（G），如果受训者没有正确反应，那么您应采取更高等级的辅助，即使用部分身体辅助（PP），甚至全身体辅助（FP）。这样可以确保训练师逐步淡化辅助以降低依赖辅助的风险。另外，由于言语辅助（VB）不易消退，我们建议训练师尽可能地使用其他辅助方法，仅仅当需要口头反应时才使用言语辅助。

强化

强化是ABA中另外一个常用的训练技巧。强化能提高受训者的学习动机。更高的学习动机往往等同于提升了受训者对所教技能的兴趣，因此，我们更可能看到受训者能力的改善和技能的进步。

下面针对强化训练提出了一些建议：

- 强化物应该是功能性的。换句话说，强化物应该增强受训者的行为并获得预期行为效果。某种强化物对某个受训者有强化作用但不一定对另一个受训者有强化作用。例如，有些受训者可能会为了喜欢的爆米花而努力，而其他人可能根本就不喜欢爆米花，因此，对于那些特殊受训者，爆米花的强化作用就不会有效。另外，强化物随着时间推移会发生改变。在一段时间内起强化作用的强化物过一段时间可能失去强化作用。所以，需要不断重新评估功性强化物[偏好评估（系统地展示各种强化物以便确定哪个强化物最有效）会有助于确定新的功能性强化物]。
- 持续发现新的或开发新的功能性强化物。评估你的学生喜欢玩什么，或者他们独处的时候沉浸在什么东西里。他是否喜欢运动或旋转的东西？是否喜欢发光物体或狭小的空间？利用他们喜欢的玩具和物品的特质来发现或开发其强化物。例如，如果他更喜欢会发声的玩具，他们可能也会喜欢音乐书籍、CD播放机、iPhone或iPad上的音乐视频的应用程序等。为了帮助大家持续确定强化物，强化物目录（用来识别对受训者有效的强化物的调查问卷）会很有帮助。
- 训练一项新的技能时，强化物应该立即出现。为了让强化有效果，当受训者新的技能出现时，强化物应随着预期反应立即出现。当新技能建立后，才能考虑延迟强化[即“代币制”

(一种受训者赚取代币来换取所需强化物的行为矫正技术)]。必须确保受训者的行为和强化相关联,这就是我们要求强化时效性的原因。要建立这种关系,最有效的方法是在预期反应后的 1 秒钟内给出强化。他们会开始明白,如果他们作出正确反应,就能获得强化物,这有助于促进学习的过程。

- 强化物只可以在治疗过程中或者在自然环境中训练技能时使用。强化物不应该让受训者在任何时间都能随便得到,因为这会削弱强化物的作用。例如,如果在训练如厕时使用特定的视频作为强化物,则要确保受训者在其他时间看不到该视频。如果他/她可以在训练以外的时候看到视频,那么他们可能就不会积极表达如厕意愿。因为他们努力较少时也能得到强化物。
- 区别性强化。这意味着在回合试验教学中(见第 4 章),当受训者不需要辅助作出正确反应时,提供受训者最喜欢的强化物;需要辅助回应时,给予一般喜欢的强化物;错误反应则不给强化物(见第 3 章)。区别性强化有助于受训者更快地学习技能。
- 采用一系列强化物来避免受训者对某个特定强化物产生抵触情绪。这有助于确保强化物的强化作用及其对受训者持续的功能性作用。采用多种强化物也让区别性强化成为可能。针对有阅读能力的训练对象可以制作一个有强化物贴图或手写强化物的强化板,以便他们选择想得到的强化物。在强化物被选定之后,要把相关条目从强化板上移除,以确保在接下来的活动项目中,其他强化物得到利用的同时也避免对一种强化物的厌倦。简而言之,训练师要不断更换强化物。
- 把强化实效较长或较难从受训者手中拿走的强化物,放在治疗的最后环节使用。这样做的目的是,受训者可以在最后获得实效最强或最有效的强化,而训练师也不用担心要从他手中拿回强化物。例如,受训者喜欢看某个视频或玩某个电子游戏,把这些高动机的强化物放在治疗的最后环节使用。
- 始终将初级强化物和次级强化物(即口头表扬)进行配对至关重要。初级强化物指生活必需品,如食物和饮料。自闭症谱系障碍受训者往往对初级强化物反应强烈,而对次级强化物如赞美则反应冷淡。然而,初级强化物并不一定适用于现实环境,如课堂环境。具体来说,学校的训练师给一个作了正确回应的学生喝一口他最喜欢的饮料可能不自然,但是训练师赞扬学生"做得好"就很合适。当我们配对使用初级强化物和次级强化物时,次级强化物慢慢就有了初级强化物的特质,换句话说,受训者开始接受社会表扬,进而可以减少甚至停止使用初级强化物。
- 强化物要适合于特定的年龄(只要它是功能性的)。使用适合受训者年龄的强化物可能有助于同伴接纳,因为作为同龄人,某个特定的事物或活动对他们来说可能也起到强化作用,这有助于形成群体。适龄强化物也可以让被训者在其他自然场合(如学校、社区活动)得到强化。
- 随着受训者对新技能的日益熟练,强化物应逐渐消退。那些正在训练的项目,或是受训者容易完成的项目上可以降低强化频率,即采用延迟强化,使用代币制有助于淡化强化物或削弱强化程序。也可以要求受训者完成几个简单的或维持性的任务(在维持阶段已掌握的任务)后,获得强化物。需要强调的是,随着时间的推移,强化物的作用要不断淡化,这样有助于受训者适应强化训练并在其他自然环境中也能得到强化。
- 强化的时机很重要。你肯定不想为了强化而降低受训者的工作动力。当受训者理解了预期反应和强化物之间的关联后,在受训者完成几个任务或给出正确反应后再给予奖励。使用可变强化程序表实施强化训练(在这种程序表中,正确反应随机次数之后才能给予强化物),以便不打破强化训练的进程。最好在一个活动进行到一个自然停顿点时进行强化。例如在一个或多个任务完成的时候。但是请记住,如果受训者正在学习一项新技能,那么所给予的强化比较频繁,甚至需要按 1∶1的比率进行强化,在训练期间不断停下来给出强化。
- 严格遵循强化程序表。训练师越是遵循强化训练时间安排,受训者越会持续作出正确反应。
- 言语强化要具体,不是一般性的、缺乏描述的赞美。因此,不要说"做得好"或"好样的",因为这些都是非描述性的赞美并不能体现哪里做得好或者是他们做了什么而得到表扬。应确保言语强化很具体,例如说:"坐下了,做得好。"
- 不要用强化物"贿赂"受训者。应该让他们在治疗开始前或作出一系列正确的反应前选择强化物。尽量不要提醒受训者他们完成一项任务就会得到奖励,因为这与经过努力给出正确回应后获得奖励的效果截然相反。

第2章　教程指南

本书有包含了大约140个项目的教程指南，可以在附赠CD上找到。这份指南可以帮助训练师确定教授项目的顺序，也可以用来核对受训者在过往训练中已经具备了哪些能力，掌握了哪些项目。训练师不需要按教程指南列出的顺序授课。事实上，我们强烈建议同时教授来自指南不同部分的多个项目。一般情况下，我们发现有发育障碍的受训者可以在一个2小时的课程中完成10~15个项目。开始第一个ABA项目或使用工作簿时，我们建议教授少量项目直到熟悉课程中列出的任务分析，而且训练受训者在规定时间内顺利完成指定项目。当训练师可以娴熟地开展任务分析且受训者可以顺利完成任务时，则可以给训练增加更多项目。

在选择教授哪个项目时，选择不同技能领域（即适应技能、社交/游戏、接受性语言等）的任务分析以便整个方案覆盖多种技能。这样做有助于避免受训者出现厌倦和沮丧情绪（如果只选择那些受训者有困难的项目，如只选择语言表达项目，他们会有挫折感）。最后需要强调的是，需要在确保受训者已经在关注和模仿技能取得进步之后，再进入到其他高级能力领域的教学。

训练师可以在教授模仿和参与技能的同时开展其他技能的教学，但是我们建议，如果受训者尚且不具备安坐、关注、模仿的能力时，必须首先教授这些项目，因为这是整套教程里所有能力的前提。这些技能也代表"受训者做好了学习的准备"，受训者需要具备安坐、关注辨别性刺激（S^D）和模仿的能力，才能学习其他任务。此外，应密切关注大多数任务分析结尾的有关具体项目必备能力的"建议"，因为这些"建议"会告诉您，受训者要学习当前的项目应当具备什么基础技能。比如，正在教一个没有语言能力的受训者，在教授表达性语言之前，应该教授接受性语言、口头模仿甚至图片交换沟通系统（PECS，一种教授受训者通过与你交换图片获取物品或活动的替代/强化沟通系统）（Bondy and Frost 2002）。

我们建议，如果受训者尚不会模仿，应该由粗大运动模仿教起，然后过渡到精细模仿，最后是口头模仿。因为大多数自闭症谱系障碍受训者在粗大运动技能方面表现出优势。因此，从受训者的优势项目开始，他们可能会更快成功，这会促使他们有兴趣，有参与动机，进而有助于开展其他两种模仿项目。

另外，我们建议先教授物品操作模仿（如，把积木放进一个容器里），然后再教授只涉及身体的模仿能力（如，摸头），因为使用实物具有强化特质（即声音、视觉刺激），也就增强了受训者正确反应的动机并提高了学习效率。

我们在开发本教程中的项目时使用了多种标准化的评估作为指导，包括 *The Assessment of Basic Language and Learning Skills-Revised*（*ABLLS-R*）[《基本言语和学习能力评估（修订版）》]（Partington 2006）和 *Bracken Basic Concept Scale-Third Edition*[《Bracken 基本概念量表（第3版）》]（Bracken 2006），这些资源能帮助我们确定患者早期学习中需要培养哪些能力。ABLLS-R是用来监测自闭症谱系障碍受训者或有其他发育问题人士能力进展情况的评价工具和跟踪系统。建议在训练之前先使用ABLLS-R来鉴定受训者的运动能力、语言能力、学业能力、模仿、视觉空间技能和适应能力不足之处。可以利用ABLLS-R的评估结果选择适当的教程来进行教学。你会发现ABLLS-R中的技能领域和这门课程的技能领域非常相似。我们的教程与ABLLS-R的主要区别在于教学目标及如何实现这些目标。本课程还提供TA及"如何"训练每个项目来提高技能。你也可以在使用本教程的同时使用ABLLS-R重新进行评估。如果您不能使用或选择不使用ABLLS-R，那么您可以按照课程指南提供的CD来探索受训者哪项能力有困难，然后再进行针对性训练。

例如，如果你将TA里的一个辨别性刺激（S^D）展现在受训者面前，如果他能够顺利表现这项技能，那么你可以认为他已经在过去的训练课程中掌握了这项技能，然后探索其他技能直到发现他有困难的技能。这正是你需要教授的项目。

你可以使用基线数据（稍后有提到）和数据表（稍后也有讨论）来分析进度和学习趋势。

下面列举的是针对一个尚不能完成安坐、集中注意力和模仿的年龄小、缺乏语言能力的受训者应采用的学习项目：

- 恰当安坐（专注力）
- 对名字回应的眼神对视（专注力）
- 使用物品操作的粗大动作模仿（模仿技能）
- 粗大动作模仿（模仿能力）
- 物与物，图片与图片的配对（视觉空间技能）
- 辨别动物（接受性语言技能）
- 辨别熟人（接受性语言技能）
- 图片交换沟通系统（第一阶段）（表达性语言技能）
- 单独玩含有因果逻辑的玩具（游戏/社交技能）
- 使用杯子（适应技能）

下面列举的是针对一个可以完成安坐、集中注意力、可以讲话但是不能顺利回答问题，精细动作技能、学前技能和游戏技能有障碍的 3 岁受训者应开展的学习项目：

- 对名字回应的眼神对视（专注力）
- 按颜色进行分类（视觉空间技能）
- 拼图（视觉空间技能）
- 回复问候和告别（表达性语言技能）
- 对想要的物品和玩具回答简单的是/否问题（表达性语言技能）
- 回答简单的社交问题（表达性语言技能）
- 辨别形状（学术技能）
- 数数（学业技能）
- 共同注意力（游戏/社交技能）
- 歌曲和游戏中做相应的动作（游戏/社交技能）
- 穿/脱衣（穿脱衬衫）（适应技能）

这一课程不仅可以教授小年龄段受训者，同时也适用于还未掌握这些必备的基础技能的大年龄受训者。

第 3 章　ABA 教程——理解任务分析

本章介绍的是如何阅读理解 ABA 课程里与每个能力领域相关的任务分析。TA 展示的是如何把一个复杂的任务分解成更小、简单的、可教学的步骤。这些简化的有序步骤串联起来可以让受训者学会一项复杂技能。运用任务分析法来教学让学习过程变得容易，降低学习复杂任务可能带来的挫败感。学习过程越容易，受训者就越容易学会相应的技能，同时受训者也会有更大的成就感。

下面介绍如何阅读和实施教程中包含的 TA，及如何记录 TA 数据表。

表头：标题和等级

每个 TA 的表头就是技能的名称，例如，“恰当安坐”这一标题与课程指南上列出的标题相对应。正常发育受训者通常可以自然地或比较轻松地完成这些技能。然而对于自闭症谱系障碍人士或有发育迟缓的受训者，就不得不进行针对性地训练这些技能。技能标题的右面是训练等级。我们建议把训练等级定位在和他们学习速率相当的水平上，以便促进学习与技能的掌握。第 5 章有关训练方法的内容中对级别系统进行了详细介绍。就目前所涉及的内容来说，需要牢记受训者所处的具体能力等级。

任务分析的第一部分

在每个 TA 的顶部，都有几个描述“规则”的部分，用以描述如何进行 TA。包括刺激指令预期的反应、收集数据的类型、目标标准及进行 TA 所需的材料。每个训练项目中的 S^D（辨别性刺激）指的是训练师用于激发受训者反应的语言或行为刺激。其可能包括给受训者呈现一些材料或给出言语性指令，比如先给他们看代表三种不同动物的物品，然后发出指令“摸一摸牛”。我们建议使用教程的训练师采用统一的方式呈现 S^D。一般来说，自闭症谱系障碍或发育迟缓的受训者存在语言发育迟缓或不足。因此，请使用简单明了的 S^D。比如在模仿训练项目中，您会发现 S^D 仅仅是“这样做”再加上要模仿的行为这么简单。

训练师不应改变 S^D，比如将“这样做”更换成“按我做的做”“模仿我来做”之类的指令 S^D，因为这些 S^D 要求更高的语言理解能力。然而，正如稍后提到的，应当根据受训者的学习速度来确定他的训练等级。对于能力较高的受训者我们还是建议您合理地改变 S^D（参见第 5 章中的级别系统指南），但是一般不要轻易改变 S^D，除非有迹象表明您可以这样做。

TA 的下一个区域是“反应”，反应指的是在 TA 中的每个目标或整个 TA 训练完成后，训练师希望受训者习得的行为反应。需要重视的一点是，参与教学的每位训练师期望的反应目标应该都是一致的。

进行 TA 前，训练师们应该对反应行为做详细的操作性定义，在训练开始后也需要再次研究讨论修改。操作性定义应是可观察的、可记录的、清晰明了的行为解释。例如，对“恰当安坐”这一 TA 的反应描述是：把嘴巴闭上，平稳安坐（手放在桌上或膝盖上，脚不动）。进行 TA 的训练师应该事先对受训者的期待行为充分地了解。受训者们的手是否放在自己的膝上还是放在桌上？所有参与 TA 的训练人员都应有一致的期待反应，以保证收集的数据是有效的。另一种错误是，当训练的期待反应级别较高时常与其他技能相关联。例如，在“参与唱歌、游戏活动”的 TA 中，预期反应包括受训者参与唱歌、游戏的行为，但不包括做出与唱歌相关的粗大动作。我们曾经看到过这样的例子，受训者表现出停滞的学习趋势，其原因是训练师在一个“我是小小茶壶”的 TA 中期待看到精确的粗大动作，即受训者的手举到肩膀高度做茶壶状然后稍微侧身。而受训者处于随音乐举手到腹部高度这个级别，但训练师的预期却与儿歌无关，反而与粗大动作相关，这无疑是南辕北辙的。由此可见，训练师对期待反应加以辨别，从而保留那些与特定技能相关的期待反应是非常重要的。

接下来的 TA 内容是数据收集。实施 TA 的训练师需要记录的数据类型。本教程利用两种数据：技能习得和辅助数据。技能习得记录的是快速开始和结束的 TA。例如，S^D 可能是"你叫什么名字?"，受训者给出的反应为"玛利亚"。这是一个回合式教学（回合式教学指的是 ABA 中每次用来训练一个步骤或达到一个目标的一系列方法）。

对于技能习得来说，每一个回合都需要记录数据。正确的反应记作"+"，不正确的记作"-"，需要辅助的记作"P"（辅助教学也是一种回合式教学，是指训练师为确保受训者给出正确反应，在给出指令后立即为受训者给予辅助）。反应（+，-或 P）将会被记录在数据表上。如果进行辅助教学，那么辅助的类型也应该一道记录下来（表 1.1）。对于技能习得的 TA 来说，每个疗程的目标应该多次进行。我们建议每个目标练习的前 10 次数据都应该记录下来。在时间允许的情况下，每个疗程数据收集完成后，应该继续进行该技能的练习。辅助数据能显示出哪些项目串联起所有训练步骤并最终促成了受训者的技能习得。这些项目一般需要很长时间才能完成。例如，用叉子吃东西、物体分类和系鞋带。辅助数据应含有完成某个步骤或达到某个目标的辅助次数与类型。数据记录为 FP、PP、G、POS、VS、VB（表 1.1）。我们建议在那些收集辅助数据的 TA 的目标中，每个疗程的目标应该至少进行一次，同时在第一次尝试中记录数据。训练师也可以在一次疗程中选择多次训练某一技能以确保受训者能充分练习来掌握这项技能。

标记为"目标标准"的这一部分告诉我们受训者何时达到标准以进行下一个目标。有两个标准：一个是技能习得数据，另一个是辅助数据。技能习得数据的目标标准是在连续 3 天的训练中在 2 位不同训练师指导下都得到独立作出预期反应的次数的 80% 及以上。具体而言，如果每次训练呈现 S^D 10 次，受训者应该有 8、9 或 10 次正确地作出预期反应。需要强调的是，至少有 2 位训练师完成相同的训练内容以便使技能在不同的人之间进行泛化。另一个目标标准为辅助数据，即 2 位训练师连续 3 天内都没给予辅助。这意味着受训者连续 3 天、在至少 2 个训练师呈现 S^D 时不需任何辅助独立完成某项能力要求，然后受训者才可以进行下一个目标训练或者将此教学目标移至维持教学中（见下文）。再次重申独立完成任务的重要性，因为我们的目的是使受训者经训练获得理想的功能性，不需要辅助就可以完成指定任务。

该标准也有例外。在第 5 章中介绍的级别系统中对于能力处于第二阶段或第三阶段的受训者，我们建议尽可能及时修改目标标准以便更快地完成能力项目（请参阅第 5 章有关目标标准的具体建议）。

TA 的第一大部分的最后一节是训练材料，列出了进行 TA 所需材料及可替代材料。材料包括图片、实物、计时器、视觉程序表和强化物。某些 TA 所需的特殊材料可以在附赠的 CD 中找到。

任务分析的中间部分（消退程序）

受训者达成目标标准后（在连续 3 天的训练中经 2 位训练师辅助都得到 80% 及以上的独立给出的预期反应或过程中零辅助），在 2 种新的环境中成功泛化，这个 TA 就开始进入到了消退阶段。对于某些 TA 而言，消退阶段可能在 TA 刚进行一部分时就开始了。特例的 TA 会有特殊标注。消退程序部分包括维持计划和维持标准、自然环境标准和项目归档标准。项目首先进入维持计划。一个 TA 的维持能够确保随着时间的推移该技能被保持。维持很重要，因为许多患有自闭症的受训者在没有机会锻炼使用某一项技能的时候就会失去这一技能。维持有助于在终止每日训练后保持训练成果。

一旦受训者能够对某个项目进行泛化，训练就可以进入维持阶段。我们有必要对之前获得技能制订一个系统的计划来进行消退训练。我们采用从每周 2 次（2W）降到每周 1 次（1W）再到每月 1 次（M）的维持训练频率。这意味着，在日常教学中正在实施的 TA（即每周 5 ~ 7 次）将减少到 2W。然后消退到 1W，最后达到在自然环境状态标准。

实现每周 2 次（2W）的维持目标是达到连续 4 次 100% 正确。一旦达到这个标准，训练频率可以降到 1W。

在连续 4 个训练疗程中达到 100% 正确，训练频率就能降到每月 1 次。对目标项目进行每月 1 次的试探应该持续到受训者的正确反应成绩达到连续 3 次 100% 正确。如果在维持计划的任何时候受训者表现出连续 2 次低于 100% 的准确率，那么训练就应该回到之前的更频繁的阶段。例如，如果您处于每周 1 次(1W)的维持训练阶段，但受训者表现为连续 2 次低于 100%，那么就要回到每周 2 次的训练周期，因为受训者需要更多地接触目标。如果发现受训者总是出现相似的错误反应，可以返回到和受训者出错相应的上一阶周期或者干脆改为每日培训。例如，如果正在进行的训练是关于"命名身体部位"，受训者总是不能正确命名腹部和踝关节，但能准确命名其他 8 个部位，那么可以将其他 8 个部位的命名训练改为维持阶段(降低训练频率)，而将连续出错的训练改为更频繁的维持训练阶段。当每月 1 次的训练能够维持该目标时，训练可以进行到下一阶段即消退阶段并转换到自然环境(natural environment，NE)中。训练受训者技能的目的是提高他的独立性，优化能动性。合格的独立性是指，受训者能够在多个新环境(如商店、邻居家、教会)中自发表现出相应技能。

举一个在自然环境状况下获得技能的例子，在教会受训者建立一种范例之后，受训者就会在学校的日常事物或在教堂做礼拜时建立一种范例。在每个零辅助或独立训练项目中(如洗手、自己玩开放式玩具)，受训者应在有陌生人或新事物存在的情况下自发达到预期目标。以洗手为例，受训者应该能在教室吃零食之前、在公共场所如厕后或当手粘上了黏东西时主动洗手。在 3 种日常活动中受训者都能将同一技能泛化时，自然环境标准就达到了。

一旦达到目标标准，即维持标准和自然环境标准，那么这一项目就可以结束了。

任务分析的中间部分(建议目标与试探结果)

本课程给大多数 TA 提供了建议目标和记录试探结果的区域。不是所有的 TA 都会有这一部分内容。例如，大多数辅助项目不会有这一部分，因为这类项目的目标单一(如洗手、用卫生纸等)。而那些有这一部分内容的项目中，我们提供了一系列建议目标。例如，接受性指令(一步指令)的训练包括起立、转身、坐下、给我、跳跃等等。需要注意的是这些目标没有先后顺序。所选的目标是视受训者的首要特征而定的。例如，训练对象经常在学校离开座位，那么针对该受训者的目标就是"坐下"。

建议目标的下面是记录试探结果的区域。是受训者在训练前已掌握了的那些目标(或已在其常备技能库中)。如果开始一个新项目，应该试探下每个建议目标。另外，训练师也应该试探未被列出但被认为与受训者相关的目标。如果受训者可以完成试探目标指令，那么就可以在试探结果记录栏中记录这一能力，并可以不需要完成额外训练。如果受训者不能完成指令，那么就需要将这项技能安排在 TA 的目标训练部分中。

任务分析的底部——教学目标区

TA 的最后一个表格包含 7 栏，是给训练师记录受训者训练目标、基线准确率、目标开始日期、目标完成日期及消退训练程序的。

目标栏

这一栏标题为"目标"的区域用来记录 10 个选定目标。对于某些受训者应当选择多于 10 个目标记录时，那么训练师应该持有 2 份 TA 表格以便有足够的空间记录数据。这些目标是经过一系列试探后选定的。如果受训者在试探时可以完成任务，那么该目标就被列为已掌握项目，不需要另外训练。反之就要安排训练。更重要的是，您要根据难度递增原则或是为了利用强化特性(利用行为动量，先训练容易的技能以促进学习)来安排训练。例如，训练"物品操作粗大动作模仿"，受训者可能对堆积木特别感兴趣，那么堆积木就可以被定为第一目标，因为积木对于受训者起到的相应的强化作用可以激起学习动机和兴趣，应当先选择训练堆积木然后再训练组装积木，因为相比之下积木组装更复杂。

基线栏

TA 的这一部分用来记录技能习得和辅助项目的基线准确率。每开始一项新技能，训练前应先定义基线分数(请参阅第 6 章中有关基线数据收集的部分)。基线得分在目标的旁边一栏。例如，"听衣服的名称找到相应的衣物"的训练中，目标是"衬衫"，基线得分也许可记录为 40%。但是，如果训练的是"洗手并擦干手"，那么基线得分将包括辅助次数和辅助类型，格式为 4P（即 4 次辅助），这个例子就是一个 FP（全辅）和 3 个 PP（部分辅助）。第 6 章中详细介绍了数据信息记录。

开始日期和完成日期栏

确定基线后，在“开始日期”栏中记录教学开始日期，一旦受训者完成当前目标（在 2 位训练师前连续 3 天零辅助地完成 80% 或以上的目标），把那个日期记录在“完成日期”栏。

消退程序栏

这本教程的大多数项目只需在 TA 的最后一步进行目标维持训练，在 TA 的最后一行，训练师可以记录维持训练数据。TA 上列出了 2W（每周 2 次），1W（每周 1 次）和 M（每月 1 次），可以简单地记录下受训者完成针对性项目的维持阶段。完成后做好标记，并标明下一个维持训练周期。有些 TA 需要训练师及时自行调整周期，而不是一定要等到项目的最后一步。针对这样的 TA，这个地方不是被忽略不填，而是表示训练师随后会进行维持训练。TA 的这部分同样需要训练师填上受训者在自然环境中进行训练的开始日期及完成日期。

正如工作簿的所有建议一样，我们也提供指导方案以便进行本教程。同时有针对每个受训者修改治疗方案的余地。例如，第 5 章的教学策略中，如果受训者不能在新环境中自如地应用技能，或是不能保持某个技能，那么每次教授一个目标后，就要立即进行泛化训练或维持训练，而不是等到整个项目结束时才开始。

任务分析的最后部分

绝大多数的 TA 底部都有小贴士。这一部分很重要，因为它给出了进行 TA 的可靠建议。此外，这些小贴士可能标有需要预先训练完成的前提技能，如何辅助及替代教学策略。

第 4 章　ABA 教程——实施任务分析

选择目标

在执行任务分析过程的开始阶段，必须选择目标，在教学过程前选择并试探每个目标。在试探目标时，每次给受训者呈现一个辨别性刺激（S^D），以此来判断受训者是否已掌握该技能。如果受训者对 S^D 有正确反应，那么说明受训者对这个目标可能已经掌握了，不需要选择该目标。训练师应该把这个任务分析上的目标标示为"试探结果（已掌握目标）"，可以在"建议目标和试探结果"部分找到相关内容。如果在试探过程中受训者的反应不正确，那么这个目标应该作为教学目标之一。训练师可以把这个目标写到任务分析的目标 1 里。或者，在试探中，训练师可以在找到 10 个受训者并未掌握的目标（对 S^D 不正确反应）后，再根据受训者更容易先学会哪个目标的原则来决定这 10 个目标的训练顺序（例如：受训者感兴趣的目标，更有强化作用的目标，目标在受训者平时所处的环境里经常出现，等等）。

为了更好地解释这个概念，让我们用具体的例子来实施"物品操作类粗大动作模仿"。训练师应该从建议目标一栏的所有目标开始。这个项目的 S^D 应该是"这样做"，训练师使用物体演示大动作。训练师要呈现这个 S^D，试探至少 10 个建议的动作目标。如果受训者能模仿拿着玩具电话靠近耳朵，及摇沙锤两个动作，但对其他目标的反应错误，那么训练师应该把得到正确反应的这两个目标写入"试探结果（已掌握目标）"部分，并且标明哪些目标得到了错误反应（训练师可以圈出这些反应）。详见表 4.1。

表 4.1　试探与选择目标

建议目标：把积木放到容器里，敲一下鼓，按一下响铃，~~摇一下沙锤~~或者其他发声器，拍一下玩具锤子，把人偶放到车里然后推车，把人偶放到飞机里然后飞机起飞，对一个玩偶或者绒毛玩具喂食，~~拿玩具电话靠近耳朵~~，从杯子里喝水，梳头发，推玩具汽车，把积木堆起来，摇一面小旗帜，按乐器玩具上的按键
试探结果(已掌握目标)：摇一下沙锤或者其他发声器械，拿玩具电话靠近耳朵

训练师应当在试探回合确定 10 个受训者作出错误反应的目标作为教学目标。如果"目标建议"列表里只有 10 个目标，并且受训者对其中 2 个可以作出正确反应，那么训练师应该增加试探目标。在表 4.1 里，训练师应该寻找并使用受训者在自己家里、学校里或者任何治疗机构曾有过接触的物体进行试探。这个示例里，训练师进行了试探，发现受训者对摇一面小旗帜和按乐器玩具上的按钮 2 个目标的反应错误。因此这 2 个目标被记录在建议目标区中。如果在试探时 10 个目标都得到错误反应，那么训练师应该决定先教哪个目标，再教哪个目标，以此类推。或在这个示例里，训练师可能会认为受训者对听觉刺激的反应强；因此可以从带声音的目标开始教（例如：按一下响铃或者敲一下鼓）。从带有自动强化效果的目标开始教有助于增加学习动力，并加快掌握技能的速度（例如：模仿）。

被选目标的基线

在试探与选择目标后，训练师应该根据第 6 章里设置目标基线的规则设置基线 1。在训练前为每个新目标设置基线以保证治疗的有效性。在为一个目标设置完基线后，在"基线%"一栏里写入百分比格式的数据。这个百分比数据能够正确地反应数量除以试探总次数。举例来说，在任务分析"命名动物"中，第 1 个目标是命名鲸鱼，受训者在 10 次里有 4 次给予正确回应（其余 6 次给予错误回应），那么就要在目标 1 的基线栏里记录 40%（表 4.2）。此外还应该在"开始日期"栏里记录日期。

表 4.2　为技能获取项目设置目标基线

目标	基线%	开始日期	完成日期	消退程序		
				维持阶段	自然环境 开始日期	归档日期
1. 鲸鱼	40%	2013 年 6 月 10 日				

在有辅助数据的项目里，在设置基线的过程中记录辅助次数和类型。举例来说，如果在进行“跟随音乐进行游戏”的任务分析中，目标是“公车上的轮子”，如果受训者在唱歌时需要 4 次辅助，那么可以在基线栏记录下“4”及每次的辅助类型，如 2FP，1PP，1G（表 4.3；具体参考第 1 章，表 1.1）。

表 4.3　为辅助项目设置目标基线

目标	基线%	开始日期	完成日期	消退程序		
				维持阶段	自然环境 开始日期	归档日期
1. 公车上的轮子	4 次（2FP，1PP，1G）	2013 年 6 月 12 日				

在设置完成目标 1 的基线后，可以使用分解式尝试教学（discrete trial instruction，DTI）开始进行目标 1 的训练，也叫做回合试验教学法（discrete trial teaching，DTT）。

回合试验教学法（DTT）

回合试验教学法是应用行为分析里众多训练策略中的一种。除此之外，还有很多其他训练方法，如链接训练、行为塑造、偶发训练和行为减少策略（如消失、过度矫正等）。我们经常遇到很多人认为回合试验和应用行为分析是相同的，这其实是错误的想法，回合试验教学法只是应用行为分析里众多训练策略的一种。不过其也是应用行为分析里最主要的策略之一，我们建议在应用行为分析课程里经常使用 DTT 法。DTT 将要训练的技能分解成小的教学单元。训练师一次集中反复训练一个步骤或者一个目标直到受训者达到一定满意度。重复密集地训练分解步骤或目标对于受训者掌握该技能非常重要。在回合式教学中，辅助和强化应被作为两种附加训练方法贯彻始终，但也有其他多种补充的教学策略可帮助受训者达到学习目标（参见第 5 章的教学策略）。

基本上，在 DTT 教学法中，受训者被给予一个辨别性刺激。回顾一下，辨别性刺激（S^D）是给受训者的一个信号，告诉他给出的反应将会被强化。辨别性刺激可以是物体（例如：给受训者一块拼图）、口头指令、图片或其他视觉上的东西（例如：给受训者一个需要追踪的字母或一个待完成的迷宫）、动作或一部分链接动作（例如：洗手过程中，用手搓肥皂的动作可以作为把手放到水流下的辨别性刺激），或自然环境中的暗示（例如：如果外面在下雨，可以作为离开房间前拿伞的辨别性刺激）。呈现辨别性刺激的一些小建议包括：在呈现辨别性刺激前得到受训者的注意，确保辨别性刺激简单明确（如应用行为分析进阶课程中所述），确保辨别性刺激的一致性同时应使用生动有变化的声音、语调（很多自闭症受训者都会对不同的语音、语调有良好的反应）。

在呈现辨别性刺激后，受训者会作出反应。通过在特定条件下一段时间的学习和辨别，受训者会在刺激指令下达后通过强化作出对应行为或正确反应。如果受训者作出正确反应，那么进行强化。如果受训者作出错误反应，则应该忽视错误反应，并且把错误反应记录下来（该回合结束）。错误回合结束后，就要启动错误矫正程序，给予受训者以辅助。训练师呈现辨别性刺激并且提供最低强度的必要性辅助协助受训者作出正确反应。训练师应该记录辅助回合的数据。每个错误回合发生后，都用一个（或多个）辅助回合来保证无错误学习，即受训者作出正确的反应（即使通过辅助获取），不能连续 2 次出现错误。

辅助回合之后，应该进行一个无辅助测试确认是否已经真正学会正确回应。目标在错误回合、辅助回合及新的无辅助回合之间保持一致。一旦受训者完成了一个正确回合,就可以换另一个目标(如果是随机顺序)或新的项目。如果受训者反应正确,训练师应该改教其他技能(即使还没有完成 10 个回合),以免出现厌习。在连续回合中,多次呈现同一个目标和辨别性刺激,可能会使受训者死记硬背并且产生厌倦。在治疗过程中,训练师可以过一阵再转回来,呈现这一辨别性刺激,直到完成 10 个回合为止。用不同的任务分析可以使受训者保持新奇感。如果受训者在辅助回合之后没有在试探中给予正确反应,那训练师可以继续使用辅助回合及辨别性强化来训练。如果训练师对某一个具体的项目练习了 10 个回合,受训者仍然给予错误反应,那么建议再执行 1 个辅助回合(无需记录结果),并以正确回应来结束这个任务分析。

在每一个回合结束后,会有一个间隔时间。这是在回合结束与新回合开始中间的暂停时间。这段时间非常适合训练师对零辅助作出正确反应的受训者给予最好的强化,对辅助下的正确反应给予一般强度的强化,并记录数据。最后,我们建议在这个间隔时间里整理好之前回合的教学物品,这会告诉受训者上个测试已经结束,下个测试即将开始。

根据我们的建议总结回合试验教学法,图 4.1 归纳了步骤。

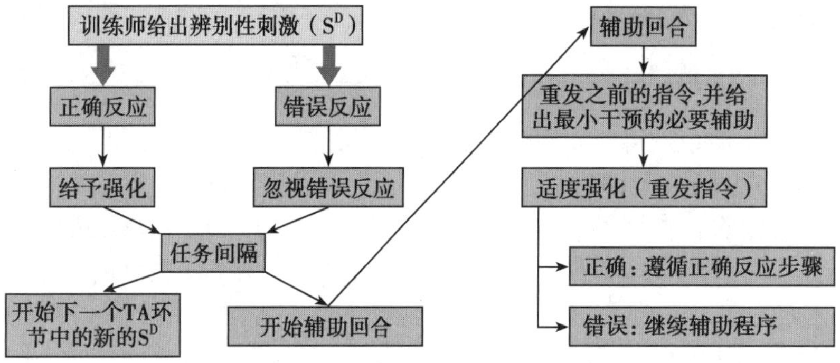

图 4.1 回合试验教学法的具体步骤

一旦受训者完成回合试验教学中目标 1 的标准(标准为受训者面对 2 位训练师能连续 3 天达到 80% 或 80% 以上的通过率,或者连续 3 天零辅助通过测试),训练师应该开始设置目标 2 的基线然后使用 DTT 教学法来训练目标 2。

随机轮换

在很多 TA 里,训练师要对教学目标进行随机轮换(表 4.4)。一般在每教完 2 个目标后要随机轮换教学目标,因此第一次随机轮换应发生在前两个目标训练达标之后。

随机轮换是任务分析中比较重要的一步,因为在这一环节中将会对受训者学会的技能进行随机考察,受训者必须区分各种相似但又不同的目标指令。举例来说,对一个受训者下达一步指令,第一个目标可以是"站起来",第二个目标可以是"坐下",然后进行随机轮换,可以是第一和第二

表 4.4 任务分析的随机循环指导

目标	基线%	开始日期	完成日期	消退程序		
				维持阶段	自然环境开始日期	归档日期
目标1:						
目标2:						
目标1和目标2:随机轮换	←					

目标以任意顺序出现(如:①坐下;②站起来;③站起来;④坐下;⑤站起来等)。

当开始第二次随机轮换步骤时,所有 4 个目标都要进行随机轮换(例如:①坐下;②站起来;③来我这里;④扔东西;⑤来我这里;⑥坐下等)。在随机轮换中,要注意目标的呈现不能有固定规律。循环的随机性非常重要,只有这样才可以真正了解受训者对目标的掌握与区分情况。

泛化到其他材料/刺激物

在讨论 TA 的另外两个环节之前(泛化到其他环境),需要强调一下对其他材料和刺激的泛化。在最初两步和之后的每两步随机轮换中,建议训练师泛化所有目标的材料。任务分析是用来协助技能在不同的人、环境和时间之间进行泛化,不过任务分析没有为泛化材料专门设计任务。因此,建议训练师在第一次随机轮换前开始泛化材料用品。或者,处于等级 2 或等级 3 的学习者,可以从目标 1 的时候就开始泛化所用材料和刺激物(具体参考第 5 章中讨论的分级系统)。一个对其他材料/刺激物泛化的例子是在教受训者识别犬类的过程中使用不同种类犬只的图片(如比格犬、斗牛犬和狮子狗)。

泛化到其他环境

当受训者能够对 10 个目标任务进行随机轮换后,开始进行任务分析的后两步,即泛化到其他环境。泛化是把学到的技能在多种材料与环境中对他人使用的能力。当到达环境泛化这一步时,受训者应该已经可以将该技能泛化到其他人处,因为目标标准是在连续 3 天内对不同的 2 个人使用技能。而且,在回合试验教学中,训练师应该自动转换教学材料来保证受训者对材料的类化。在随书附送的 CD 里,绝大多数目标都至少出现了 3 次来确保材料的泛化。

举例来说,“听指令找到衣物”任务分析,建议的教学目标是上衣。多种材料里包括长袖衬衫、T 恤和衬衫裙。这可以保证受训者掌握认知不同种类的上衣。

在每个任务分析里,需要执行一些可以使受训者在不同环境里完成或表现任务技能的步骤。如果受训者在家里学习,主要学习地点选择在厨房,受训者应该在任务分析进行到维持阶段前在家里的其他地点或者家以外的地方也可以表现该技能。习得的技能可以泛化到家庭其他场所,如门廊、厨房、后院、客厅、地下室等。如果受训者主要在学校接受应用行为治疗,那么泛化环境可以为其他教室、图书馆、食堂、休息室、室外等。技能出现的环境应该写在工作分析和数据表上,以说明受训者泛化的环境,同时还应记录泛化环境 1 和环境 2 开始和掌握的日期(表 4.5)。如果技能没有泛化到不同的环境中,该技能则不能算作真正被掌握。

表 4.5 如任务分析所示,泛化到其他环境

目标	基线%	开始日期	完成日期
泛化到其他环境:环境1:客厅	80%	2013年6月7日	2013年6月7日
泛化到其他环境:环境2:室外庭院	50%	2013年6月10日	

消退程序

当受训者已经熟练掌握 10 个目标技能并且能够随机轮换并泛化到不同环境,同时正确反应率达到 80% 或以上(或过程中零辅助),那么训练师应该开始消退程序。消退程序不再对技能进行每天的教学,但保证长期维持习得的技能,避免其退化或消失。消退程序包括维持和自然环境阶段教学这两个教学阶段。

这两个教学方法都在之前的章节里讨论过。当按照建议进行消退程序(即:日常回合试验教学修改为维持计划的每周 2 次试探,之后每周 1 次试探,接着每月 1 次试探)时,训练师可以在工作分析上画圈或划除消退的部分来标示执行的步骤。

表 4.6　任务分析上执行中的消退程序

目标	基线%	开始日期	完成日期	消退程序		
				维持阶段	自然环境开始日期	归档日期
14.对其他环境的泛化：环境2	60%	2013年12月14日	2013年12月20日			
15.维持：在不同环境实践				~~2W~~ 1W M		

在表 4.6 中，受训者在 2013 年 12 月 20 日达到了将所学项目泛化至第二个自然环境中，于是课程改成每周 2 次消退程序。训练师圈出了 2W 表示这是他们在工作分析中正在执行的步骤。一旦 2W 达标了，训练师就划掉 2W，然后圈住 1W 表示受训者正在每周练习 1 次。训练师应该还要在表上写出每次消退过程的结果（参考第 7 章中关于表的详细内容）。当训练师执行维持程序时，建议在不同的环境里进行试探，以确保受训者会在多种环境中持续泛化技能。训练师应该在达到课程前执行建议的消退程序，以确保受训者可以长期保持技能并且可以把技能迁移到自然环境中去。

第5章　训练策略

每个受训者的学习效率不同,并且在学习新技能的过程中可能表现出不同的困难。这本书在设计时尽量提供一个系统性的,可以面对不同受训者的操作性教程,同时该教程也为发展迟缓的受训者留有空间,其并非是“模具”式的刻板教学方法。该课程仅仅是一个指导性的工具,训练师应该为每一个发展迟缓的受训者制订个体化的教学策略,以促进受训者学习和更快地获得技能。患有自闭症谱系障碍和其他发育迟缓的受训者仍有学习的潜力,但他们可能会需要不同的训练策略来帮助他们最大限度地发挥出全部的潜力。这个章节提供了有价值的信息和方法来实现多种训练策略,来加速受训者的学习和解决训练中可能遇到的困难。

本课程认为辅助、强化和重复练习是 ABA 课程的基本要素,在每次训练新技能时都要使用。不过需要明确的是,即使使用了辅助和强化,很多自闭症受训者都会在学习新技能的时候遇到困难。因此本课程提供了一系列的行为训练策略,使受训者在个体训练遇到困难时得到帮助。

分级系统

由于每个受训者学习效率不同,我们下面提供了一种分级系统(level system)来对本教程中的 ABA 程序进行调整,以做到“因材施教”实施个性化教学。通过针对不同受训者的需求而实施的个性化教学,我们可以更有效、更高效地促进受训者的学习及其学习能力的发展。通过①对教程的对任务分析(TA)的调整,包括 S^D 的呈现方式,训练要达到的标准和增加教学策略的时机;②对消退程序的调整,包括自然环境教学及对程序的归档;通过对这两大部分进行调整,我们构造了包含三个等级的分级系统。但这只是一种指导性工具,并不能取代专业的认证行为分析师(board certified behavior analyst,BCBA),这里提供的只是一些促进学习的方法而已。

等级1

等级1适用于非常年幼的或掌握技能比较慢的受训者,或刚刚接触 ABA 训练,技能比较低,没有语言能力或者在一段时间没有干预后退化的受训者。等级1的受训者应该严格按照标准要求完成任务分析(TA)(即:每学1个新目标的同时要进行2个已学目标的随机轮换教学)。此受训者可以从大约10~12个新项目开始本教程。训练师可以在建立了行为控制之后(即:受训者能坐好,关注训练师,并遵循基础指令),如果受训者能流畅地完成额外工作(如:原本需要2小时完成10~12个项目,现在只需要105分钟),课程可进入维持阶段。对等级1的受训者来说,如果在连续5天的治疗目的观察中都没有学习趋势、学习趋势不稳定或者学习趋势停滞不前(在第7章中会深入讨论学习趋势),那么训练师就应加入教学策略来帮助训练。综上所述,对于等级1的受训者来说:

- 遵循任务分析的设计要求;
- 从10~12个项目开始;
- 在行为得到控制,受训者越来越顺利地完成更多的工作,或课程进入维持阶段时,加入新的课程;
- 如果连续5天没有学习趋势,学习趋势不稳定或者学习趋势停滞不前,那么再加入其他训练策略。

等级2

等级2是为表现出更“高速”的训练曲线的受训者设计的。这些受训者可能已经接触过应用行为分析疗法,训练趋势的图像数据显示其可以迅速掌握目标,或者受训者达到80%正确率,或者一天当中达到“零辅助”,并且可以保持这个程度,并在接下来的几天里得到保持(正确率没有降低或减少)。

为了更快习得新技能,训练师可以将 TA 调整为1次,同时训练2个目标(相对于1次训练1个目标),并且降低目标标准,把连续3天技能显示80%正确率或零辅助改为连续2天,标准相同,达标后,就可以教授接下来的2个目标。

这个等级也包括了对接受性语言 TA 的调整,任务分析要求训练师应该一开始就将领域 3(FO3)设为接受性语言的基线,而非领域 1(FO1)。如果正确反应率达到 50% 及以上,则应继续维持 FO3。如果正确反应率在 30% ~40%,那么训练师应该回到 FO2 来进行技能教学,在熟练掌握 FO2 后再改用 FO3。如果正确反应率在 30% 或以下,那么训练师应该改回使用 FO1 训练技能。通过这种调整,受训者可以从 FO3 开始训练,从而节省了宝贵的时间和精力。

我们在本教程中,等级 2 的受训者对其习得的技能已较难忘记。因此对等级 2 受训者在其达成 TA 训练最后环节(泛化到第二种情景)之后,消退程序开始之前,训练师应在自然环境中对其技能掌握进行试探。如果受训者可以将技能泛化到自然环境中(至少 3 个活动/环境的泛化),课程就算完成了(不需要进入维持阶段)。如果受训者在试探过程中不能将技能泛化到自然环境中,那么在自然环境下再次试探前应该执行额外的维护阶段训练。如果受训者可以在 1 ~2 种自然环境中展示技能,那么受训者可以在自然环境中继续训练直到可以连续 3 次泛化到 3 个活动/环境中。

等级 2 还包括了对任务分析包含超过 1 个 S^D 的调整(这些 TA 包括 S^DA、S^DB 等)。进行第二个 S^D(S^DB)是试探这个 S^D 的最后一步。如果受训者有 50% ~70% 的准确率,则继续这个步骤的训练。如果准确率低于 40%,那么重新开始 S^DB 的训练。例如,训练受训者提“简单的要求”,S^DA 会给受训者出示其想要的物品并且说“你想要什么”。在受训者达到这个 TA 的前 16 个步骤的要求后(10 个目标泛化到 2 个不同环境),训练师就应该试探步骤 31,其中包括:随机循环,展示 10 件受训者想要的不同物品,同时说“你想要什么?”如果受训者回应达到 50% 及以上的正确率,那么训练师可以决定是否停留在训练过程的这一步。这可以使受训者跳过训练步骤 17 ~30,不仅节省时间,并且受训者还可以继续学习该技能。需要注意的是,直接跳转到第二个 S^D(S^DB)的最后一步并不总是可行的,所以需要训练师仔细斟酌判断。例如,如果训练“数数”,S^DA 会命令受训者“数数”,S^DB 则会命令受训者数到一个具体数字。在这个 TA 里,建议对所有 S^DB 进行判断以保证受训者可以开始数数,并且在指定数字上停止。

当随机循环目标 1 ~4 时,等级 2 的受训者应在不同环境里完成训练。如果受训者显示出 50% 或更高的准确率,那么可以继续在不同环境里训练不同目标。如果受训者显示出 40% 或更低的准确率,那么则应改为在治疗环境中进行训练目标 1 ~4 及其他目标直到可以泛化到其他环境的步骤。通过加入这种调整方法,若受训者在随机循环条件下,1 ~4 及以后的目标都能泛化到不同环境之中,那么训练师可以在 TA 最后跳过在不同环境泛化这两步,因为这已经在目标训练中达标了。

最后,在这个等级里,因为受训者展示出较强的接受能力,如果受训者连续 3 天(而不是 5 天)无训练趋势、训练趋势不稳定或者停滞学习趋势,那么训练师应增加一个教学策略。综上所述,对 2 级学习者来说:

- 为达到目标要求,只需要连续 2 天而不是 3 天得到目标反应(80% 或零辅助)。
- 同时训练 2 个目标而非只训练 1 个目标。当 1 次训练 2 个目标时,可以以任意顺序随机呈现,也可以直接跳过目标 1 和目标 2 的随机呈现,因为这已经完成了。另外,当 1 次训练 2 个目标时,只需要画一条线,这条线代表了 2 个目标。因为 2 个目标合计测试了 10 个回合所以只需要记录 1 个数据。
- 涉及接受性语言的 TA,可以首先设置 FO3 为基线(而不是 FO1):
  - ▶ 如果回忆正确率在 50% 及以上,继续使用 FO3 训练目标;
  - ▶ 如果回应正确率在 30% ~40%,使用 FO2 训练目标;
  - ▶ 如果回应正确率在 30% 或以下,那么回到 FO1 训练目标。
- 在开始维持阶段前、自然环境(NE)下进行试探。如果受训者可以在自然环境下表现出所学技能,那么结束该项目的训练,这样就不需要执行维持步骤了。
  - ▶ 如果受训者可以在 1 ~2 个自然环境下展示技能,那么继续在自然环境下训练;
  - ▶ 如果受训者可以在 3 个及 3 个以上自然环境下展示技能,那么可以结束该项目;
  - ▶ 如果受训者不能在自然环境下展示任何技能,则回到维持步骤。

- 在包含多个 S^D 的 TA 中，当受训者达到 S^DA 包含的所有的目标后，可试探 S^DB 的最后一步：
  - ▶ 如果回应正确率在 50% ~70%，保持这个等级的训练；如果没有达到这个标准，那么回到 S^DB 开始训练阶段。
- 泛化到新环境：在达到目标 1 ~4 的标准后，随机循环目标 1 ~4，在不同的环境下完成这些步骤：
  - ▶ 如果正确回应率在 50% 或以上，继续在不同的环境下训练这些目标。训练师可以在任务分析的最后省略泛化不同环境这两步；
  - ▶ 如果正确回应率为 40% 或更低，那么在一个治疗环境下训练这些目标及其他目标，直到泛化到另一个环境。
- 如果出现连续 3 天无训练趋势、训练趋势不稳定或训练趋势停滞不前的情况，则需要增加一个训练策略。

等级 3

等级 3 是为功能较高的、认知水平高于平均水平并且学习能力强的受训者设计的。这些受训者通过了等级 2，不需要维持也不会丧失技能。等级 3 的受训者应该遵循等级 2 的所有调整，以下情况除外：等级 3 的受训者可以一次学习 5 个目标并且可以跳过维持阶段，直接进入自然环境训练。并且应当频繁更换目标。这 5 个训练目标可以在同一主题下，但不需要完全相同。例如，训练受训者如何报告时间，训练师不用把精确的时间作为一个目标，而应呈现一些主题，例如，目标 1 是以小时计时间，目标 2 是以半小时计时间，目标 3 是以 15 分钟计时间，依此类推。当教授第 2 组的 5 个目标时，换个新环境训练，如果受训者能够成功地在不同环境中随机循环 5 ~10 个目标，那么就可以跳过任务分析的最后一步，不用在不同环境下泛化了。最后，在设置目标基线时，只呈现 1 次目标（不是基线规则里说的 5 次）。综上所述，对于等级 3 的受训者来说：

- 遵循针对等级 2 受训者的调整，特例除外；
- 每次训练 5 个目标；
- 频繁更换目标——不要使用完全相同的目标来获得完全相同的回应；
- 在新环境下训练第二组的 5 个目标；
- 不需要维持训练，直接进入到自然环境；
- 当设置目标基线时，只进行 1 个回合（而不是 5 个）。

90/10 教学策略

如果受训者难以掌握新项目或者新目标，或者他们在连续多个治疗环节处于停滞/不稳定/无训练趋势状态时，那么训练师可以实施 90/10 训练策略来帮助学习。其意思是受训者在 10 个回合里的前 9 个回合，辅助受训者，然后第 10 个回合测试他们是否学会回应。一旦受训者表现出他们学会回应，则训练师减少到 80/20 训练策略，即向受训者辅助 10 次训练中的 8 次，剩下的 2 次来测试他们。80/20 教学策略的标准是正确率达到 20%。训练师在前 8 个回合给予辅助，受训者必须在最后 2 个回合作出正确回应；然后训练策略可以渐变为 70/30 辅助/试探。以此类推达到 50/50 辅助/试探；然后就可以回到普通的训练模式，也就是让受训者独立完成 10 个任务。

减少语言项目中的即时言语模仿

这是在受训者显现出言语模仿（即：训练师给予一个 S^D 后，受训者重复部分或全部 S^D）时使用的教学策略，包括训练师使用比较低的声音呈现 S^D（即问题）并直接大声给予辅助反应（在提问题后的 1 秒钟内）。通过改变语调可以帮助受训者辨别期望反应和 S^D。很重要的一点是，之后应逐渐增大 S^D 音量同时降低辅助反应的音量，直到两者相同。如果受训者在回应时改变他们的声音声调，那么什么声调才是正确的回应是很重要的。因为这可以使受训者学习到的正确回应得到强化，而非强化特定音调。

修改 S^D

当受训者接受进阶 TA（本系列后几本书中的 TA）训练时，S^D 会变得更加复杂。有时，本系列其他书中的 TA 中关于基础技能的 S^D 会让受训者难以从语言上理解。对应的训练策略之一是把其中所使用的语言简化，或者在 S^D 中加入辅助（视觉或姿势上的辅助）来确保正确回应。例如，进行“接受一步指令”TA 时，S^D 包括给出指令训练师可以把指令用视觉辅助的形式写下来，或者可以在受训者作出回应前重复 S^D。这可以确保受训者充分理解复杂的指令。要记住，在使用这种辅助或者简化 S^D 时，不能表示受训者已掌握目标，除非受训者可以对原本更加复杂的 S^D 作出正确回应，所以这里的辅助需要被消退。

修改区域范围

另一个训练方法是修改区域范围或者每次的训练目标数量。越是能力高的受训者每次可以学习的目标数量越多，区域范围更大。不过一些受训者在较大的区域范围或有太多分心物品时可能会分散注意力。训练师应该灵活地减少目标数量或区域范围。

通过反复实践调整逆向链接训练

本课程的多个 TA 都是用逆向链接训练完成的。传统的逆向链接训练除了训练策略的最后一步，其余都是由训练师完成的。训练师在训练受训者最后一步的同时，收集受训者的表现数据。在受训者能够独自完成链接训练的最后一步后，训练师可以完成除最后两步以外的链接动作。再把这两步教给受训者并且收集数据。我们建议在传统的逆向链接训练上进行随时调整，也可以使用多次练习。例如，训练师可以辅助受训者完成链接中的所有步骤，但只在最后一步收集数据。受训者通过完成所有步骤可以进行多次练习，尽管只有在最后一步训练时收集数据。传统的逆向链接训练与本书中的调整版本的主要不同点是，传统逆向链接训练是由训练师完成大部分步骤的，而在应用行为分析教程中，受训者是在辅助下完成所有步骤的。多次练习可能会使技能更快地被掌握。

在本教程的任务分析里，当使用逆向链接训练时，TA 表的小贴士栏可以用来记录当前训练对传统逆向链接训练的调整。例如，任务分析可能会有这样的说明："任务分析可以逆向顺序训练（从最后一步开始），直到所有步骤都能够由受训者独立完成。因此，针对目标 1，除了最后一步外，在所有链接步骤中都对受训者给予辅助。针对目标 2，除了最后一步和第七、第八步外，在所有链接步骤中都对受训者给予辅助。针对目标 3，除了最后一步和第七、八步外，在所有链接步骤中都对受训者给予辅助。以此类推，直到受训者可以完全掌握整个链接。"训练师可以考虑在除最后一步外的所有步骤里进行辅助；在最后一步里，训练师要用辅助来训练受训者并且收集辅助的次数与类型。接下来训练师可以进行消退辅助直到受训者掌握目标。然后训练师可以在除最后两步以外的步骤里进行辅助。我们发现这种调整后的逆向链接训练对高功能和没有行为问题的受训者很有效，训练后，受训者技能更加完善，错误行为也较少。不过对那些有认知缺陷或有行为问题的受训者来说，传统的逆向链接训练可能比较理想，因为其所需受训者精力较少，并且会减少问题行为产生的几率。

选择干扰少的材料

另一个教学策略是，训练技能时选择干扰小的材料，在技能泛化时选择干扰多的材料。随书附赠的 CD 里，每个课程里的每个任务至少有 3 个目标图片。多数时候图片上只有目标，其余都是白色背景。这样是为了减少干扰并且帮助受训者学习技能。其他 2 张图片可能有更多干扰元素，如带有一些社会背景，这样的图片应该在泛化步骤或随机轮换中使用。

不经意辅助

不经意辅助可能会使受训者作出正确回应，但并不是因为他们已经掌握了技能，而是他们通过训练师不经意中的辅助而达到的。哪怕是最高级的训练师也难免出现这种情况。这里有几点建议来进行自我检测，以保证训练师没有在不经意中进行辅助：

- 如果 S^D 涉及交给受训者教学材料，那么训练师可以用自己不惯用的手将材料递给受训者，然后用惯用的手记录数据。例如，涉及 3 个物品的物品配对任务，每次使用同一只手把需要配对的物品递给受训者，这样可以避免用距离最近的手传递这个不经意的辅助。我们曾观察到，某些训练师在期待反应发生在某侧（如左侧）时，就会不经意间用同侧的手（如左手）递给受训者所需的材料。
- 把自己的课程录下来，观察自己的行为以确保没有不经意的辅助。很多训练师在不经意间会给出很多无声的辅助。例如,命名字母任务(请参见本系列丛书的第二本),我们曾经看到一些训练师,给受训者出示一个字母,并说"这是什么字母"。

- 把目光一直保持在受训者身上,而不是物品上面,这样会降低目光注视期待反应而造成的不经意辅助的几率。

泛化技能困难

如果受训者在对他人、环境或者其他材料泛化技能时遇到明显困难,那么应增加泛化步骤(而不是等到课程最后才泛化)。例如,训练目标1,然后立刻将其泛化到其他环境中或人或材料上,之后再训练目标2。训练目标2后,在目标1和2的随机轮换前,应立刻对其他环境或人或材料进行泛化,以此类推。如果增加泛化的机会,那么受训者可能会开始对其他环境泛化,并且不需要指导就会自然而然地进行泛化。当对其他材料泛化时,可以等受训者对一个材料的熟练度达到80%或者更高之后再引进新材料。

维持或长时间保持技能困难

在维持阶段,当受训者一直作出错误反应时,有很多种方法可用来训练。当受训者在一个课程中漏掉了某些目标任务时,可用的方法之一是继续在维持步骤里使用回合试验教学和错误矫正程序,并且在试探中多次复习遗漏目标(只记录首次反应的数据)。例如,受训者在命名动作任务中,忘记了"吃东西"这个动作,(TA 见系列教材的第二本),那么训练师应该在同一天内多次展示这个目标来训练以得到正确回应。

在维持阶段,受训者重复出错的另一个方法是把受训者总会弄错的这些目标组成一个在维持阶段更高频的训练任务。例如,受训者在维持阶段作每周1次"指身体部位"的训练,通过多次试探发现,在指肚子的时候大多会作出错误的回应,那么目标(指肚子)应该被更改到之前更加频繁的程序里(2W,每周2次),直到受训者可以正确回应后再改为每周1次。当受训者达到这些曾多次错误回应的目标标准时,维持阶段应该随之修改。此时,此课程里的其他目标可以随之修改为每月1次(M)。

如上所诉,我们的课程并不是"饼干模具"那样刻板,同样,本课程的维持计划也是可灵活调整的,这对那些需要不断重复的受训者尤其适用。维持计划可以修改为更加频繁的重复训练:例如,每周3次(3W),或者每周4次(4W)。

反应延迟

有些自闭症谱系障碍受训者会因为他们迟缓的社交和语言反应而错失社交和情感交流的机会。为了帮助他们减少反应延迟(缩短 S^D 到受训者反应之间的间隔时间),尝试使用流畅度训练,这样即使是在训练后正确回应,受训者仍会进行重复性练习和超量学习,以帮助他们更快速地回应。也就是说要进行多次重复性练习直到回应成为受训者的自然反应,这样受训者回应才会更加流畅。

消退教学策略

需要注意的是,在使用本章节里提到的任何策略时,负责课程的训练师都应该观察受训者的数据表记录来判断使用或者改变训练策略的时间点。每个受训者都有差异,学习效率也不尽相同。在使用训练策略时,在表上记录下使用的策略并且标示出来。这会帮助判断策略是否有效。一旦受训者在训练策略下展示了技能并且达到一定标准,训练策略可能需要被逐渐消退,然后再次呈现原始的 S^D。

第6章　数据收集与记录

本章系统描述了在技能习得和辅助数据方面如何利用数据统计表格(附带 CD 已提供),同时也提供给读者一些关于收集基线信息和日常数据的方法的建议。

本书包含了两种类型的 TA(或项目)上的数据收集表。关于技能习得表,每一期的目标会被反复练习,每个回合都收集数据。数据被记录为正确(+),错误(-),或者为一次有辅助的回合(P)。技能习得活动的益处包括:受训者对特定目标进行重复性训练(建议每节至少 10 个回合);并且训练师能够检验数据和辅助等级,进而为受训者作进一步的目标分析和修改。数据会被汇总并以百分比和表格的形式呈现出来,受训者能够达到正确率为 80% 及以上的回应率。为技能习得提供强化,应当在每次正确或辅助回合之后才被实施(除非该技能是受训者所熟悉的,并且训练师不想打破强化的势头,以便受训者是处于可变强化程序之中)。

辅助数据用来描述那些使用链接方法的课程(其将所有的训练步骤串联成一个大型技能)。

这种需要收集辅助数据的项目,允许受训者独立进行回应或独立完成一项技能。典型的辅助项目包括休闲技能(假装游戏、棋盘游戏、独立游戏计划、玩视频游戏等),以及日常生活活动(杂务、锻炼、雇佣活动等)。这类 TA 每节都应至少进行一次,同时收集首次呈现时的数据。所记录的数据包括 TA 目标步骤中的使用辅助的次数及类型。辅助等级建议划分如下:全躯体辅助(FP),部分躯体辅助(PP),姿势辅助(G),位置辅助(POS),视觉辅助(VS)以及言语辅助(VB)。辅助数据会被汇总在表格上。提供强化应当在目标步骤完成之后才被实施。

数据收集表

数据收集表应当每天填写和更新,因为目标、步骤或者教学策略每天都会发生变化。在每日数据表的顶部区域完成相关信息的填写,例如受训者姓名、参加治疗课程的日期(包括年)、训练师的姓名和课程环节的时间。这些信息对于 ABA 训练师,或者 BCBA 检查数据的准确性,或者确定两位训练师打分不一致上很重要(受训者可能会因为疲劳等原因在某一周的某一天或某些时候作出不同的回应)。

现在,我们将对数据收集表格的标头及重要区域进行讲解,并提供表格(表 6.1)予以诠释。

- 执行计划:在执行的项目中,执行计划应当反映当前治疗的阶段。当基线被圈定时,意味着训练师正在完成一个新的目标,并且在完成目标时应当遵守基线准则。当"DTT"被圈定时,表明训练师在用回合试验教学法进行教学。当特定的维持计划被圈定(2W,1W 或 M),表明训练师应当在特定的阶段完成这项活动和目标。
- 课程内容:与每次 TA 的标题一致。
- 课程分类:本节与 ABA 课程的指南一致。这将会很有用,因为在瞥一眼数据表时,你肯定想看到多种各样的活动在开展(而不是使受训者感到厌烦的同类项目)。
- S^D:S^D 是训练师将对受训者所说的或所呈现的。记录整个团队对 S^D 或呈现物所作出的改变是非常重要的。
- 反应:反应是指受训者被期望表现出来的正确回应。
- 数据:数据收集这一部分展示了训练师在 DTT 期间收集的数据。这些信息来自技能获取中的 10 个回合或辅助项目的回合。它会让 ABA 训练师知道,在所有的教学回合中,受训者的反应如何,或要让受训者作出正确回应应当给予什么样的辅助。
- 正确率或辅助的次数与类型:这一部分是统计数据(记录的是技能获取项目的正确率和辅助项目的辅助次数与类型)。这一部分的数据将会转变为表格,百分比会被记录在技能表上,辅助次数与类型会被记录在辅助数据表上。

表 6.1　每日数据收集表

受训者：Sara

日期：________________

培训师：________________

课时长：________________

数据关键词：		
+ 正确,独立	– 错误,无回应	P辅助
辅助类型：		
FP全躯体辅助	PP部分躯体辅助	G姿势辅助
POS位置辅助	VS视觉辅助	VB言语辅助

执行计划	课程内容	课程分类	S^D	反应	数据	正确率(%)或辅助次数与类型
基线 DTT 维持 2W 1W M	安坐	参与技巧	“坐好”	Sara会作出坐定、闭嘴的反应	+ – P (FP PP G POS VS VB) + – P (FP PP G POS VS VB) + – P (FP PP G POS VS VB) + – P (FP PP G POS VS VB) + – P (FP PP G POS VS VB) + – P (FP PP G POS VS VB) + – P (FP PP G POS VS VB) + – P (FP PP G POS VS VB) + – P (FP PP G POS VS VB) + – P (FP PP G POS VS VB)	60%
基线 DTT 维持 2W 1W M	眼神交流	参与技巧	S^DA: “Sara, 看着我。” S^DB: “Sara。”	Sara会对名字作出回应,与训练师有眼神的交流、并作出口头回应(如“到”)	+ – P (FP PP G POS VS VB) + – P (FP PP G POS VS VB) + – P (FP PP G POS VS VB) + – P (FP PP G POS VS VB) + – P (FP PP G POS VS VB) + – P (FP PP G POS VS VB) + – P (FP PP G POS VS VB) + – P (FP PP G POS VS VB) + – P (FP PP G POS VS VB) + – P (FP PP G POS VS VB)	20%
基线 DTT 维持 2W 1W M	接受一步指令	接受性语言	给出一步动作指令	Sara会作出听从指令的回应	+ – P (FP PP G POS VS VB) + – P (FP PP G POS VS VB) + – P (FP PP G POS VS VB) + – P (FP PP G POS VS VB) + – P (FP PP G POS VS VB) + – P (FP PP G POS VS VB) + – P (FP PP G POS VS VB) + – P (FP PP G POS VS VB) + – P (FP PP G POS VS VB) + – P (FP PP G POS VS VB)	100%
基线 DTT 维持 2W 1W M	使用物品进行粗大动作模仿	模仿技能	“这么坐”并示范一个粗大持物运动	Sara会回应以模仿持物粗大运动	+ – P (FP PP G POS VS VB) + – P (FP PP G POS VS VB) + – P (FP PP G POS VS VB) + – P (FP PP G POS VS VB) + – P (FP PP G POS VS VB) + – P (FP PP G POS VS VB) + – P (FP PP G POS VS VB) + – P (FP PP G POS VS VB) + – P (FP PP G POS VS VB) + – P (FP PP G POS VS VB)	30%
基线 DTT 维持 2W 1W M	唱歌和游戏中加入动作	游戏/社交技能	与受训者唱歌/玩游戏并提示伴随着歌曲或游戏的动作	Sara会参与唱歌或游戏,与训练师一起作出伴随动作	FP PP G POS VS VB FP PP G POS VS VB FP PP G POS VS VB FP PP G POS VS VB FP PP G POS VS VB FP PP G POS VS VB FP PP G POS VS VB FP PP G POS VS VB FP PP G POS VS VB FP PP G POS VS VB	6个辅助 (1FP,3PP, 1POS,1G)

收集和记录数据

ABA 课程是以数据为基础的,就是说数据应当在每次受训者完成指令时都加以记录。分析任务中获得的数据来决定治疗的程序及是否应加入教学策略来促进技能习得。在开始一项新的项目或者 TA 之前应该收集基线数据,以确定受训者的能力或技能已经在他们的"能力库存"中。教学开始,应收集对 S^D 的每次回应,以判断治疗是否有效。

收集基线数据

在每项课程/训练计划的开始和在活动内发展一项新的目标时,制订一个基线程度是非常重要的。基线是在未治疗前收集的。可以把基线当作"突击测试",我们在教授受训者目标和技能之前对其进行一次考察,基线数据会帮助判定是否应当教授一个具体的目标。例如,向受训者提出一个新目标,运用技能习得数据监控,如果受训者期望反应的正确率达到 80% 或以上,则可以认为该技能已被掌握。因此,我们就不需要教授该目标技能而应选择其他的目标技能。基线数据的重要性在于它让我们了解受训者当前的技能水平,使用基线也会帮助我们取得良好的治疗效果。在设定基线数据时,对于所评估的技能不给予辅助或强化。例如,当设置"指认身体部位"这项技能基线时,训练师不会对受训者触摸"身体的某部位"这一行为给予强化或者辅助。但训练师可以也应当对受训者的一些合理行为表现给予强化,例如:坐好,恰当的眼神接触,成为一个好的听者等。另一种选择是训练师在混合维持项目时可以给予强化。当为技能习得程序制订基线数据时,训练师只需在数据表格上标记+(正确的回应)或者-(错误的回应)。数据表格中的辅助部分将不会被用到,因为在收集基数数据时不需要提供辅助。当特定目标的基线完成率不低于 80% 时,这项技能会被列为受训者已掌握技能范畴,就需要寻找新的目标作为基线。

当为技能获取程序制订基线时,需要对特定目标考察 5 个回合,一定不要以任何方式去纠正、辅助或强化受训者的行为。呈现 S^D 并记录受训者的反应(+或-),如果 5 次试验中能达到 4 次正确,为这一目标设定的基线试验就可以停止了,在 TA 基线区域,标记目标完成 80%(4/5 = 80%)。由于受训者在未加训练的情况下完成了 80% 的目标,可以认为这项技能是受训者从其他已教授目标中自发地泛化而来的。例如,在实施"命名家具"的 TA 之初,训练师已经试探过多个目标,并且知道哪些目标是受训者所不知道的。训练开始后,受训者可能要学习好几种目标(如长椅、梳妆台和床),然后当一个新的目标(如椅子)被作为基线试验的物品时,受训者可能得到 80% 或更高的分数,不过在之前的试探中受训者并不懂得命名椅子,这个事件说明受训者也会在未加训练的情况下自发地将被教授的技能泛化到其他没有被教的目标中。

如果在 5 个基线测试回合中有 2 个或更多个回合是错误的,训练师应当继续为特定目标收集 10 个回合的数据,计算出基线百分比(10 个中有几个正确),例如成功作出 4 次反应,这就是 40%,在 TA"基线%"栏标记上百分比。对技能习得课程的基线数据收集如表 6.2 所示。

在这个例子中,前 5 个回合中作出了 2 次错误的回应,所以训练师继续所有 10 个回合的试验。受训者正确回应 5 次,所以 50% 就作为基线。

总结一下,收集基线数据时,遵循以下规则:

- 为具体目标先进行 5 次试验。不要以任何方式辅助、强化或纠正受训者。简单呈现 S^D 并记录反应(+或-)。如果受训者在 5 次试验中有 4 次回应是正确的,那么可以停止给该目标设置基线。在基线 TA 的"基线"区域记上 80%。
- 如果受训者可以达到基线目标的 80%,再引进另一个目标并收集该目标的数据基线。
- 如果受训者在 5 次试验中有 2 次或 2 次以上是错误的,那么针对具体目标一共进行 10 次测试。一旦完成具体目标的 10 次测试,计算出基线百分比(10 次中有几次正确),例如受训者作出了 4 次成功的回应,就是 40%。在 TA"基线%"栏标记上百分比。
- 为某一具体目标制订基线期间不要给予任何强化。这包括口头表扬、微笑、击掌、拍肩膀等。同样重要的是,制订基线期间不要进行教学。这不仅包括不告诉受训者答案,而且也不要做出可以暗示答案对错的面部表情。而且,制订基线时,为了确保受训者的积极性,可以强化某些与目标不相关的行为,例如"你坐得真端正"或"做得漂亮"。

表 6.2　对技能习得课程的基线数据收集表

执行计划	课程内容	S^D	反应	数据	正确率(%)或辅助的次数及类型
基线 DTT 维持 2W 1W M	找到相应的身体部位	“摸摸头”	受训者触摸身体部位	+ -- P (FP PP G POS VS VB) + -- P (FP PP G POS VS VB) + -- P (FP PP G POS VS VB) + -- P (FP PP G POS VS VB) + -- P (FP PP G POS VS VB) + -- P (FP PP G POS VS VB) + -- P (FP PP G POS VS VB) + -- P (FP PP G POS VS VB) + -- P (FP PP G POS VS VB) + -- P (FP PP G POS VS VB)	50%

在为辅助项目设定基线数据时，训练师在第一回合之后记录受训者完成特定步骤和目标时所给予辅助的次数与类型。一定要确定哪种辅助达到了效果，哪些辅助后没有效果。例如训练师发出“擦干双手”这个指令并且给出部分躯体辅助（PP）让受训者拿毛巾擦手；受训者触摸到毛巾并且停下，训练师会做出全躯体辅助（FP）来帮助受训者抓住毛巾。为此，训练师应在基线数据中记录两种辅助（1FP，1PP），圈定 1FP 的辅助方式或在其下划线，表明这是有效地帮助受训者拿到毛巾的辅助类型。

训练师会在项目开始或是在 TA 中设定新步骤/目标时获取基线数据。如果受训者在没有辅助的情况下能够作出正确回应，那么这项技能或步骤可以跳过，制订下一步骤的基线。辅助课程的基线数据见表 6.3。

表 6.3　辅助课程的基线数据收集表

执行计划	课程内容	S^D	反应	数据	正确率(%)或辅助的次数及类型
基线 DTT 维持 2W 1W M	封闭式逻辑类玩具	拿出拼图，说：“玩儿吧”	受训者完成5块拼图	FP PP G POS VS VB FP PP G POS VS VB FP PP G POS VS VB FP PP G POS VS VB FP PP G POS VS VB FP PP G POS VS VB FP PP G POS VS VB	4个辅助 (1FP,1PP,2G)

教学目标基线数据的通用规则和建议

- 收集基线数据时，要不断变换呈现给受训者的任务。不要一成不变，因为受训者可能会根据已经建立的日常性的例行程序或模式作出回应。例如，对 5 次试验任务制订基线，那么课程中第一个回合呈现 S^D 的顺序是 1，2，3，4，5；随后第二个回合呈现 S^D 依次为 3，5，2，1，4；接下来第三次 S^D 的呈现顺序则为 5，2，4，3，1；等等。
- 当准备开始教授目标任务时，只需要收集特定目标的基线数据。例如，教授命名动物时只需要收集目标 1（如猪）的基线数据，然后再进行关于该动物的训练。当这个任务达到标准之后，就可以为下个目标（如奶牛）收集基线数据并进行教授，以此类推。
- 当收集基线数据时，训练师不可以对正确回应给予任何强化。不过由于缺少反馈可能会使受训者感到沮丧，训练师可以强化与期待反应无关的其他行为（如恰当地坐着、眼神交流或积极参与），此外，训练师也可在其中加入维持项目，并在其中给予受训者强化。

收集日常数据

在 DTT 期间收集反应数据,重要的是,这些回合应是清晰而独立的。应该有一个明确的开始(S^D)、明确的回应、明确的结果。每个回合都是从 S^D 开始的,受训者对每个 S^D 作出回应都应作为一个独立回合来记录。当受训者回应正确时记录加号(+),回应错误或不回应记录为减号(-),错误回合之后应当给予受训者辅助。辅助的类型会记录到数据表里。训练师要圈出唤起正确回应的有效辅助。其他无效的辅助应当用斜线划上记号。一个技能习得项目中数据收集的例子见表 6.4。

表 6.4　技能习得项目数据收集表

执行标准	课程内容	S^D	反应	数据	正确率(%)或辅助的次数及类型
基线 DTT(圈出) 维持 2W 1W M	找到相应的身体部位	"摸摸头"	受训者触摸身体部位	+ -- P (FP PP G POS VS VB) + -- P (FP PP G POS VS VB) + -- P (FP PP G POS VS VB) + -- P (FP PP G POS VS VB) + -- P (FP PP G POS VS VB) + -- P (FP PP G POS VS VB) + -- P (FP PP G POS VS VB) + -- P (FP PP G POS VS VB) + -- P (FP PP G POS VS VB) + -- P (FP PP G POS VS VB)	60%

当收集辅助数据时,应当记录完成目标技能和步骤的所需辅助的次数与类型。只需要测试 1 次(不同于技能习得项目的 5 次或 10 次),因为是通过 TA 来辅助受训者的(给予辅助也是在教学)。能有效地唤起正确回应的辅助类型应当被圈定。表 6.5 是日常 DTT 训练中辅助项目数据收集的一个例子。

表 6.5　辅助项目数据收集表

执行标准	课程内容	S^D	反应	数据	正确率(%)或辅助的次数及类型
基线 DTT(圈出) 维持 2W 1W M	封闭式逻辑类玩具	拿出拼图,说:"玩儿吧"	受训者完成5块拼图	FP PP G POS VS VB FP PP G POS VS VB FP PP G POS VS VB FP PP G POS VS VB FP PP G POS VS VB FP PP G POS VS VB FP PP G POS VS VB	5个辅助(1FP,1PP,2G,1POS)

收集维持数据

在维持训练中,训练师应对项目中的每一个目标以随机轮换的顺序试探一遍,这包括在技能习得项目中,随机轮换所有目标;或在辅助项目中,对最后的教学步骤进行测试。训练师在数据表中记录受训者的第一反应。受训者第一次正确的回应应记上加号(+),第一次回应错误记上减号(-),训练师应当遵守 DTT 准则(即重现目标并给予辅助,之后再单独呈现目标以确认受训者是否习得该目标),但是在记录回应的时候尽可能记录受训者最初的表现。例如,"命名环境中的物品"有 10 个目标进入维持阶段,随机轮换 10 个受训者已经学会的环境中的物品。如果受训者能正确命名其中 9 个环境中的物品,那么正确率为 90%。而对于受训者无法正确辨识的那一种物品,训练师应该使用辅助程序来教授这一教学目标。为了达到一个更少辅助的维持计划,受训者应在 2 周(2W)水平的连续 4 个训练周期中回应准确率达到 100%,在 1 周(1W)水平的连续 4

个训练周期中回应准确率达到 100%，在月（M）水平的连续 3 个训练周期中，回应准确率达到 100%。请参照第 5 章教学策略中的相关内容，即在教学目标维持阶段对维持准确率有困难的受训者的相关信息。

收集自然环境中的数据

自然环境中的数据的收集很重要，因为它告诉我们：通过 TA 教育受训者学习技能的方法是有效的，而且这些技能可以泛化并应用到现实的活动和环境中。在收集自然环境数据时，材料、S^D、训练师、环境都应该不同。这是展现受训者是否真正习得和理解一个概念的地方。在 TA 的教学过程中，可使用其他教学材料对技能进行泛化。例如，当收集在自然环境中的执行模式的数据时，可以收集中心活动（即穿珠子的模式）的数据或在上午日历活动（即创建一个与该月天数相对应的模式）中收集数据。

另一个例子是在自然环境中收集辅助项目的数据。在自然环境中收集数据时，训练师只收集在 TA 链上的最后一个步骤的数据，例如，执行的 TA 是“家庭聚餐时坐姿得体”，其最后一步是能坐 30 秒。这不需要探测或训练前面的步骤，因为它们是更小的变量（如 1 ~ 2 秒）。自然环境下教授安坐技能的例子/场景可能包括完成“圆圈时间”课程、教会团体课程或坐在预约医生的候诊室。另一个重要的自然数据收集的注意事项（小贴士）是要将该技能与受训者日常生活中的可能得到此技能的领域相结合。例如，如果家人不参加教会，这就可以不成为自然教学的目标。然而如果家人参加了哥哥的足球比赛，这则可以作为 NE 教学的目标之一。

记录已归档的项目

如果受训者符合了自然教学的标准（即在 3 个新的自然发生的活动中展示技能），该项目就可以存档。当程序被归档，意味着受训者已经可以成功地维持和泛化这种技能至其他物品、环境、人和可能的 S^D 中。归档日期应记录在 TA 的前面，整个教学项目也应当从教学计划中删除。此外，数据表也可以从项目书中移出并单独归档，如果需要可以做将来的参考之用。重要的是，将所有有档的数据表归置在一处，这样可以快速地来参考和查看受训者在教学过程中的表现。当受训者参加了不同的 ABA 课程，归档的项目数量会增加，训练师也会随之变动。这能让将来与受训者一起工作的训练师了解所有关于受训者的信息，包括受训者在本课程的治疗中所能完成的标准。

第 7 章　数据表

制表是 ABA 课程必要的组成部分，把数据绘制在图表上有助于使很多数据变得明了，且更容易解释，建议每治疗一次之后都要制作数据表（而不是等到一周或一个月以后一起制图）。通过每次训练后立即制作数据表，ABA 训练师可以完整地记录受训者的技能，也可以立即评估治疗的效果。这样可以更快地改变或调整治疗方案。

以下内容介绍说明本书中的两种表格、符号及数据。有两种不同类型的用于该课程记录数据的表格。第一种是与技能习得程序相匹配的技能习得数据表，记录的结果是受训者的正确回应率。第二种是与辅助匹配的辅助数据表，会将辅助的次数与类型记录下来。在设置 ABA 课程项目时，参照 TA，找出我们所需要的表格。

制表符号

下文给出了表格中会用到的符号，每一个符号都有简短的定义。

技能习得项目/数据表

X——基线：任务分析中，新教学目标和新步骤开始前，都应设置一条基线。并用符号“X”标示。基线评分和日常数据点不应该连接在数据曲线上。

·——数据点：表示单日百分比：放置“·”在数据表中方格中央，用于记录每天的百分比或回应正确率。画线连接每日百分比成一条线（这条线被称为数据曲线）。

//——治疗暂停：数据表上治疗中的暂停用“//”表示（如周末、节假日、休假、生病等）。在治疗暂停时，不要将之前的百分比与治疗暂停后的百分比连在一起。

|——条件线：表示目标的标准已经达到，画一条垂直线。这可以使之与其他指标区分开，以便快速查看。

¦——虚线：表明教学策略改变。画虚线表示有一个教学策略发生改变，如强化程序改变或执行一个新的教程策略。沿着虚线，写下使用的教学策略会有好处。这样就可以进一步分析教学策略到底有效还是无效。表 7.1 是一个技能习得数据表的例子。

表 7.1　技能习得数据表的示例

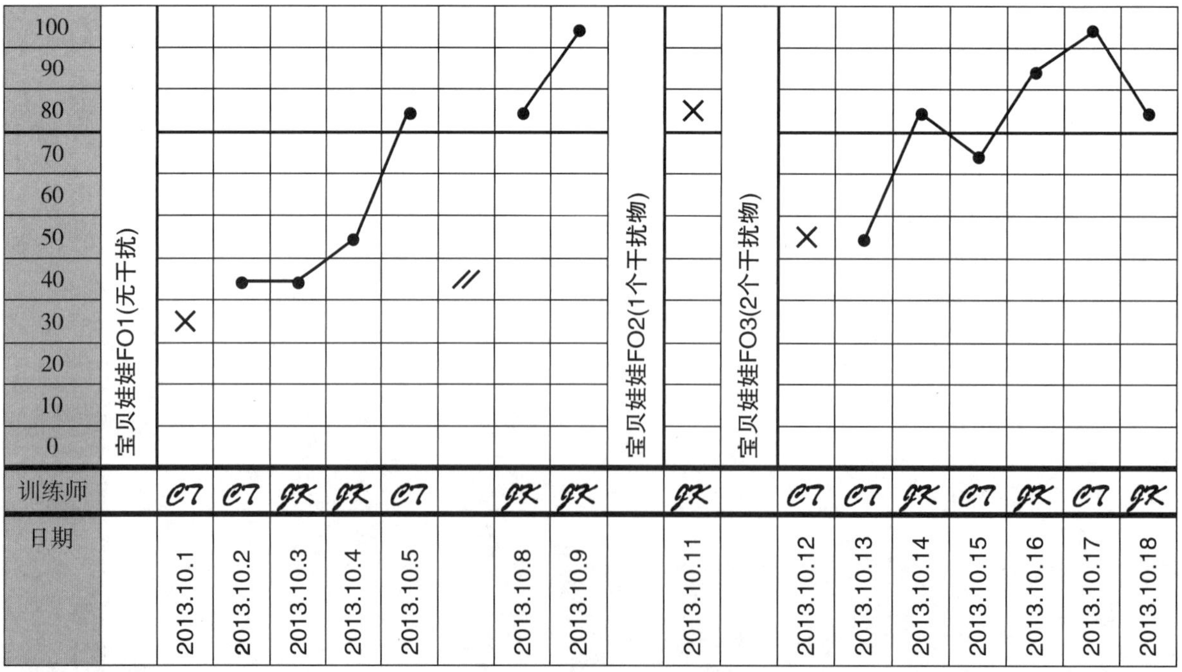

TA 中所提供的例子是:“听指令找玩具”。图上的第一个目标是找到单独放着的“宝贝娃娃”。垂直实线表示一个新的目标开始。在 2013 年 10 月 1 日,ABA 训练师 CT 设置了基线,即受训者得分是 30%。这个分数在此图用“X”表示,这个 30% 也应标注在 TA 基线列。第二天,即 2013 年 10 月 2 日,CT 开始训练该计划(宝贝娃娃 FO1)。这个日期也应记录在 TA“开始日期”列。这个项目一直持续到 2013 年 10 月 5 日,由训练师(CT 和 JK)开始训练。10 月 6—7 日之间,受训者没有接受 ABA 的治疗,所以治疗休息用“//”标示在图中,并且 2013 年 10 月 5 日及 2013 年 10 月 8 日的数据点不进行连接。下面的连续分数都记录在表中:80%(2013 年 10 月 5 日),80%(2013 年 10 月 8 日),100%(2013 年 10 月 9 日)。(在 2 位训练师之间连续 3 天达到 80% 以上的准确率。)因此,绘制垂直线以指示该目标已达到标准(时间也应记录在 TA 的“达标日期”),同时在图中引入新的目标(实线)。第二个目标是在两个物品中找到“宝贝娃娃”(FO2)。基线达标。这表明,在没有训练的情况下,该技能已经泛化,自发从 FO1 泛化到 FO2。基准比例、开始和完成日期(基线日 2013 年 10 月 11 日)记录在 TA 中。在该事例中,最终目标是在 3 个物品中找到“宝贝娃娃”(FO3)(2013 年 10 月 12 日)。基线的“X”在 50% 以上。目标教学开始于 2013 年 10 月 13 日。在 2013 年 10 月 18 日,受训者达到 FO3 标准。其他所有目标执行相同的步骤继续进行。

辅助项目/数据表

X——基线:在 TA 的每个新目标和新步骤之前制订基线并记作“X”,“X”不用连接到数据点上,如果受训者在基线上能做到零辅助(独立表现),这一目标被认为已属于他们自己的能力范畴,可以进行下一个 TA 项目了。

·——辅助次数的数据点:放置“·”在方格图上的恰当位置记录受训者完成 TA 的当前步骤或技能所需辅助的次数,画一条线连接,记录每次治疗环节的辅助(这条线被称为数据曲线)。

//——治疗暂停:图表上治疗中暂停用“//”表示(如假期、病假等)。在治疗暂停时,不要把治疗暂停之前和之后的百分比连在一起。

|——条件线:表示目标标准已经达到,画一条垂直线。

┆——虚线:表示教学策略改变:画虚线表示有一个教学策略发生改变。表 7.2 是辅助数据表的一个例子。

表 7.2　辅助数据表的示例

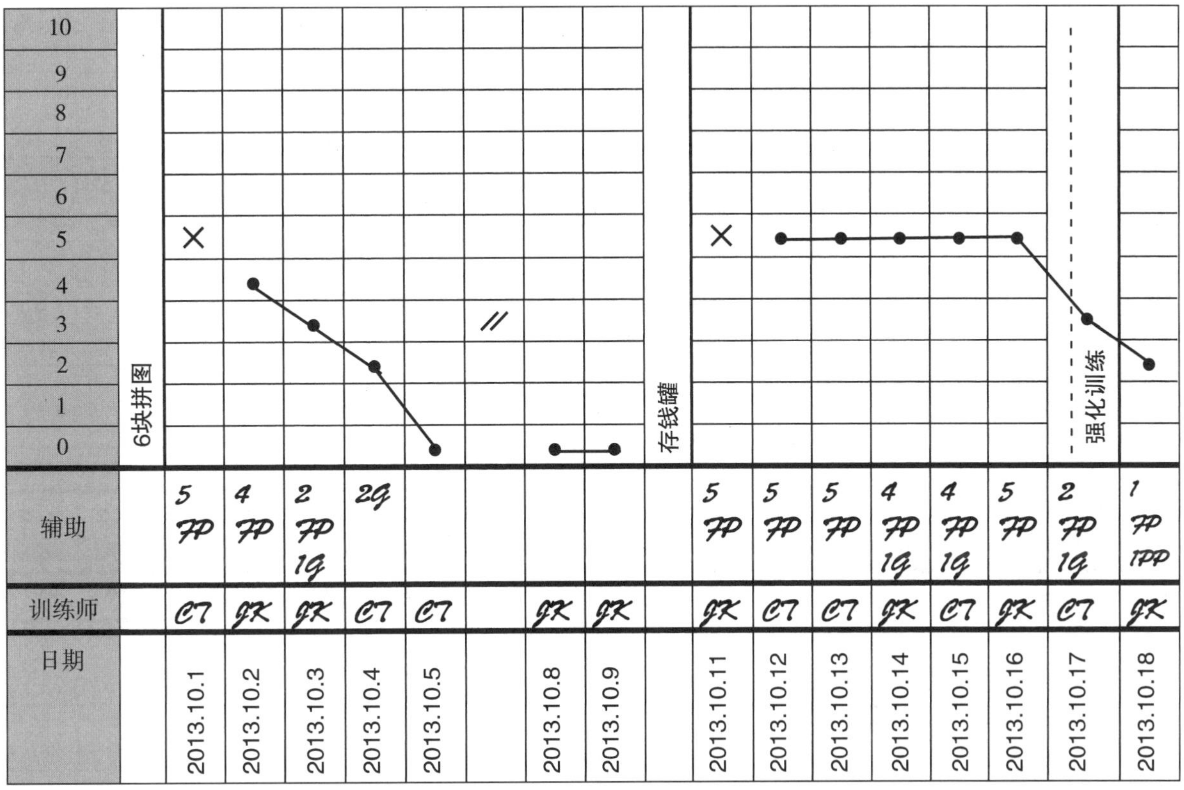

在提供的示例中，训练师在完成“封闭式逻辑类玩具”的项目。这个 TA 要求 ABA 训练师记录辅助数据（辅助的次数与类型）。目标写在表上（6 块拼图），2013 年 10 月 1 日设置基线。当给辅助数据设置基线时，在图上记录辅助的次数与类型。“X”是记录受训者成功完成所需的步骤或任务所需要的辅助总数。在 2013 年 10 月 1 日，需要 5 次辅助才能成功，图上第 5 行标记“X”，在对应的辅助行标上辅助的类型（5FP）。

在提供的例子中，开始日期为 2013 年 10 月 2 日，受训者需要 4 次辅助才能完成任务。

2013 年 10 月 6—7 日期间，受训者没有接受治疗，所以暂停治疗的休息时间会显示在图上，2013 年 10 月 5 号和 8 号的数据点不进行连接。目标标准是连续 3 天零辅助。在这个例子中，标准已经在 2013 年 10 月 9 日达标，即连续 3 个疗程零辅助。这个日期记录在 TA“达标日期”列。第二个目标（玩储蓄罐玩具）于 2013 年 10 月 11 日开始。受训者需要 5 次辅助来完成这一目标。2013 年 10 月 12—16 日，受训者每天需要 5 次辅助，显示这 5 天没有学习进展。因此，2013 年 10 月 17 日实施一个教学策略（增加强化的密度）。这里用阶段变化线（虚线），保留目标保持不变，但引进了教学策略。引入的教学策略是写在虚线旁边以供将来参考应用了哪种教育策略。

解释图

数据用来指导治疗决策。数据是客观的，视觉分析的数据应该是确保治疗效果的基本方法（而不是一个主观的意见）。应该每天对数据进行评估并与基线相比较，以确定受训者是否取得进展，进展有多快，什么时候应该执行教学策略。数据图可以展示 4 种主要的学习趋势。趋势线是指数据点/数据曲线的走向。

积极稳定的学习趋势

这是我们要得到的趋势线，表明受训者已经在学习并取得进展（表 7.3）。这种类型的学习趋势可以上升或下降，取决于项目类型。如果正在教授一个技能习得项目，给出的结果是正确的百分数，那么一个上升的趋势线表明行为得到了提升或改善。受训者成功获得所学技能，现阶段不需要进行其他处理。如果正在教授一个辅助项目，那么下降趋势线表明受训者正在习得该技能，而不再需要教学策略的辅助了。

表 7.3　积极稳定的学习趋势

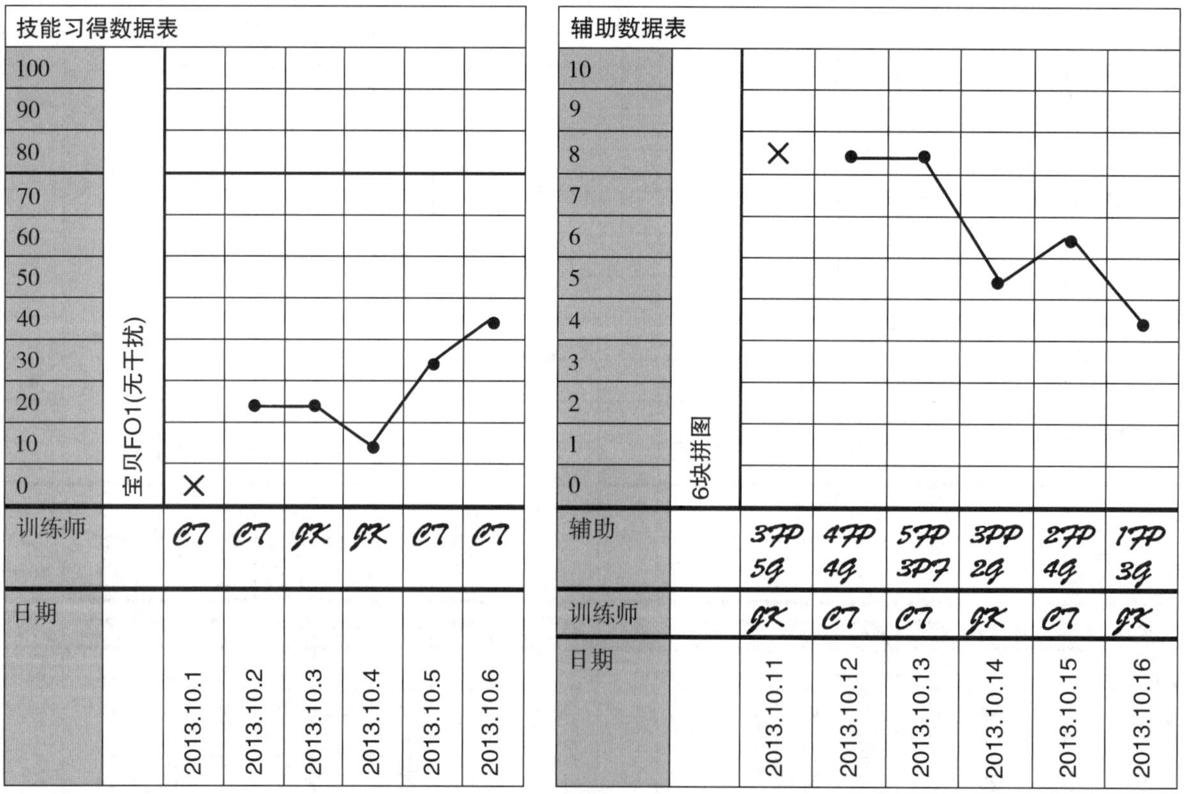

多变或断断续续的学习趋势

这种趋势线(表 7.4)出现在收集的数据发生变化或受训者学习特定的技能或步骤的速度发生变化时。当受训者展现出断断续续的学习趋势时,这表明此时需要实施教学策略并进一步观察确定是什么原因导致出现了这种类型的学习趋势。变化的学习趋势由很多原因导致,包括但不限于强化的执行问题(即强化不够密集)、教授技能所用的材料、训练师更换、疗程实施与受训者的疾病程度是否一致等原因。

表 7.4　不稳定的学习趋势

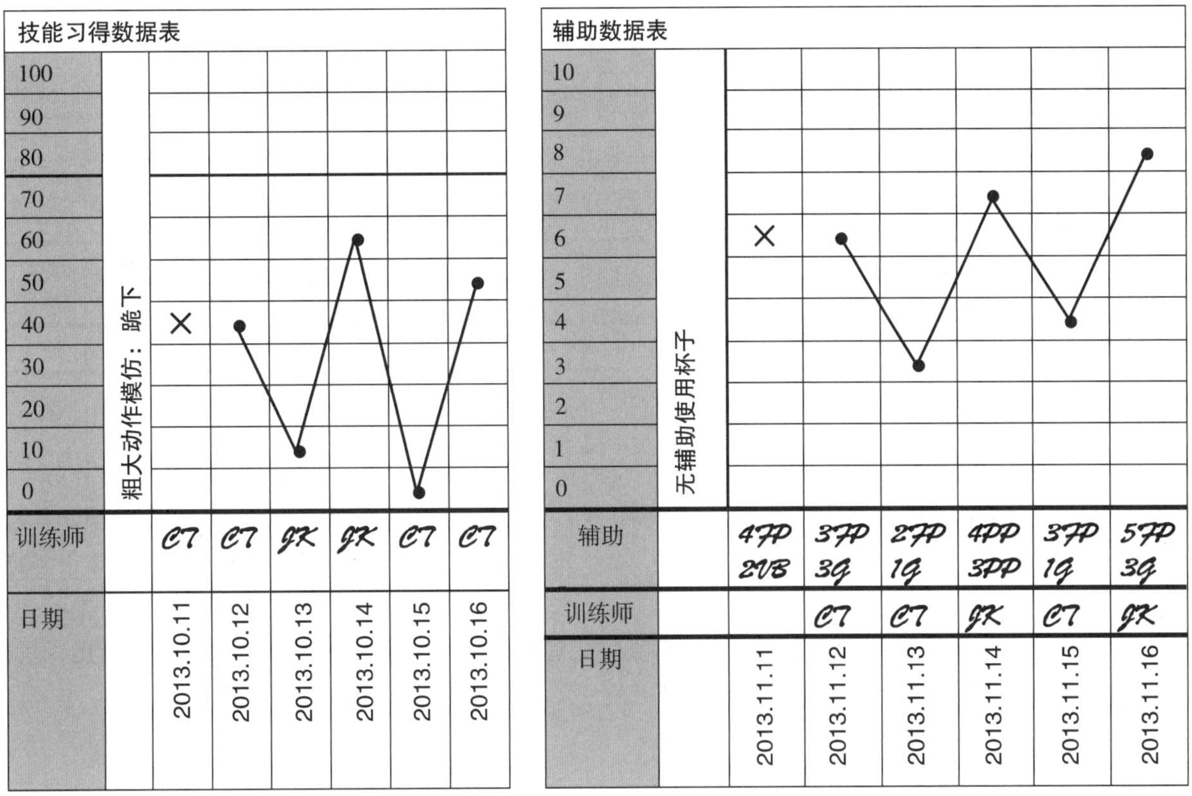

停滞的学习趋势

不变或停滞的学习趋势(表 7.5)表现为数据没有变化或受训者学习特定技能的速度没有变化。当受训者出现不变的学习趋势时,这表明受训者已经到了一个停滞期,在这个时候需要教学策略来帮助受训者继续学习技能和克服停滞。

表 7.5　停滞的学习趋势

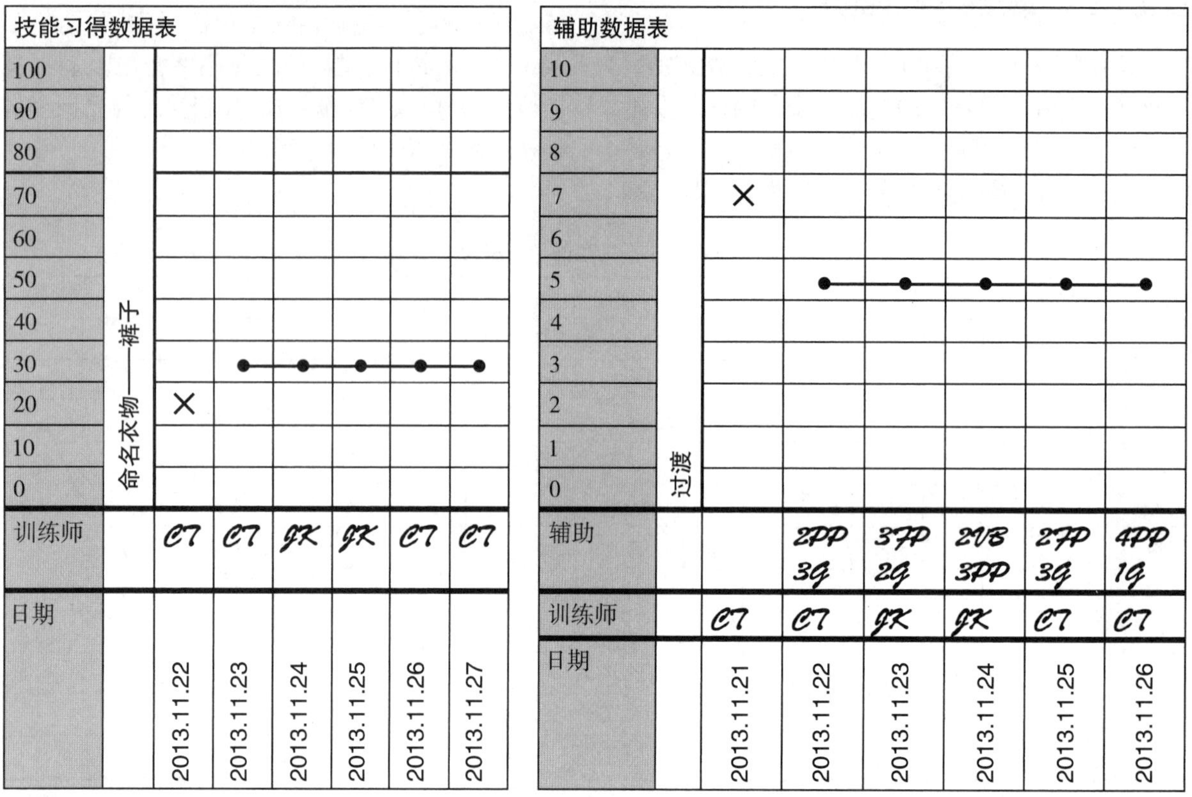

零学习趋势

零学习趋势意味着受训者始终需要全躯体辅助或者总是出现 0 的准确率(表 7.6)。当受训者显示零学习的趋势,这表明他们没有学习,因而需要引入教学策略。需要进一步观察确定发生这种类型的学习趋势的原因。与变化学习趋势一样,造成零学习趋势的原因有很多,可能是强化、材料或者是受训者的疾病等引起的。

表 7.6　无学习趋势图例

技能习得数据表							
100	接受性指令——一步指令(拍手)						
90							
80							
70							
60							
50							
40							
30							
20							
10							
0		×	●	●	●	●	●
训练师		CT	CT	JK	JK	CT	CT
日期		2013.12.1	2013.12.2	2013.12.3	2013.12.4	2013.12.5	2013.12.6

辅助数据表							
10	可爱的小蜘蛛(一首歌)	×	●	●	●	●	●
9							
8							
7							
6							
5							
4							
3							
2							
1							
0							
辅助			5VB 5FP	6FP 4G	6VB 4FP	7FP 3G	4FP 6G
训练师		CT	CT	JK	JK	CT	CT
日期		2013.12.10	2013.12.11	2013.12.12	2013.12.13	2013.12.14	2013.12.15

我们建议,如果受训者连续 3 ~5 个治疗环境(取决于受训者的水平)显示出不稳定的学习趋势、停滞的学习趋势或零学习趋势,那么应该实施教学策略。在第 5 章中,我们提供了各种教学策略用于参考。除了这些教学策略,ABA 训练师可以考虑其他治疗方案,如将教学步骤或技能分解成更小的部分,更换治疗器具,确保受训者已具备预备技能,改善教学环境使之更利于学习,对疗程执行的一致性进行评估,或添加一个视觉辅助。一旦改变治疗方案并添加新的策略,则有必要进行持续评估。此外,同样重要的是,要确定您会如何消退一些教学策略,如视觉线索。出现学习困难时,专业的 BCBA 会帮助您选择合适的教学策略。

第 8 章　创建 ABA 环境

本章详细描述了如何在家里或教室里创建一个应用行为分析（ABA）的治疗环境。内容包括推荐适宜的家具类型，如何在房间里摆放家具，如何为受训者创建最适宜的学习环境。我们提供了理想的治疗空间的照片作为例子参考。最后提出强化玩具和活动的建议。

ABA 治疗室

受训者的治疗室应选择在干扰尽可能小的地方（即该房不是交通必经之处，将墙和窗户的干扰降到最低）。治疗区域应该是孩子感觉舒服的地方。我们建议治疗区域不要设于受训者的卧室。最理想的房间应该有一个需要时可以随时关闭的门。这样可以尽可能地减少噪音或房间里其他物品给受训者带来的干扰/注意力分散，同时也可以在受训者有任何不适反应、逃避行为或是借情绪失控来逃避任务的行为时，作为自然障碍物来防止他们逃离治疗区。

治疗室要有两个独立区域：一个作为教学区，一个作为休息/玩耍区。教学区要有不同类型的家具作为放东西和教学之用。一套适宜受训者大小的桌椅作为受训者的桌上活动（例如学术活动或独立完成的任务）之用，且应该至少容纳两名受训者。桌椅要足够稳固，不能轻易被推倒。应当选用有靠背而无扶手的椅子，便于搬动和随时组织适宜的位置以便教学，也有助于安坐训练的开展。

隔板和小储物箱要标记项目名称或用途（如听指令找食物、强化物等）。房间布置要很容易拿到必要的教学用品、玩具和其他物品，这点很重要。治疗区域应该有足够大的搁架以放置各种盛放受训者治疗项目所需资料的箱子（即听指令要找的物品或要命名的物品）等。特百惠柜子、箱子和可折叠的文件上需标示项目名称并附上项目材料或者强化项目。

一个写字板或黑板对于团体教学会很有帮助。它可以记录重要的会议纪要，处理行为的要点提醒，方便其他 ABA 训练师了解训练受训者的情况。还可以放置一个书架，放上一些让受训者在休息时间独立阅读的书籍或开展游戏之用。书籍最好定期更换来维持其强化效能。

休息/游戏区域应该是一个受训者能够舒适地坐着或游戏的地方。取决于受训者的年龄和身材大小，此区域也可以包括额外一套桌椅或者铺上地毯以方便受训者可以坐在地毯上，舒服地在地上做游戏。一个能够放置各种游戏物品（当前目标或休闲游戏物品等）的架子通常会很有用。游戏区域要挂一些儿童能轻易认出的特定的玩具图片。玩具图片要定期更换，以促进游戏技能扩大，避免产生餍足。另外还要有一个壁柜用于存储大件物品和将来会用到的物品。

表 8.1 提供了一系列图片，展现了一个为两位年幼受训者创建的 ABA 治疗室。

表 8.1　为两个小年龄段受训者创建的治疗区域

引　例	房间描述
	该 ABA 治疗空间有一套适宜受训者的小桌椅。墙上有一个写字板，作为教学工具和训练师之间的沟通记录。这个环境干扰较少

续表

引　例	房间描述
	该治疗室有一个地毯区域，受训者可以坐在那里和教学助理做游戏，享受强化活动或休息。强化玩具/活动项目在墙上和靠墙的箱子里。壁橱有额外的治疗用品，易于锁上
	该治疗室有适合于受训者的一套桌椅。桌子后面的箱子数量要与执行的 TA 相匹配。这样便于教师很快拿到特定活动项目必须用到的教具
	该房间墙壁上有一个日程表，和在学校圆圈教学区域看到的基本相似，受训者当时在进行有关“日历”“宣誓”“天气”及其他与周期时间相关的 TA。除此之外，该区域列出了受训者需知的规则与视觉辅助
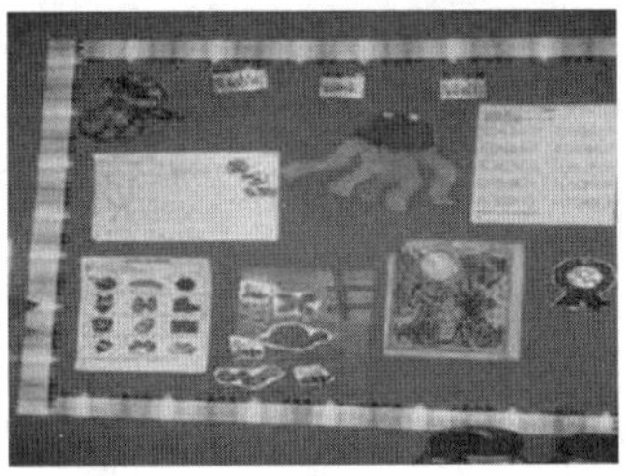	该区域是 ABA 治疗环境中的指定区域，受训者的样品展示都在这里，另外，所展示的艺术作品对受训者能够起到强化作用

家长参与

家长参与是 ABA 课程极其重要的一部分。家长在创建 ABA 家庭课程时的主要责任包括购买教学材料和治疗区域的家具，安排治疗房间和受训者的治疗团队。家长还要与训练师制订时间日程以确保治疗能够在连续的治疗期内完成。家长也要确保只在治疗时间进行特定的强化。

家长有义务阅读和接受关于 ABA 的培训。多数治疗团队会在跟受训者运用 ABA 教程时直接把培训内容提供给家长。然而，他们也鼓励受训者家长阅读优秀的关于 ABA 的书籍以学习 ABA 理论、教学策略、行为引导策略等。除此之外，家长还应接受关于自己孩子个性化的 ABA 课程，譬如要制订的目标及他们如何在自然环境中教授这些目标。

一旦开始 ABA 疗程，家长应参与所有的团队会议，这点很重要。家长要了解每一个项目的目标和教学程序。家长对给予自己孩子个性化的 ABA 课程起着十分大的作用。家长在选择应训练的目标/技能方面要与训练师或 BCBA 合作。没有家长的帮助，ABA 课程的训练师将可能只看到受训者一天中的一部分实践的表现而无法了解全貌。

家长也是训练受训者团队中的一部分。家长的工作主要是泛化技能给另一个人、地方和材料。鼓励家长去观察受训者的 ABA 课程，这样他们可以学习不同的教学策略（如辅助等级），他们可以依此运用教学策略。家长也要确保有足够的治疗用品和强化物备用。

家长最重要的职责之一是跟所有的团队成员沟通（ABA 训练师、BCBA、儿科医生或其他医生、训练师等）。其重要之处在于，家长要告知 ABA 训练师所有关于治疗或目前目标的顾虑或问题。告知团队成员受训者每天的日程活动的变化（即睡眠周期、药物变化、其他医疗状况等）也很重要，因为它们会对治疗结果有影响。拥有公开、诚实的关系只会有助于治疗团队做好治疗决策。

总结一下家长的职责，家长需要做到：

- 熟知每一个课程项目的过程；
- 跟进治疗过程中都教了什么内容；
- 保证只在治疗时间使用强化；
- 确保备好足够多的用品和强化物；
- 安排好治疗室；
- 参加所有团队会议；
- 整个疗程都确保在场；
- 接受 ABA 培训，阅读并学习应用行为分析策略；
- 遵照 ABA 教程并信赖策略；
- 保持与治疗团队的沟通渠道顺畅；
- 告知治疗团队任何顾虑和问题；
- 安排好工作日程（日期/具体时间），以便 ABA 课程有固定时间。

关于强化玩具和活动的建议

在本书的第 1 章，我们介绍了一系列强化规则。有效使用强化物对于学习和获得技能极其重要。训练师应经常对照这些规则以确保强化物得到最大限度地使用。在本部分中，我们会建议一些可以用作治疗的强化物。这些建议不意味着替代偏好评估和强化物清单（因为其在 ABA 治疗中用于识别潜在强化物是非常有用的），这只是一份自闭症患者能从中获得强化作用，且可被用在疗程中的潜在的强化物列表。

初级强化物

初级强化物指那些对于受训者来说像食物和水一样的生活必需品。初级强化物不是受训者在日常生活中的自然强化物。例如，训练师通常会表扬做得好的受训者，但不会提供饮料和零食。但是自闭症谱系障碍患者通常对于此类强化反馈良好，对次级强化物如表扬和玩具并不一定有反应。因此，刚开始治疗时，就可能需要初级强化物以教会受训者技能及如何对次级强化物有反应。因此，ABA 训练师应该将初级强化物和次级强化物配对使用，这样可促使次级强化物逐步取代初级强化物的强化属性。当此现象发生时，初级强化物就应逐渐退出治疗。以下是最常见的可以用于治疗的初级强化物，这些强化物最主要的特点是对受训者有强化或功能性作用。

寻找不需要花费太长时间消费的初级强化物（如一口就可吃掉的零食），以使更多的时间用于学习/工作，例如：

- 一口饮料；
- 爆米花；
- 糖果，如 M&M's 豆、彩虹糖等；
- 一瓣水果、胡萝卜条、芹菜条；
- 水果软糖/水果零食；
- 薯片，饼干，其他松脆小吃；
- 土豆块；
- 一片饼干，一块蛋糕，其他烘焙食品；
- 葡萄干；
- 干果。

次级强化物

次级强化物又叫条件强化物。因为它们对受训者可能不会有天然的强化作用（像初级强化物那样），但是通过将初级强化物与次级强化物进行配对，受训者能将次级强化物与初级强化物联系起来以使次级强化物产生强化作用。（正如以上所述，我们建议 ABA 训练师将这些物品与初级强化物配对使用，最终达到初级强化物逐渐退出治疗的目的。）

我们对次级强化物的建议是以感官体验的特性来排序，因为这可能为受训者提供一个内在的自动强化作用。例如，如果受训者喜欢有声音的物品，那么建议训练师尝试使用其他发声物，因为听觉刺激可能会自动强化受训者，条件化过程有可能被消除或发生得更快。以下是我们建议的可以用于 ABA 课程的强化物品。

对于那些能被移动的物品或有因果关系的物品所强化的受训者，请尝试：

- 球（有亮光的球、可以用力挤压的压力球、可震动的球）；
- 追光玩具；
- 可发亮的玩具；

- 灯光可以旋转或闪烁的手电筒；
- 玩偶盒；
- 弹出玩具；
- 响声玩具和游戏；
- 祈雨杖。

对于易被大动作强化的受训者，请尝试：

- 蹦床；
- 摇摆玩具；
- 秋千；
- 治疗球；
- 坐式旋椅(sit-and-spin)；
- 滑板车；
- 跷跷板；
- 自行车/三轮车；
- 滑梯；
- 挠痒痒；
- 呼啦圈。

对于易受声音刺激强化的受训者，请尝试：

- 有声拼图；
- 音乐书；
- 乐器；
- 声纳机；
- 音乐棍；
- 可以说话或发声的玩具；
- 回声麦克；
- 歌曲/音乐。

对于易受触觉刺激和不同质地强化的受训者，请尝试：

- 不同材质和感觉的书和玩具；
- 沙盘；
- 溅水乐园(water table)；
- 盛放米或豆子的桌子/箱子；
- 彩泥；
- 手指画活动；
- 剃须膏/有趣的泡沫。

对于易受压力强化的受训者，请尝试：

- 在枕头和沙发靠垫中挤压；
- 拥抱；
- 吊床；
- 挠痒痒；
- 豆袋椅；
- 球池；
- 裹在毯子里；
- 睡袋；
- 按摩；
- 卷地毯；
- 震动枕头。

对于易受视觉刺激强化的受训者，请尝试：

- 幻彩灯箱；
- 电子游戏，电脑游戏；
- 手电筒；
- 频闪灯；
- 熔岩灯；
- 暗处发光贴纸；
- 能发亮的玩具；
- 三维魔景机；
- 追光玩具，追光项链；
- 闪光魔杖或魔杖，当你掉转魔杖时，魔棒内的物质会漂浮到另一端。

对于易受嗅觉刺激(强烈味道)强化的受训者，请尝试：

- 调味料；
- 嗅贴纸；
- 芳香疗法器具；
- 香味书签；
- 化妆水；
- 香味彩泥。

对于易受小空间强化的受训者，请尝试：

- 帐篷；
- 隧道；
- 足够大能坐进去的箱子；
- 小的游戏屋；
- 储藏箱。

对于看到掉落或吊着的物品而发生强化作用的受训者，请尝试：

- 泡泡；
- 长的丝绸旗帜；
- 液体运动玩具；
- 水枪；
- 泡沫飞机；
- 弹跳火箭；
- 降落伞玩具；
- 橡胶杯子(rubber poppers)；
- 风铃。

使治疗充满趣味

让受训者在治疗课中能够感受到激励是极其

重要的，只有这样才能让受训者不断地学习。因此，作为ABA训练师，我们应该尽量让治疗变得有趣且自然。反过来，这将有助于受训者遵从指令，对治疗产生兴趣，泛化技能。我们鼓励ABA训练师使用趣味性教学以确保治疗课程是一种享受，激发受训者的学习欲望：

- 当呈现 S^D 和提供强化时，使用热情洋溢的语调。
- 课程中使用的语言应尽可能自然。
- 治疗课程应在各种各样的环境下进行（家里不同的房间、室外和社区环境）。这样会保持事情新奇，以帮助受训者泛化到不同环境下。要有创造性，如果让受训者在蹦床上蹦跳或者坐在秋千上能够激励他，那么就让受训者接触这些器具，当他们应得到一个奖励，那么这个奖励可以是让他在蹦蹦床上玩一定的时间或者荡几下秋千。
- 当他们的语言能力提高了，相应改变给予受训者的指令。
- 把你自己与非常享受的活动配对在一起，这样你自己就变成受训者的强化物。
- 使用受训者最喜欢的玩具和物品来进行概念（例如，颜色、形状和数数）的教学。
- 经常变化使用的物品以教授技能。比如用卡片、大珠子、积木或者在纸上画形状来教形状。这样不仅促进材料的泛化，而且对受训者来说可以保持活动的新颖。
- 确保将已经达到标准的TA放入维持阶段（或使用我们推荐的消退程序），这样就不会让受训者因为总是练习已掌握的技能而厌倦。
- 使用ABA治疗教程，要每工作15~20分钟就有5~10分钟的强化休息/游戏时间。休息对于保持兴趣极其重要。当受训者很不合作时，千万不要通过试图延长这15~20分钟来教学。
- 维持一个高的成功率，确保以受训者成功完成任务来结束每个治疗课程。
- 交替任务或保持多个TA同时进行，且进行随机循环以防止受训者感到厌倦。
- 变化强化物：强化物尽可能自然。
- 在治疗课程中使用音乐，甚至也可以自创一些听起来很幼稚的歌曲来进行概念教学，如“身体部位歌”。

第二部分

教程内容

第 9 章　参与技能的任务分析

- 安坐
- 安坐并能完成一项活动
- 对名字呼唤有眼神对视
- 视觉追踪

安坐

等级：□1 □2 □3

S^D： A. 好好坐着 B. 安静地坐着	**反应：** 受训者将能够坐住身体不乱动（手放在桌上或腿上，脚不动），嘴安静不说话
数据收集：技能习得	**目标标准：**2 个训练师连续 3 天观察到 80% 或以上的正确回应
材料：2 把椅子和强化物	

消退程序

维持标准：2W＝连续 4 次 100% 完成；1W＝连续 4 次 100% 完成；M＝连续 3 次 100% 完成	**自然环境标准：**目标行为可在自然环境下泛化到 3 种新的自然发生的活动中	**归档标准：**目标、维持和自然环境（NE）标准全部达标

目标列表

目　标	基线%	开始日期	达标日期	消退程序		
				维持阶段	自然环境开始日期	归档日期
1. S^DA：坐在椅子上 1～2 秒						
2. S^DA：坐在椅子上 3～5 秒						
3. S^DA：坐在椅子上 10 秒						
4. S^DA：坐在椅子上 30 秒						
5. S^DA：泛化到环境 1						
6. S^DA：泛化到环境 2						
7. 维持阶段：在多个环境中评估				2W 1W M		

8. S^DA:泛化到在地板上坐						
9. 维持阶段:在多个环境中评估				2W 1W M		
10. S^DB:坐在椅子上 1 ~2 秒						
11. S^DB:坐在椅子上 3 ~5 秒						
12. S^DB:坐在椅子上 10 秒						
13. S^DB:坐在椅子上 30 秒						
14. S^DB:泛化到环境 1						
15. S^DB:泛化到环境 2						
16. 维持阶段:在不同环境下评估				2W 1W M		
17. S^DB:泛化到在地板上坐						
18. 维持阶段:在不同环境下评估				2W 1W M		

进行该任务分析的具体建议:

- 安坐。能够安坐是所有受训者在进行下一个训练项目前必须获得(或至少有进步)的一个基本技能。所以确保受训者在应用行为分析课程初始阶段就掌握该技能。
- 训练该项技能时,把两把椅子面对面放到一起。使用一个不带扶手的椅子会有帮助,因为这样比较容易提供辅助(如全躯体辅助、部分躯体辅助等)帮助受训者坐下,身体不动。选择适合受训者身高的椅子,两把椅子的距离约 1 ~2 步。让受训者站起来,面对训练师,椅子在他们身后。训练师可能要坐在对面的椅子上,腿放在受训者要坐的椅子腿的旁边,用身体和腿轻轻地阻碍受训者离开教学区域。
- 如果受训者试图离开你,尝试把椅子靠墙放,让他们不能弄倒椅子从椅子后面逃走。或者你可以把叉开着的一条腿放在椅子腿后面以防椅子被碰倒。
- 确保整个治疗团队对受训者"手不动"这个行为有相同的标准。那他们的手是应该放在桌子上、平放在腿上还是交叠放在大腿上?如果受训者倾向于玩手,那么选择放在桌上或平放在腿上更好一些,因为这样会帮助减少受训者玩手的行为。

安坐并能完成一项活动

等级：□1 □2 □3

S^D： A. “好好坐着”或“安静地坐着” B. “坐在这里做 XX”（如：坐在这里拼拼图）	**反应：** A. 受训者将能够坐住，身体不乱动（手放在桌上或腿上，脚不动），嘴安静不说话 B. 受训者坐在指定地方并完成选定的活动
数据收集：技能习得	**目标标准：**2 个训练师连续 3 天都能完成 80% 或以上的正确回应
材料：2 把椅子、活动材料和强化物	

消退程序

维持标准：2W = 连续 4 次 100% 完成；1W = 连续 4 次 100% 完成；M = 连续 3 次 100% 完成	**自然环境标准：**目标行为可在自然环境下泛化到 3 种新的自然发生的活动中	**归档标准：**目标、维持和自然环境标准全部达标

目标列表

目　　标	基线%	开始日期	达标日期	消退程序		
				维持阶段	自然环境开始日期	归档日期
1. S^DA：坐在椅子上 10 秒						
2. S^DA：坐在椅子上 30 秒						
3. S^DA：坐在地板上 30 秒						
4. S^DB：坐 30 秒同时参与受训者自选的活动						
5. S^DB：坐 60 秒同时参与训练师选择的活动						
6. S^DB：坐 2 分钟同时参与训练师选择的活动						

7. S^DB:坐 4 分钟同时参与训练师选择的活动						
8. S^DB:坐 6 分钟同时参与训练师选择的活动						
9. S^DB:坐 8 分钟同时参与训练师选择的活动						
10. S^DB:坐 10 分钟同时参与训练师选择的活动						
11. S^DB:泛化到环境 1						
12. S^DB:泛化到环境 2						
13. 维持阶段:在不同环境下评估				2W 1W M		

进行该任务分析的具体建议:

- 安坐。能够安坐是所有受训者在进行下一个训练项目前必须获得(或至少有进步)的一项基本技能。所以应确保在受训者的 ABA 课程初始阶段就掌握该技能。
- 教授该项技能时,把 2 把椅子面对面放到一起。使用不带扶手的椅子会有帮助,因为这样比较容易提供辅助(如全躯体辅助、部分躯体辅助等)帮助受训者坐下,身体不动。选择适合受训者身高的椅子,2 把椅子距离 1 ~ 2 步。让受训者站起来,面对训练师,椅子在他们身后。训练师可能要坐在对面的椅子上,腿放在受训者要坐的椅子腿的旁边,用身体和腿轻轻地阻碍受训者离开教学区域。
- 如果受训者试图离开训练师,尝试把椅子靠墙放,让他们不能弄倒椅子,无法从椅子后面逃走。或者可以把叉开的一条腿放在椅子腿后面以防椅子被碰倒。
- 确保整个治疗团队对受训者"手不动"这个行为有相同的标准。他们的手是应该放在桌子上、平放在腿上还是交叠放在腿上?如果受训者倾向于玩手,那么选择放在桌上或平放在腿上更好一些,因为这样会帮助减少受训者玩手的行为。
- 从受训者觉得有强化作用的活动开始教学,比从更难的活动(如练习题)开始要更有帮助。

对名字呼唤有眼神对视

等级:□1 □2 □3

S^D: A. “XX,看着我” B. “XX”	**反应:** 当听到叫他们的名字,受训者能直接与训练师有眼神接触
数据收集:技能习得	**目标标准:**2 个训练师连续 3 天都观察到 80% 或以上的正确回应
材料:强化物	

消退程序

维持标准:2W = 连续 4 次 100% 完成;1W = 连续 4 次 100% 完成;M = 连续 3 次 100% 完成	**自然环境标准:**目标行为可在自然环境下泛化到 3 种新的自然发生的活动中	**归档标准:**目标、维持和自然环境标准全部达标

目标列表

目　标	基线%	开始日期	达标日期	消退程序		
				维持阶段	自然环境开始日期	归档日期
1. S^DA:1 秒						
2. S^DA:2 秒						
3. S^DA:3~5 秒						
4. S^DA:泛化到环境 1						
5. S^DA:泛化到环境 2						
6. 维持阶段:在不同环境下评估				2W 1W M		
7. S^DA:参与活动/转移注意力(至少 1 秒)						
8. S^DA:泛化到环境 1						

9. S^DA:泛化到环境 2						
10. 维持阶段:在不同环境下评估				2W 1W M		
11. S^DA:一定距离(至少 90 厘米)						
12. S^DA:泛化到环境 1						
13. S^DA:泛化到环境 2						
14. 维持阶段:在不同环境下评估				2W 1W M		
15. S^DB:1 秒						
16. S^DB:2 秒						
17. S^DB:3 ~ 5 秒						
18. S^DB:泛化到环境 1						
19. S^DB:泛化到环境 2						
20. 维持阶段:在不同环境下评估				2W 1W M		
21. S^DB:参与其他活动/转移注意力(至少 1 秒)						
22. S^DB:泛化到环境 1						
23. S^DB:泛化到环境 2						
24. 维持阶段:在不同环境下评估				2W 1W M		
25. S^DB:一定距离(至少 90 厘米)						
26. S^DB:泛化到环境 1						
27. S^DB:泛化到环境 2						
28. 维持阶段:在不同环境下评估				2W 1W M		

进行该任务分析的具体建议:

- 确保已教授必需的技能。举个例子,对于叫到名字时有眼神对视来说,受训者首先应该掌握的技能包括:能适当地坐在那里。
- 保持强化物不要靠近受训者的脸,因为我们要受训者听到叫他名字时他会有反应,并能看训练师的脸(而不是看强化物)。

视觉追踪

等级：□1 □2 □3

S^D： 呈现一个喜欢或不太喜欢的物品并说“看它”	**反应：** 受训者在不同的位置能追踪该物品最多 10 秒钟
数据收集：辅助数据（辅助次数与类型）	**目标标准：**2 个训练师连续 3 天都观察到零辅助完成
材料：喜欢的、不太喜欢的物品及强化物	

消退程序

维持标准：2W＝连续 4 次 100% 完成零辅助；1W＝连续 4 次 100% 完成零辅助；M＝连续 3 次 100% 完成零辅助	**自然环境标准：**目标行为可在自然环境下泛化到 3 种新的自然发生的活动中	**归档标准：**目标、维持和自然环境标准全部达标

目标列表

目　标	基线：辅助次数与类型	开始日期	达标日期	消退程序		
				维持阶段	自然环境开始日期	归档日期
1. 目标 1：当把喜欢物拿到左边时，受训者会看向物品保持 3 秒						
2. 目标 2：当把喜欢物拿到右边时，受训者会看向物品保持 3 秒						
3. 目标 3：当把喜欢物向上举时，受训者会看向物品保持 3 秒						

4. 目标 4：当把喜欢物向下放时，受训者会看向物品保持 3 秒						
5. 目标 5：受训者会看向喜欢物，并追踪物品到 4 个不同方位保持 10 秒						
6. 目标 6：当把非喜欢物拿到左边时，受训者会看向物品保持 3 秒						
7. 目标 7：当把非喜欢物拿到右边时，受训者会看向物品保持 3 秒						
8. 目标 8：当把非喜欢物向上举时，受训者会看向物品保持 3 秒						
9. 目标 9：当把非喜欢物放下来时，受训者会看向物品保持 3 秒						
10. 目标 10：受训者会看非喜欢物，并追踪物品到 4 个不同方位保持 10 秒						
11. 目标 11：受训者会看非喜欢物，并追踪物品到 6 个不同方位保持 10 秒						
12. 泛化到环境 1：						
13. 泛化到环境 2：						
14. 维持阶段：在不同环境中评估				2W 1W M		

进行该任务分析的具体建议：

- 确保已教授必需的技能。举个例子，对于视觉追踪技能而言，受训者首先应掌握的技能包括：能适当地坐在那里。
- 如果受训者在追踪物品时不能持续，使用一个能吸引注意力的强化物，比如能发光的玩具、有声音的玩具或颜色鲜艳的玩具。

第 10 章　模仿技能的任务分析

- ▶ 使用物品进行粗大动作模仿
- ▶ 粗大动作模仿
- ▶ 使用物品进行精细动作模仿
- ▶ 精细动作模仿
- ▶ 使用物品和不使用物品进行口部动作模仿
- ▶ 语言与动作模仿

使用物品进行粗大动作模仿

等级：□1 □2 □3

S^D： “这样做”并且示范使用物品做粗大动作模仿	**反应：** 受训者能够模仿使用物品的粗大动作
数据收集：技能习得	**目标标准：**2 个训练师连续 3 天都观察到 80% 或以上的正确回应
材料：需要进行粗大动作的一般物品和强化物	

消退程序

维持标准：2W = 连续 4 次 100% 完成；1W = 连续 4 次 100% 完成；M = 连续 3 次 100% 完成	**自然环境标准：**目标行为可在自然环境下泛化到 3 种新的自然发生的活动中	**归档标准：**目标、维持和自然环境标准全部达标

目标列表

对目标的建议和试探结果

对目标的建议：把积木放到容器里，击鼓，按铃，摇响沙锤，敲玩具锤，把玩偶放在车里并推车，把玩偶放在飞机玩具上并飞飞机，喂布娃娃或者填充玩具，把玩具电话放到耳边，用杯子喝水，梳头，滑动玩具车和堆积木
试探结果（已掌握目标）：

目　　标	基线%	开始日期	达标日期	消退程序		
				维持阶段	自然环境开始日期	归档日期
1. 目标 1：						
2. 目标 2：						
3. 目标 1 与 2：随机转换						
4. 目标 3：						
5. 目标 4：						
6. 已达成的目标：随机转换						
7. 目标 5：						
8. 目标 6：						
9. 已达成的目标：随机转换						
10. 目标 7：						
11. 目标 8：						
12. 已达成的目标：随机转换						
13. 目标 9：						
14. 目标 10：						
15. 达标的目标：随机转换						
16. 泛化到环境 1：						
17. 泛化到环境 2：						
18. 维持阶段：在不同环境下评估				2W 1W M		

进行该任务分析的具体建议：

- 确保进行这项任务分析的必需技能已经获得培训。关于使用物品进行粗大动作模仿的必需技能的例子包括：能适当地坐着，及受训者有能力使用物体做粗大动作。
- 这项任务的理念是模仿，并非言语理解。因此，对所有的目标使用相同的指令，例如："这样做"，随后做一个粗大动作的展示。不要更改指令，并说诸如"按门铃"或者"飞飞机"的指令，因为这些指令需要有高层次的语言理解能力。
- 受训者表现的大动作模仿不用特别精确。我们试图去教受训者如何学着去看他人并且依照他人做出动作。因此，大概类似的大动作技能是可接受的。
- 这个项目的目的是教授模仿技能，而非大动作技能。并非必须要选择受训者已知如何使用的物体或者目标行为，因为这个项目会教他们。但是，选择目标行为必须在受训者承受能力内。
- 要求受训者先坐在一个椅子上，然后要求受训者学习离开椅子的大动作模仿。这个有助于开启大动作模仿这个项目。可以给你在行为上更多的刺激控制。另外，建议开始时先教能用一只手教授的技能。这样可以空出一只手去给予辅助。因此，最初目标行为的选择可以是在椅子上用一只手摇响沙锤、按铃或者击玩具锤。之后，可以将目标动作转为使用两只手，要求受训者离开椅子就像在踩一个"火箭"玩具。
- 训练师可能会愿意使用有视觉或者听觉强化作用的物品开始一个目标动作。比如，把积木放在罐子里的声响或者击鼓产生的声音能使受训者有听觉上的冲击。使用有自动强化功能的物体会使受训者更有动力且能更快地掌握技能。
- 目标行为初始最好选择只包含有一个行为或一个物体，而不要包含两个行为或两个物体。例如，对受训者而言，一只手摇沙锤要比拿勺子给布娃娃喂东西更容易些。前者是一个行为（摇）和一个物体（沙锤），后者是两个行为（抱住布娃娃和用勺子喂东西）和两个物体（布娃娃和勺子）。
- 训练师需要拿着物体直接在受训者面前或者眼前展示动作，以确保他们能关注你在做什么。例如，在用鼓棒击鼓之前，需要用比较夸张的动作在受训者眼前移动鼓棒，这样他们会被鼓棒吸引到，进而去看你用鼓棒接下来会做什么。

粗大动作模仿

等级：□1 □2 □3

S^D： “这样做”并且示范一个大动作	**反应：** 受训者能够模仿大动作
数据收集：技能习得	**目标标准：**2 个训练师连续 3 天都观察到 80% 或以上的正确回应
材料：强化物	

消退程序

维持标准：2W = 连续 4 次 100% 完成；1W = 连续 4 次 100% 完成；M = 连续 3 次 100% 完成	**自然环境标准：**目标行为可在自然环境下泛化到 3 种新的自然发生的活动中	**归档标准：**目标、维持和自然环境标准全部达标

目标列表

对目标的建议和试探结果

对目标的建议：举胳膊，挥手，起立，拍手，摸脚趾，摸膝盖，拍桌子，摸肩膀，跺脚，摇头，跳，转身，前进，敲门，摩擦双手，敲敲脑袋
试探结果（已掌握目标）：

目　　标	基线%	开始日期	达标日期	消退程序		
				维持阶段	自然环境开始日期	归档日期
1. 目标1：						
2. 目标2：						
3. 目标1与2：随机转换						
4. 目标3：						
5. 目标4：						
6. 已达成的目标：随机转换						
7. 目标5：						
8. 目标6：						
9. 已达成的目标：随机转换						
10. 目标7：						
11. 目标8：						
12. 已达成的目标：随机转换						
13. 目标9：						
14. 目标10：						
15. 已达成的目标：随机转换						
16. 泛化到环境1：						
17. 泛化到环境2：						
18. 维持阶段：在不同环境下评估				2W 1W M		

进行该任务分析的具体建议：

- 确保进行这项任务分析的必需技能已经获得培训。关于粗大动作模仿的必需技能的例子包括：能适当地坐着，及受训者有能力使用物体做粗大动作。
- 这项任务的理念是模仿，并非言语理解。因此，对所有的目标使用相同的指令，例如，“这样做”，随后做一个粗大动作的展示。不要更改指令，并说诸如“按门铃”或“飞飞机”的指令，因为这些指令需要有高层次的语言理解能力。
- 受训者表现的大动作模仿不用特别精确。我们试图去教受训者如何学着去看他人并且依照他人做出动作。因此，大概类似的粗大动作技能是可接受的。
- 要求受训者先坐在一个椅子上，然后学习要求受训者离开椅子的大动作模仿。这个有助于开启大动作模仿这个项目。这可以给你在行为上更多的刺激控制。另外，建议开始时先教能用一只手教授的技能。这样可以空出一只手去给予辅助。因此，最初目标动作的选择可以是坐在椅子上举手，摆手，摇头等。之后，可以将目标行为转为使用两只手，要求受训者离开椅子去站立，前进，跳等。
- 目标行为在初始最好选择只包含一个动作，如拍手。使受训者展示两个目标行为，如拍手并转圈会在本系列图书的第二册“复杂粗大动作的模仿”中讲述。初始选择一个行为能使受训者更快地掌握该技能。
- 开始目标行为的选择要尽可能与精细动作模仿区分开来。初始，应选择受训者自己能够容易观察到的目标行为，如：举手或者跺脚，而不是拍头这种不易于受训者自己观察到的动作。
- 训练师需要直接在受训者面前或者眼前展示动作，以确保他们能关注你在做什么。例如，你可能需要用比较夸张的动作在受训者眼前拍手。

使用物品进行精细动作模仿

等级：□1 □2 □3

S^D： “这样做”并且示范使用物品做精细动作	**反应：** 受训者能够使用物体进行精细动作模仿
数据收集：技能习得	**目标标准：**2 个训练师连续 3 天都观察到 80% 或以上的正确回应
材料：需要进行精细动作的一般物品和强化物	

消退程序

维持标准：2W = 连续 4 次 100% 完成；1W = 连续 4 次 100% 完成；M = 连续 3 次 100% 完成	**自然环境标准：**目标行为可在自然环境下泛化到 3 种新的自然发生的活动中	**归档标准：**目标、维持和自然环境标准全部达标

目标列表

对目标的建议和试探结果

对目标的建议：插小棍，把晾衣夹夹在衣领上，把硬币放在储蓄罐，转门把手，串珠子，折纸，滚橡皮泥，拧开泡泡瓶，用指尖捡起物体，双手玩黏土，在乐器上按键
试探结果（已掌握目标）：

目　　标	基线%	开始日期	达标日期	消退程序		
				维持阶段	自然环境开始日期	归档日期
1. 目标1：						
2. 目标2：						
3. 目标1与2：随机转换						
4. 目标3：						
5. 目标4：						
6. 已达成的目标：随机转换						
7. 目标5：						
8. 目标6：						
9. 已达成的目标：随机转换						
10. 目标7：						
11. 目标8：						
12. 已达成的目标：随机转换						
13. 目标9：						
14. 目标10：						
15. 已达成的目标：随机转换						
16. 泛化到环境1：						
17. 泛化到环境2：						
18. 维持阶段：在不同环境下评估				2W 1W M		

进行该任务分析的具体建议：

- 确保进行这项任务分析的必需技能已经获得培训。关于使用物品进行精细动作模仿的必需技能的例子包括：能适当地坐着，以及受训者有能力使用物体做精细动作。此外，受训者的粗大动作技能一般好于精细动作技能，因此，应使受训者掌握使用物品进行粗大动作模仿这一技能。
- 这项任务的理念是模仿，并非言语理解。因此，对所有的目标使用相同的指令，例如，“这样做”，随后做一个精细动作展示。不要更改指令，并说诸如“捡起来”或者“存入银行”的指令，因为这些指令需要有高层次的语言理解能力。
- 由受训者展示的精细动作模仿不用特别精确。我们试图去教受训者如何学着去看他人，并且依照他人做出动作。因此，大概类似的精细动作是可接受的。
- 这个项目的目的是教授模仿技能，而非精细技能。并非必须要选择受训者已知如何去使用的物体或者目标动作，因为这个项目会教他们。但是，选择的目标行为必须在受训者的承受能力内。例如，如果受训者不能做钳形运动，那么选择一个捡起珠子并穿线的动作就是不可取的（除非这个动作已经通过另外一个项目如精细动作技能项目被培训）。
- 精细运动模仿的目标动作在初始最好先用一只手，这样可以使训练师空出一只手去给予辅助。因此，起始目标动作的选择可以包括敲击一个乐器或者把硬币放入储蓄罐，随后将目标动作转为使用两只手。
- 训练师可能会愿意使用有视觉或者听觉强化作用的物品开始一个目标动作。比如，把硬币放入储蓄罐的声响或者敲击乐器产生的声音能使受训者有听觉上的冲击。使用有自动强化功能的物体会使受训者更有动力且能更快地掌握技能。
- 训练师需要拿着物体直接在受训者的面前或者眼前展示动作，以确保他们能关注你在做什么。例如，在把硬币投入储蓄罐之前，需要用比较夸张的动作在受训者眼前移动硬币，这样他们会被硬币吸引到，进而去看你用硬币接下来会做什么。

精细动作模仿

等级：□1 □2 □3

S^D： “这样做”并且示范一个精细动作	**反应：** 受训者能够模仿精细动作
数据收集：技能习得	**目标标准：**2 个训练师连续 3 天都观察到 80% 或以上的正确回应
材料：强化物	

消退程序

维持标准：2W = 连续 4 次 100% 完成；1W = 连续 4 次 100% 完成；M = 连续 3 次 100% 完成	**自然环境标准：**目标行为可在自然环境下泛化到 3 种新的自然发生的活动中	**归档标准：**目标、维持和自然环境标准全部达标

目标列表

对目标的建议和试探结果

对目标的建议：打开和握紧拳头，弯手指，两手相扣，搓手，摸鼻子，摸眼睛，摸一个物体，食指放拇指上，摸头发，指物品
试探结果（已掌握目标）：

目　标	基线%	开始日期	达标日期	消退程序		
				维持阶段	自然环境开始日期	归档日期
1. 目标 1：						
2. 目标 2：						
3. 目标 1 与 2：随机转换						
4. 目标 3：						
5. 目标 4：						
6. 已达成的目标：随机转换						
7. 目标 5：						
8. 目标 6：						
9. 已达成的目标：随机转换						
10. 目标 7：						
11. 目标 8：						
12. 已达成的目标：随机转换						
13. 目标 9：						
14. 目标 10：						
15. 已达成的目标：随机转换						
16. 泛化到环境 1：						
17. 泛化到环境 2：						
18. 维持阶段：在不同环境下评估				2W 1W M		

进行该任务分析的具体建议：

- 确保进行这项任务分析的必需技能已经获得培训。关于精细动作模仿的必需技能的例子包括：能适当地坐着和有能力做精细动作。
- 这项任务的理念是模仿，并非言语理解。因此，对所有的目标使用相同的指令，例如："这样做"，随后做一个精细动作的展示。不要更改指令，并说诸如"弯弯手指"或者"指指鼻子"的指令，因为这些指令需要有高层次的语言理解能力。
- 受训者表现的精细动作模仿不用特别精确。我们试图去教受训者如何学着去看他人并且依照他人做出动作。因此，大概类似的精细动作技能是可接受的。
- 精细运动模仿的目标动作在起初最好先用一只手，这样可以使训练师空出一只手去给予辅助。因此，初始选择的目标行为可以是张开手指或握拳，或者是指向某物。
- 选择的目标动作在初始最好只有一个，如弯弯手指。受训者展示两个行为的目标动作，如动动手指并摸摸鼻子会在本系列图书的第二册"复杂精细动作的模仿"中讲述。只有一个目标行为，受训者会更快地掌握该技能。
- 选择的目标动作在初始应该尽可能与粗大动作区分开来，还应该包括一些易于受训者自身观察的目标动作。
- 训练师需直接在受训者的面前或者眼前展示想让他们模仿的动作，以确保他们能关注你在做什么。例如，你需要用比较夸张的动作在受训者眼前张开并且合并手指。

使用物品和不使用物品进行口部动作模仿

等级：□1 □2 □3

S^D： “这样做”并且示范一个口部动作	**反应：** 受训者能够模仿口部动作
数据收集：技能习得	**目标标准：**2 个训练师连续 3 天都观察到 80% 或以上的正确回应
材料：需要口部动作的一般物品和强化物	

消退程序

维持标准：2W = 连续 4 次 100% 完成；1W = 连续 4 次 100% 完成；M = 连续 3 次 100% 完成	**自然环境标准：**目标行为可在自然环境下泛化到 3 种新的自然发生的活动中	**归档标准：**目标、维持和自然环境标准全部达标

目标列表

对目标的建议和试探结果

对目标的建议：张开嘴，伸出舌头，发出嘘声，微笑，鼓起双颊，亲吻，吹风车，吹泡泡，舔可食用的物体，把舌尖抵向牙齿，用舌头弄出声
试探结果（已掌握目标）：

目　　标	基线%	开始日期	达标日期	消退程序		
				维持阶段	自然环境开始日期	归档日期
1. 目标1：						
2. 目标2：						
3. 目标1与2：随机转换						
4. 目标3：						
5. 目标4：						
6. 已达成的目标：随机转换						
7. 目标5：						
8. 目标6：						
9. 已达成的目标：随机转换						
10. 目标7：						
11. 目标8：						
12. 已达成的目标：随机转换						
13. 目标9：						
14. 目标10：						
15. 已达成的目标：随机转换						
16. 泛化到环境1：						
17. 泛化到环境2：						
18. 维持阶段：在不同环境下评估				2W 1W M		

进行该任务分析的具体建议：

- 确保进行这项任务分析的必需技能已经获得培训。关于口部动作模仿的必需技能的例子包括：能适当地坐着和能够做口部动作并且掌握一个或多个以前的模仿项目。
- 这项任务的理念是模仿，并非言语理解。因此，对所有的目标使用相同的指令，例如，“这样做”，随后做一个口部动作技能的展示。不要更改指令，并说诸如“张开嘴”或者“吹泡泡”等的指示，因为这些指令要求更高层次的语言理解力。另外，如果已经教了受训者之前推荐的一个模仿项目，那么受训者已经对“这样做”指令很熟悉了，就能更容易泛化这些口部动作的指令。
- 受训者表现的口部动作模仿不用特别精确。我们试图去教受训者如何学着去看他人并且依照他人做出动作。因此，大概类似的口部动作技能是可接受的。例如，如果目标动作是吹泡泡，受训者张开嘴然后闭上嘴去吹泡泡，然而并未吹出泡泡，这也是可接受的。因为我们是教口部动作的模仿，不是教如何吹出一个泡泡。
- 这个项目的目的是教授模仿技能，而非口部动作技能。并非必须要选择受训者已知如何使用的目标或者物体，因为这个项目会教他们。但是，选择受训者有体能去完成的目标动作很重要。
- 训练师可能会愿意使用有视觉或者听觉强化作用的物品开始一个目标动作。例如，舔喜欢的食物很可能产生自动强化功能，这会使受训者更有动力且能更快地掌握技能。
- 训练师需要拿着物体直接在受训者的面前或者眼前展示动作，以确保他们能关注你在做什么。例如，如果吹泡泡，你需要用比较夸张的动作在受训者眼前用拉长的吹泡的声音，张开和合上嘴，这样他们会被吸引到，进而去看你在做什么。

语言与动作模仿

等级：□1 □2 □3

S^D： 进行一项活动，并且提供口语示范（例如：当吹泡泡或者戳破泡泡时发出的“pop”的声音）	**反应：** 受训者能够模仿活动并且发出类似声音或句子
数据收集：技能习得	**目标标准：**2 个训练师连续 3 天都观察到 80% 或以上的正确回应
材料：强化物	

消退程序

维持标准：2W = 连续 4 次 100% 完成；1W = 连续 4 次 100% 完成；M = 连续 3 次 100% 完成	**自然环境标准：**目标行为可在自然环境下泛化到 3 种新的自然发生的活动中	**归档标准：**目标、维持和自然环境标准全部达标

目标列表

对目标的建议和试探结果

对目标的建议：当做以下动作时说出“上和下”：①在斜坡上推小汽车；②在桶内铲起米，然后让米倾泻下来；③来回摇摆；④用积木搭一个塔然后把它弄倒。当演奏不同的乐器时，发出“预备，咚咚”的声音；当让玩具兔子跳的时候，说出“嘣、嘣、嘣”；当让玩具恐龙踩脚的时候，说出“轰、轰、轰”；当推着小火车在轨道上的时候，发出“库、库、咔、咔”的声音；当飞玩具飞机的时候，发出“唔”的声音；当推小汽车或者小卡车的时候，发出“哔、哔”的声音；当假装吃或者喝东西的时候，发出“西里呼噜”“咕嘟咕嘟”的声音；当玩玩具动物的时候，发出“哞-哞”或者“咩-咩”的声音；“当玩培乐多或者橡皮泥的时候，发出“叶叽、叶叽”的声音。当跳舞的时候，做出“哒、哒、哒”的声音。当用橡皮泥做出小棍子的时候，说“滚、滚、滚”
试探结果（已掌握目标）：

目　　标	基线%	开始日期	达标日期	消退程序		
				维持阶段	自然环境开始日期	归档日期
1. 目标1：						
2. 目标2：						
3. 目标1与2：随机转换						
4. 目标3：						
5. 目标4：						
6. 已达成的目标：随机转换						
7. 目标5：						
8. 目标6：						
9. 已达成的目标：随机转换						
10. 目标7：						
11. 目标8：						
12. 已达成的目标：随机转换						
13. 目标9：						
14. 目标10：						
15. 已达成的目标：随机转换						
16. 泛化到环境1：						
17. 泛化到环境2：						
18. 维持阶段：在不同环境下评估				2W 1W M		

进行该任务分析的具体建议：

- 确保进行这项任务分析的必需技能已经获得培训。关于语言和动作模仿的必需技能的例子包括：能适当地坐着和有能力做动作。并且受训者掌握一个或多个以前的模仿项目。
- 因为模仿活动无需辅助就能完成，可以塑造受训者发出活动伴随的声音。（例如，当训练师说“哞-哞”时，受训者会移动牛。当受训者说“么-么”时，这也是可以接受的。但是，训练师需要继续努力塑造受训者发出更好的声音）。
- 如果受训者没有语言上的回应，建议训练师继续进行活动并且辅助受训者参与活动并去发声。训练师需要把这些活动变得有趣，这样受训者才能愿意并且有动力去继续。
- 如果受训者能够模仿动作并且能发出某种伴随的声音，这个目标动作就算掌握了。
- 由受训者表现的动作模仿并不用特别精确。我们试图去教受训者如何学着去看他人并且依照他人做出动作并发出伴随的声音。因此，大概类似的动作技能是可接受的。
- 这个项目的目的是教授模仿技能，而非动作技能。并非必须要选择受训者已知如何使用的物体或者目标行为，因为这个项目会教他们。但是，选择的目标行为必须在受训者能力范围内。
- 训练师可能会愿意使用有自动感觉强化成分的强化物开始一个目标行为。例如，在米箱里挖东西者伴着音乐跳舞，这可能产生自动强化的效果，并且这会使受训者更有动力且能更快地掌握技能。

第 11 章　视觉空间技能的任务分析

- ▶ 跨越中线
- ▶ 配对相同的物品
- ▶ 配对相同的图片
- ▶ 相同的物品和图片配对及相同的图片和物品配对(3D/2D)
- ▶ 配对相同或相似的动作
- ▶ 配对颜色
- ▶ 配对相同的字母
- ▶ 配对数字
- ▶ 配对形状
- ▶ 配对大写字母和小写字母
- ▶ 配对不同的物品
- ▶ 配对不同的图片
- ▶ 不同的物品和图片配对及不同的图片和物品配对(3D/2D)
- ▶ 相同或相似的物品分类
- ▶ 根据颜色给物品分类
- ▶ 根据大小给物品分类
- ▶ 相似的图片分类
- ▶ 根据颜色给图片分类
- ▶ 根据大小给图片分类
- ▶ 根据类别分类
- ▶ 拼图游戏
- ▶ 形状箱

跨越中线

等级：□1 □2 □3

S^D： 设立跨越中线活动（见下列目标清单）	**反应：** 受训者用自己的惯用手去接触身体相反的一面
数据收集：辅助数据（辅助次数与类型）	**目标标准：**2 个训练师连续 3 天观察到零辅助完成
材料：跨越中线的各种材料和强化物	

消退程序

维持标准：2W = 连续 4 次 100% 完成；1W = 连续 4 次 100% 完成；M = 连续 3 次 100% 完成	**自然环境标准：**目标行为可在自然环境下泛化到 3 种新的自然发生的活动中	**归档标准：**目标、维持和自然环境标准全部达标

目标列表

对目标的建议和试探结果

对目标的建议：描绘"∞"（trace"lazy 8′s"），用卡在身体两侧玩记忆游戏（只可以使用优势手），匹配活页工作表，擦白板，玩传球游戏（背对背坐着传球给对方），把东西分拣到身体两侧的桶里，丢沙包（用一只手把沙包扔进容器里，然后交换另一只手作同样动作），用一只手戳泡泡（双脚保持不动），穿鞋/袜，用肘碰触相反体侧的膝盖
试探结果（已掌握目标）：

目　标	基线：辅助次数与类型	开始日期	达标日期	消退程序		
				维持阶段	自然环境开始日期	归档日期
1. 目标 1：						
2. 目标 2：						
3. 目标 1 与 2：随机转换						
4. 目标 3：						

5. 目标 4：						
6. 已达成的目标：随机转换						
7. 目标 5：						
8. 目标 6：						
9. 已达成的目标：随机转换						
10. 目标 7：						
11. 目标 8：						
12. 已达成的目标：随机转换						
13. 目标 9：						
14. 目标 10：						
15. 已达成的目标：随机转换						
16. 泛化到环境 1：						
17. 泛化到环境 2：						
18. 维持阶段：在不同环境下评估				2W 1W M		

进行该任务分析的具体建议：

- 确保已教授这项任务分析必要的技能。关于跨越中线的必要技能的例子包括掌握精细和粗大动作模仿和物品的操控。
- 确保受训者站在活动的正中央。当他们去抓需要的材料时，他们应当完全跨越中线（肚脐线）。
- 根据受训者的理解水平，可能有必要给予指示“放（非惯用手）在桌面上”或者轻轻握住受训者的另一只手，迫使他们去用他们的惯用手。

配对相同的物品

等级：□1 □2 □3

S^D： 呈现给受训者 1 样、2 样或 3 样物品。给他们一个物品让他们匹配此范围的另一个物品，并说“配对”	**反应：** 受训者会正确配对
数据收集：技能习得	**目标标准：**2 个训练师连续 3 天都观察到 80% 或以上的正确回应
材料：各种各样的物品（详见目标列表）和强化物	

消退程序

维持标准：2W＝连续 4 次 100% 零辅助完成；1W＝连续 4 次 100% 零辅助完成；M＝完成连续 3 次 100% 零辅助	**自然环境标准：**目标行为可在自然环境下泛化到 3 种新的自然发生的活动中	**归档标准：**目标、维持和自然环境标准全部达标

目标列表

对目标的建议和试探结果

对目标的建议：小汽车，卡车，火车，积木，铅笔，杯子，盘子，勺，叉子，玩具狗，玩具猫，袜子和鞋子
试探结果（已掌握目标）：

目　标	基线%	开始日期	达标日期	消退程序		
				维持阶段	自然环境开始日期	归档日期
1. 目标 1（独立项）：						
2. 目标 1（FO2/目标项和 1 个干扰项）：						
3. 目标 1（FO3/目标项和 2 个干扰项）：						
4. 目标 2（独立项）：						

5. 目标 2(FO2/目标项和 1 个干扰项):						
6. 目标 2(FO3/目标项和 2 个干扰项):						
7. 目标 1 和 2:随机转换						
8. 目标 3(独立项):						
9. 目标 3(FO2/目标项和 1 个干扰项):						
10. 目标 3(FO3/目标项和 2 个干扰项):						
11. 目标 4(独立项):						
12. 目标 4(FO2/目标项和 1 个干扰项):						
13. 目标 4(FO3/目标项和 2 个干扰项):						
14. 已达成的目标:随机转换						
15. 目标 5(独立项):						
16. 目标 5(FO2/目标项和 1 个干扰项):						
17. 目标 5(FO3/目标项和 2 个干扰项):						
18. 目标 6(独立项):						
19. 目标 6(FO2/目标项和 1 个干扰项):						
20. 目标 6(FO3/目标项和 2 个干扰项):						
21. 已达成的目标:随机转换						
22. 目标 7(独立项):						
23. 目标 7(FO2/目标项和 1 个干扰项):						
24. 目标 7(FO3/目标项和 2 个干扰项):						
25. 目标 8(独立项):						
26. 目标 8(FO2/目标项和 1 个干扰项):						
27. 目标 8(FO3/目标项和 2 个干扰项):						
28. 已达成的目标:随机转换						
29. 目标 9(独立项):						

30. 目标 9（FO2/目标项和 1 个干扰项）：						
31. 目标 9（FO3/目标项和 2 个干扰项）：						
32. 目标 10（独立项）：						
33. 目标 10（FO2/目标项和 1 个干扰项）：						
34. 目标 10（FO3/目标项和 2 个干扰项）：						
35. 已达成的目标：随机转换						
36. 泛化到环境 1：						
37. 泛化到环境 2：						
38. 维持阶段：在不同环境下评估				2W 1W M		

进行该任务分析的具体建议：

- 确保已教授对这个任务分析必要的技能。关于匹配相同物品的必要技能的例子包括安坐、模仿、精细动作技能（如抓起物品，把它放置到另一个位置）。
- 选择家中已有的物品，这样就不必去购买新物品。选择受训者经常接触的物品，因为这样使得学习更有意义。
- 此项目分析的理念是配对，而非语言理解。所以使用同样的辨别性刺激如“配对”，不要通过增加物品来改变辨别性刺激，如“配对杯子”“配对勺子”等。因为这些辨别性刺激需要更高级别的语言理解，它们可能会干扰受训者，使得受训者无法作出预期的反应。
- 用受训者觉得有兴趣的物品，来开始这项任务分析是有优势的。例如，如果受训者喜欢带着玩具车到处走，那么用玩具车作为开始目标 1 是有益处的。这会激发他们的动机和行为动力。然而，对有些受训者来说，使用他们喜欢或者有强化作用的物品也是困难的，因为他们可能想去玩耍，而没有按照辨别性刺激的方法去配对。通常开始前，测试受训者是否会松开物品，交给训练师是有益处的。如果能松开物品把它给训练师，那么使用他们喜欢的物品来配对。如果受训者不能松开物品，那么这项目标是毫无益处的。
- 配对物品通常从自然式、嵌入式物品开始更容易成功，比如匹配勺子和杯子。
- 使用不同种类的各式不同的物品，例如玩耍的物品（小汽车和卡车），能代表锻炼日常生存技能的物品（杯子、盘子）。每次受训者练习的物品要不同。例如，受训者的家庭养了一只宠物仓鼠，试着用玩具仓鼠让受训者配对家庭宠物。在后面的项目中，我们会用这些相同的类似仓鼠的物品来教授受训者去识别动物和命名动物，说单词等。
- 确保物品都不相同。例如，使用同样颜色和大小的小汽车和卡车，则不能代表明显不同的物品。
- 保证在同一范围内不使用相同的行为模式，并随机转换物品，这样可以保证受训者学着去配对而不是简单地把物品放置到特定的位置。

配对相同的图片

等级：□1 □2 □3

S^D： 呈现给受训者 1 张、2 张或 3 张图片。给他们一个图片让他们配对同一范围的一个图片，并说“配对”	**反应：** 受训者会给图片匹配到合适的图片
数据收集：技能习得	**目标标准：**2 个训练师连续 3 天都观察到 80% 或以上的正确回应
材料：各种物品和强化物的图片（图片见附赠的 CD）	

消退程序

维持标准：2W = 连续 4 次 100% 完成；1W = 连续 4 次 100% 完成；M = 连续 3 次 100% 完成	**自然环境标准：**目标行为可在自然环境下泛化到 3 种新的自然发生的活动中	**归档标准：**目标、维持和自然环境标准全部达标

目标列表

对目标的建议和试探结果

对目标的建议：小汽车，卡车，火车，积木，铅笔，杯子，盘子，勺，叉子，玩具狗，玩具猫，袜子和鞋子等物品的图片
试探结果（已掌握目标）：

目　标	基线%	开始日期	达标日期	消退程序		
				维持阶段	自然环境开始日期	归档日期
1. 目标 1（独立项）：						
2. 目标 1（FO2/目标项和 1 个干扰项）：						
3. 目标 1（FO3/目标项和 2 个干扰项）：						
4. 目标 2（独立项）：						

5. 目标2（FO2/目标项和1个干扰项）：						
6. 目标2（FO3/目标项和2个干扰项）：						
7. 目标1和2：随机转换						
8. 目标3（独立项）：						
9. 目标3（FO2/目标项和1个干扰项）：						
10. 目标3（FO3/目标项和2个干扰项）：						
11. 目标4（独立项）：						
12. 目标4（FO2/目标项和1个干扰项）：						
13. 目标4（FO3/目标项和2个干扰项）：						
14. 已达成的目标：随机转换						
15. 目标5（独立项）：						
16. 目标5（FO2/目标项和1个干扰项）：						
17. 目标5（FO3/目标项和2个干扰项）：						
18. 目标6（独立项）：						
19. 目标6（FO2/目标项和1个干扰项）：						
20. 目标6（FO3/目标项和2个干扰项）：						
21. 已达成的目标：随机转换						
22. 目标7（独立项）：						
23. 目标7（FO2/目标项和1个干扰项）：						
24. 目标7（FO3/目标项和2个干扰项）：						
25. 目标8（独立项）：						
26. 目标8（FO2/目标项和1个干扰项）：						
27. 目标8（FO3/目标项和2个干扰项）：						
28. 已达成的目标：随机转换						

29. 目标 9(独立项):						
30. 目标 9(FO2/目标项和 1 个干扰项):						
31. 目标 9(FO3/目标项和 2 个干扰项):						
32. 目标 10(独立项):						
33. 目标 10(FO2/目标项和 1 个干扰项):						
34. 目标 10(FO3/目标项和 2 个干扰项):						
35. 已达成的目标:随机转换						
36. 泛化到环境 1:						
37. 泛化到环境 2:						
38. 维持阶段:在不同环境下评估				2W 1W M		

进行该任务分析的具体建议:

- 确保已教授这个任务目标必要的技能。关于配对相同图片的必要技能的例子包括安坐、模仿、精细动作技能(如抓起图片,把它放置到另一个位置)、配对物品。
- 选择受训者经常接触的图片,因为这样使得学习更有意义。可以从附录 CD 中的卡片选择图片,或者用数码相机拍下受训者常玩要的物品,在电脑上打印出来,这样就形成了训练师自己的卡片。下一个任务分析目标是匹配 3D 和 2D 图片,从此项活动中可以积累后续活动中需要的图片。
- 此项目分析的理念是配对,而非语言的理解。所以使用同样的辨别性刺激,如"配对",不要通过增加物品来改变辨别性刺激,如"配对杯子""配对勺子"等。因为这些辨别性刺激需要更高级别的语言理解,它们可能会干扰受训者,使得受训者无法作出预期反应。
- 用受训者觉得有兴趣的物品图片,来开始这项目标是有优势的。例如,受训者喜欢带着玩具车到处走,那么用玩具车图片作为目标 1 是有益处的。这会激发动机和行为动力。
- 注意使用不同种类的的图片,例如玩要的物品(小汽车和卡车),能代表锻炼日常生存技能的物品(杯子、盘子)。每次受训者练习的图片要不同。例如,受训者的家庭养了一只宠物仓鼠,试着用仓鼠图片让受训者配对家庭宠物。在后面的项目中,我们会用这些相同的物品和仓鼠的图片来教授受训者去识别动物和命名动物,说单词等。
- 保证使用的物品都不相同。例如,使用同样颜色和大小的小汽车图片和卡车图片,那么它们不能代表明显不同的物品。
- 保证在同一范围内不按照统一模式,随机交换物品,这样保证受训者学着去配对而不是简单地把图片放置到特定的位置。

相同的物品和图片配对及相同的图片和物品配对(3D/2D)

等级:□1 □2 □3

S^D: 呈现给受训者 1 ~3 样物品或 1 ~3 张图片,给他们一个物品或图片让他们进行配对,并说“配对”	**反应:** 受训者会正确配对
数据收集:技能习得	**目标标准:**2 个训练师连续 3 天都观察到 80% 或以上的正确回应
材料:物品和各种物品的图片(见目标清单)及强化物	

消退程序

维持标准:2W = 连续 4 次 100% 完成;1W = 连续 4 次 100% 完成;M = 连续 3 次 100% 完成	**自然环境标准:**目标行为可在自然环境下泛化到 3 种新的自然发生的活动中	**归档标准:**目标、维持和自然环境标准全部达标

目标列表

对目标和试探结果的建议

对目标的建议:小汽车,卡车,火车,积木,铅笔,杯子,盘子,勺,叉子,玩具青蛙,玩具狗,玩具猫
试探结果(已掌握目标):

目　标	基线%	开始日期	达标日期	消退程序		
				维持阶段	自然环境开始日期	归档日期
相同的物品和图片配对(3D/2D)						
1. 目标 1(独立项):						
2. 目标 1(FO2/目标项和 1 个干扰项):						
3. 目标 1(FO3/目标项和 2 个干扰项):						

4. 目标 2(独立项):						
5. 目标 2(FO2/目标项和 1 个干扰项):						
6. 目标 2(FO3/目标项和 2 个干扰项):						
7. 目标 1 和 2:随机转换						
8. 目标 3(独立项):						
9. 目标 3(FO2/目标项和 1 个干扰项):						
10. 目标 3(FO3/目标项和 2 个干扰项):						
11. 目标 4(独立项):						
12. 目标 4(FO2/目标项和 1 个干扰项):						
13. 目标 4(FO3/目标项和 2 个干扰项):						
14. 已达成的目标:随机转换						
15. 目标 5(独立项):						
16. 目标 5(FO2/目标项和 1 个干扰项):						
17. 目标 5(FO3/目标项和 2 个干扰项):						
18. 目标 6(独立项):						
19. 目标 6(FO2/目标项和 1 个干扰项):						
20. 目标 6(FO3/目标项和 2 个干扰项):						
21. 已达成的目标:随机转换						
22. 目标 7(独立项):						
23. 目标 7(FO2/目标项和 1 个干扰项):						
24. 目标 7(FO3/目标项和 2 个干扰项):						
25. 目标 8(独立项):						
26. 目标 8(FO2/目标项和 1 个干扰项):						
27. 目标 8(FO3/目标项和 2 个干扰项):						
28. 已达成的目标行为:随机转换						

29. 目标 9(独立项):						
30. 目标 9(FO2/目标项和 1 个干扰项):						
31. 目标 9(FO3/目标项和 2 个干扰项):						
32. 目标 10(独立项):						
33. 目标 10(FO2/目标项和 1 个干扰项):						
34. 目标 10(FO3/目标项和 2 个干扰项):						
35. 已达成的目标:随机转换						
36. 泛化到环境 1:						
37. 泛化到环境 2:						
38. 维持阶段:在不同环境下评估				2W 1W M		
相同的图片和物品的配对(2D/3D)						
39. 目标 1(独立项):						
40. 目标 2(FO2/目标项和 1 个干扰项):						
41. 目标 2(FO3/目标项和 2 个干扰项):						
42. 目标 2(独立项):						
43. 目标 2(FO2/目标项和 1 个干扰项):						
44. 目标 2(FO3/目标项和 2 个干扰项):						
45. 已达成的目标:随机转换						
46. 目标 3(独立项):						
47. 目标 3(FO2/目标项和 1 个干扰项):						
48. 目标 3(FO3/目标项和 2 个干扰项):						
49. 目标 4(独立项):						
50. 目标 4(FO2/目标项和 1 个干扰项):						
51. 目标 4(FO3/目标项和 2 个干扰项):						
52. 已达成的目标:随机转换						

53. 目标 5(独立项):						
54. 目标 5(FO2/目标项和 1 个干扰项):						
55. 目标 5(FO3/目标项和 2 个干扰项):						
56. 目标 6(独立项):						
57. 目标 6(FO2/目标项和 1 个干扰项):						
58. 目标 6(FO3/目标项和 2 个干扰项):						
59. 已达成的目标:随机转换						
60. 目标 7(独立项):						
61. 目标 7(FO2/目标项和 1 个干扰项):						
62. 目标 7(FO3/目标项和 2 个干扰项):						
63. 目标 8(独立项):						
64. 目标 8(FO2/目标项和 1 个干扰项):						
65. 目标 8(FO3/目标项和 2 个干扰项):						
66. 已达成的目标:随机转换						
67. 目标 9(独立项):						
68. 目标 9(FO2/目标项和 1 个干扰项):						
69. 目标 9(FO3/目标项和 2 个干扰项):						
70. 目标 10(独立项):						
71. 目标 10(FO2/目标项和 1 个干扰项):						
72. 目标 10(FO3/目标项和 2 个干扰项):						
73. 已达成的目标:随机转换						
74. 泛化到环境 1:						
75. 泛化到环境 2:						
76. 维持阶段:在不同环境下评估				2W 1W M		

配对相同或相似的动作

等级：□1 □2 □3

S^D： 呈现给受训者同一范围 1 张、2 张或 3 张有不同动作的卡片。给他们一张卡片让他们配对，并说“配对”	**反应：** 受训者会正确配对
数据收集：技能习得	**目标标准：**2 个训练师连续 3 天都观察到 80% 或以上的正确回应
材料：各种各样的动作卡片（图片见附赠 CD）	

消退程序

维持标准：2W＝连续 4 次 100% 完成；1W＝连续 4 次 100% 完成；M＝连续 3 次 100% 完成	**自然环境标准：**目标行为可在自然环境下泛化到 3 种新的自然发生的活动中	**归档标准：**目标、维持和自然环境标准全部达标

目标列表

对目标的建议和试探结果

对目标的建议：相同的动作：喝水，吃饭，睡觉，蹦跳，拍手，涂色，游泳，裁剪，骑自行车，踢，刷油漆，洗手，哭泣。不同的动作：男孩踢大球/女孩踢小球；牛吃冰激淋/人吃冰激凌；男孩刷墙/男孩给玩具涂色，给狗洗澡/给马洗澡；女人吃东西/男人吃东西；鸭子游泳/鱼游泳
试探结果（已掌握目标）：

目　标	基线%	开始日期	达标日期	消退程序		
				维持阶段	自然环境开始日期	归档日期
匹配相同的动作						
1. 目标 1（独立项）：						
2. 目标 1（FO2/目标项和 1 个干扰项）：						

3. 目标 1(FO3/目标项和 2 个干扰项)：						
4. 目标 2(独立项)：						
5. 目标 2(FO2/目标项和 1 个干扰项)：						
6. 目标 2(FO3/目标项和 2 个干扰项)：						
7. 已达成的目标：随机转换						
8. 目标 3(独立项)：						
9. 目标 3(FO2/目标项和 1 个干扰项)：						
10. 目标 3(FO3/目标项和 2 个干扰项)：						
11. 目标 4(独立项)：						
12. 目标 4(FO2/目标项和 1 个干扰项)：						
13. 目标 4(FO3/目标项和 2 个干扰项)：						
14. 已达成的目标：随机转换						
15. 目标 5(独立项)：						
16. 目标 5(FO2/目标项和 1 个干扰项)：						
17. 目标 5(FO3/目标项和 2 个干扰项)：						
18. 目标 6(独立项)：						
19. 目标 6(FO2/目标项和 1 个干扰项)：						
20. 目标 6(FO3/目标项和 2 个干扰项)：						
21. 已达成的目标：随机转换						
22. 目标 7(独立项)：						
23. 目标 7(FO2/目标项和 1 个干扰项)：						
24. 目标 7(FO3/目标项和 2 个干扰项)：						
25. 目标 8(独立项)：						
26. 目标 8(FO2/目标项和 1 个干扰项)：						
27. 目标 8(FO3/目标项和 2 个干扰项)：						

28. 已达成的目标:随机转换						
29. 目标 9(独立项):						
30. 目标 9(FO2/目标项和 1 个干扰项):						
31. 目标 9(FO3/目标项和 2 个干扰项):						
32. 目标 10(独立项):						
33. 目标 10(FO2/目标项和 1 个干扰项):						
34. 目 10(FO3/目标项和 2 个干扰项):						
35. 已达成的目标:随机转换						
36. 泛化到环境 1:						
37. 泛化到环境 2:						
38. 维持阶段:在不同环境下评估				2W 1W M		
配对不同的动作						
39. 目标 1(独立项):						
40. 目标 2(FO2/目标项和 1 个干扰项):						
41. 目标 2(FO3/目标项和 2 个干扰项):						
42. 目标 2(独立项):						
43. 目标 2(FO2/目标项和 1 个干扰项):						
44. 目标 2(FO3/目标项和 2 个干扰项):						
45. 已达成的目标:随机转换						
46. 目标 3(独立项):						
47. 目标 3(FO2/目标项和 1 个干扰项):						
48. 目标 3(FO3/目标项和 2 个干扰项):						
49. 目标 4(独立项):						
50. 目标 4(FO2/目标项和 1 个干扰项):						
51. 目标 4(FO3/目标项和 2 个干扰项):						

52. 已达成的目标:随机转换						
53. 目标 5(独立项):						
54. 目标 5(FO2/目标项和 1 个干扰项):						
55. 目标 5(FO3/目标项和 2 个干扰项):						
56. 目标 6(独立项):						
57. 目标 6(FO2/目标项和 1 个干扰项):						
58. 目标 6(FO3/目标项和 2 个干扰项):						
59. 已达成的目标:随机转换						
60. 目标 7(独立项):						
61. 目标 7(FO2/目标项和 1 个干扰项):						
62. 目标 7(FO3/目标项和 2 个干扰项):						
63. 目标 8(独立项):						
64. 目标 8(FO2/目标项和 1 个干扰项):						
65. 目标 8(FO3/目标项和 2 个干扰项):						
66. 已达成的目标:随机转换						
67. 目标 9(独立项):						
68. 目标 9(FO2/目标项和 1 个干扰项):						
69. 目标 9(FO3/目标项和 2 个干扰项):						
70. 目标 10(独立项):						
71. 目标 10(FO2/目标项和 1 个干扰项):						
72. 目标 10(FO3/目标项和 2 个干扰项):						
73. 已达成的目标:随机转换						
74. 泛化到环境 1:						
75. 泛化到环境 2:						
76. 维持阶段:在不同环境下评估				2W 1W M		

配对颜色

等级：□1 □2 □3

S^D： 呈现给受训者同一范围 1 张、2 张或 3 张颜色卡片，给他们另一个图片让他们配对同一范围的相同的图片，并说“配对”	**反应：** 受训者会正确配对相同的颜色
数据收集：技能习得	**目标标准：**2 个训练师连续 3 天都观察到 80% 或以上的正确回应
材料：各式各样颜色的卡片（图片见附赠的 CD）和强化物	

消退程序

维持标准：2W = 连续 4 次 100% 完成；1W = 连续 4 次 100% 完成；M = 连续 3 次 100% 完成	**自然环境标准：**目标行为可在自然环境下泛化到 3 种新的自然发生的活动中	**归档标准：**目标、维持和自然环境标准全部达标

目标列表

对目标的建议和试探结果

对目标的建议：红色，橙色，黄色，绿色，蓝色，紫色，黑色，棕色，白色和粉色
试探结果（已掌握目标）：

目标	基线%	开始日期	达标日期	消退程序		
				维持阶段	自然环境开始日期	归档日期
1. 目标 1（独立项）：						
2. 目标 1（FO2/目标项和 1 个干扰项）：						
3. 目标 1（FO3/目标项和 2 个干扰项）：						
4. 目标 2（独立项）：						

5. 目标 2(FO2/目标项和 1 个干扰项):						
6. 目标 2(FO3/目标项和 2 个干扰项):						
7. 已达成的目标:随机转换						
8. 目标 3(独立项):						
9. 目标 3(FO2/目标项和 1 个干扰项):						
10. 目标 3(FO3/目标项和 2 个干扰项):						
11. 目标 4(独立项):						
12. 目标 4(FO2/目标项和 1 个干扰项):						
13. 目标 4(FO3/目标项和 2 个干扰项):						
14. 已达成的目标:随机转换						
15. 目标 5(独立项):						
16. 目标 5(FO2/目标项和 1 个干扰项):						
17. 目标 5(FO3/目标项和 2 个干扰项):						
18. 目标 6(独立项):						
19. 目标 6(FO2/目标项和 1 个干扰项):						
20. 目标 6(FO3/目标项和 2 个干扰项):						
21. 已达成的目标:随机转换						
22. 目标 7(独立项):						
23. 目标 7(FO2/目标项和 1 个干扰项):						
24. 目标 7(FO3/目标项和 2 个干扰项):						
25. 目标 8(独立项):						

26. 目标 8（FO2/目标项和 1 个干扰项）：						
27. 目标 8（FO3/目标项和 2 个干扰项）：						
28. 已达成的目标：随机转换						
29. 目标 9（独立项）：						
30. 目标 9（FO2/目标项和 1 个干扰项）：						
31. 目标 9（FO3/目标项和 2 个干扰项）：						
32. 目标 10（独立项）：						
33. 目标 10（FO2/目标项和 1 个干扰项）：						
34. 目标 10（FO3/目标项和 2 个干扰项）：						
35. 已达成的目标：随机转换						
36. 泛化到环境 1：						
37. 泛化到环境 2：						
38. 维持阶段：在不同环境下评估				2W 1W M		

进行该任务分析的具体建议：

- 确保已教授这项目标分析必要的技能。关于配对相同颜色的必要技能的例子包括安坐、模仿、物品与物品配对、图片与图片配对、相关的精细动作技能（如抓起图片来配对另一图片）。
- 最初使用的颜色彼此有明显的不同。例如，开始引入这个项目时，让受训者去配对红色并使用 2 个有明显不同的干扰项，如绿色和黑色。当受训者对此训练有进步时，使用不明显的干扰项，如红色和橙色。
- 在最初教授此项技能时，确保要配对的颜色是相同的。一旦受训者理解了此概念就可以用差别小的颜色来配对。

配对相同的字母

等级:□1 □2 □3

S^D: 呈现给受训者同一范围 1 张、2 张或 3 张字母卡片,给他们另一个卡片让他们配对此范围的卡片,并说"配对"	**反应:** 受训者会配对相同的字母
数据收集:技能习得	**目标标准:**2 个训练师连续 3 天都观察到 80% 或以上的正确回应
材料:相同字母的图片(如大写字母匹配大写字母)和强化物(附录 CD 中有图片)	

消退程序

维持标准:2W = 连续 4 次 100% 完成;1W = 连续 4 次 100% 完成;M = 连续 3 次 100% 完成	**自然环境标准:**目标行为可在自然环境下泛化到 3 种新的自然发生的活动中	**归档标准:**目标、维持和自然环境标准全部达标

目标列表

对目标的建议和试探结果

对目标的建议:字母表中的所有字母(确保两套字母是一样的)
试探结果(已掌握目标):

目　　标	基线%	开始日期	达标日期	消退程序		
				维持阶段	自然环境开始日期	归档日期
1. 目标 1(独立项):						
2. 目标 1(FO2/目标项和 1 个干扰项):						
3. 目标 1(FO3/目标项和 2 个 1 个干扰项):						
4. 目标 2(独立项):						
5. 目标 2(FO2/目标项和 1 个干扰项):						

6. 目标行为 2(FO3/目标项和 2 个干扰项):						
7. 已达成的目标:随机转换						
8. 目标 3(独立项):						
9. 目标 3(FO2/目标项和 1 个干扰项):						
10. 目标 3(FO3/目标项和 2 个干扰项):						
11. 目标 4(独立项):						
12. 目标 4(FO2/目标项和 1 个干扰项):						
13. 目标 4(FO3/目标项和 2 个干扰项):						
14. 已达成的目标:随机转换						
15. 目标 5(独立项):						
16. 目标 5(FO2/目标项和 1 个干扰项):						
17. 目标 5(FO3/目标项和 2 个干扰项):						
18. 目标 6(独立项):						
19. 目标 6(FO2/目标项和 1 个干扰项):						
20. 目标 6(FO3/目标项和 2 个干扰项):						
21. 已达成的目标:随机转换						
22. 目标 7(独立项):						
23. 目标 7(FO2/目标项和 1 个干扰项):						
24. 目标 7(FO3/目标项和 2 个干扰项):						
25. 目标 8(独立项):						
26. 目标 8(FO2/目标项和 1 个干扰项):						
27. 目标 8(FO3/目标项和 2 个干扰项):						
28. 已达成的目标:随机转换						
29. 目标 9(独立项):						

30. 目标 9(FO2/目标项和 1 个干扰项):						
31. 目标 9(FO3/目标项和 2 个干扰项):						
32. 目标 10(独立项):						
33. 目标 10(FO2/目标项和 1 个干扰项):						
34. 目标 10(FO3/目标项和 2 个干扰项):						
35. 已达成的目标:随机转换						
36. 目标 11(独立项):						
37. 目标 11(FO2/目标项和 1 个干扰项):						
38. 目标 11(FO3/目标项和 2 个干扰项):						
39. 目标 12(独立项):						
40. 目标 12(FO2/目标项和 1 个干扰项):						
41. 目标 12(FO3/目标项和 2 个干扰项):						
42. 已达成的目标:随机转换						
43. 目标 13(独立项):						
44. 目标 13(FO2/目标项和 1 个干扰项):						
45. 目标 13(FO3/目标项和 2 个干扰项):						
46. 目标 14(独立项):						
47. 目标 14(FO2/目标项和 1 个干扰项):						
48. 目标 14(FO3/目标项和 2 个干扰项):						
49. 已达成的目标:随机转换						
50. 目标 15(独立项):						
51. 目标 15(FO2/目标项和 1 个干扰项):						
52. 目标 15(FO3/目标项和 2 个干扰项):						
53. 目标 16(独立项):						

54. 目标 16(FO2/目标项和 1 个干扰项):						
55. 目标 16(FO3/目标项和 2 个干扰项):						
56. 已达成的目标:随机转换						
57. 目标 17(独立项):						
58. 目标 17(FO2/目标项和 1 个干扰项):						
59. 目标 17(FO3/目标项和 2 个干扰项):						
60. 目标 18(独立项):						
61. 目标 18(FO2/目标项和 1 个干扰项):						
62. 目标 18(FO3/目标项和 2 个干扰项):						
63. 已达成的目标:随机转换						
64. 目标 19(独立项):						
65. 目标 19(FO2/目标项和 1 个干扰项):						
66. 目标 19(FO3/目标项和 2 个干扰项):						
67. 目标 20(独立项):						
68. 目标 20(FO2/目标项和 1 个干扰项):						
69. 目标 20(FO3/目标项和 2 个干扰项):						
70. 已达成的目标:随机转换						
71. 目标 21(独立项):						
72. 目标 21(FO2/目标项和 1 个干扰项):						
73. 目标 21(FO3/目标项和 2 个干扰项):						
74. 目标 22(独立项):						
75. 目标 22(FO2/目标项和 1 个干扰项):						
76. 目标 22(FO3/目标项和 2 个干扰项):						
77. 已达成的目标:随机转换						

78. 目标 23（独立项）：						
79. 目标 23（F02/目标项和 1 个干扰项）：						
80. 目标 23（F03/目标项和 2 个干扰项）：						
81. 目标 24（独立项）：						
82. 目标 24（F02/目标项和 1 个干扰项）：						
83. 目标 24（F03/目标项和 2 个干扰项）：						
84. 已达成的目标：随机转换						
85. 目标 25（独立项）：						
86. 目标 25（F02/目标项和 1 个干扰项）：						
87. 目标 25（F03/目标项和 2 个干扰项）：						
88. 目标 26（独立项）：						
89. 目标 26（F02/目标项和 1 个干扰项）：						
90. 目标 26（F03/目标项和 2 个干扰项）：						
91. 已达成的目标：随机转换						
92. 泛化到环境 1：						
93. 泛化到环境 2：						
94. 维持阶段：在不同环境下评估				2W 1W M		

进行该任务分析的具体建议：

- 在这个任务分析中，可能不需要开展所有的目标。经试探，受训者已经掌握的技能项目就不需要再教授了，TA 中的很多目标也可以划掉。

配对数字

等级：□1 □2 □3

S^D： 呈现给受训者同一范围 1 张、2 张或 3 张数字图片，给受训者另外一张数字图片进行配对，并说“配对”	**反应：** 受训者将数字进行配对
数据收集：技能习得	**目标标准：**2 个训练师连续 3 天都观察到 80% 或以上的正确回应
材料：数字 1～10 的图卡和强化物（图片见附赠的 CD）	

消退程序

维持标准：2W = 连续 4 次 100% 完成；1W = 连续 4 次 100% 完成；M = 连续 3 次 100% 完成	**自然环境标准：**目标行为可在自然环境下泛化到 3 种新的自然发生的活动中	**归档标准：**目标、维持和自然环境标准全部达标

目标列表

对目标的建议和试探结果

对目标的建议：数字号码 1～10
试探结果（已掌握目标）：

目　标	基线%	开始日期	达标日期	消退程序		
				维持阶段	自然环境开始日期	归档日期
1. 目标 1（独立项）：						
2. 目标 1（FO2/目标项和 1 个干扰项）：						
3. 目标 1（FO3/目标项和 2 个干扰项）：						
4. 目标 2（独立项）：						

5. 目标 2(FO2/目标项和 1 个干扰项)：						
6. 目标 2(FO3/目标项和 2 个干扰项)：						
7. 已达成的目标:随机转换						
8. 目标 3(独立项)：						
9. 目标 3(FO2/目标项和 1 个干扰项)：						
10. 目标 3(FO3/目标项和 2 个干扰项)：						
11. 目标 4(独立项)：						
12. 目标 4(FO2/目标项和 1 个干扰项)：						
13. 目标 4(FO3/目标项和 2 个干扰项)：						
14. 已达成的目标:随机转换						
15. 目标 5(独立项)：						
16. 目标 5(FO2/目标项和 1 个干扰项)：						
17. 目标 5(FO3/目标项和 2 个干扰项)：						
18. 目标 6(独立项)：						
19. 目标 6(FO2/目标项和 1 个干扰项)：						
20. 目标 6(FO3/目标项和 2 个干扰项)：						
21. 已达成的目标:随机转换						
22. 目标 7(独立项)：						
23. 目标 7(FO2/目标项和干扰项)：						

24. 目标 7(FO3/目标项和 2 个干扰项):						
25. 目标 8(独立项):						
26. 目标 8(FO2/目标项和干扰项):						
27. 目标 8(FO3/目标项和 2 个干扰项):						
28. 已达成的目标:随机转换						
29. 目标 9(独立项):						
30. 目标 9(FO2/目标项和干扰项):						
31. 目标 9(FO3/目标项和 2 个干扰项):						
32. 目标 10(独立项):						
33. 目标 10(FO2/目标项和干扰项):						
34. 目标 10(FO3/目标项和 2 个干扰项):						
35. 已达成的目标:随机转换						
36. 泛化到环境 1:						
37. 泛化到环境 2:						
38. 维持阶段:在不同环境下评估				2W 1W M		

配对形状

等级：□1 □2 □3

S^D： 呈现给受训者同一范围 1 张、2 张或 3 张形状的图片。另外给予受训者一张卡片让他配对，并说“配对”	**反应：** 受训者将匹配的形状找到合适的搭档
数据收集：技能习得	**目标标准：**2 个训练师连续 3 天都观察到 80% 或以上的正确回应
材料：各种图形的图片和强化物（图片见附赠的 CD）	

消退程序

维持标准：2W＝连续 4 次 100% 完成；1W＝连续 4 次 100% 完成；M＝连续 3 次 100% 完成	**自然环境标准：**目标行为可在自然环境下泛化到 3 种新的自然发生的活动中	**归档标准：**目标、维持和自然环境标准全部达标

目标列表

对目标的建议和试探结果

对目标的建议：圆形，正方形，三角形，五角星，菱形，心形，长方形，椭圆形，半月形和八边形
试探结果（已掌握目标）：

目　标	基线％	开始日期	达标日期	消退程序		
				维持阶段	自然环境开始日期	归档日期
1. 目标 1（独立项）：						
2. 目标 1（FO2/目标项和 1 个干扰项）：						
3. 目标 1（FO3/目标项和 2 个干扰项）：						
4. 目标 2（独立项）：						

5. 目标 2(FO2/目标项和 1 个干扰项)：						
6. 目标 2(FO3/目标项和 2 个干扰项)：						
7. 已达成的目标:随机转换						
8. 目标 3(独立项)：						
9. 目标 3(FO2/目标项和 1 个干扰项)：						
10. 目标 3(FO3/目标项和 2 个干扰项)：						
11. 目标 4(独立项)：						
12. 目标 4(FO2/目标项和 1 个干扰项)：						
13. 目标 4(FO3/目标项和 2 个干扰项)：						
14. 已达成的目标:随机转换						
15. 目标 5(独立项)：						
16. 目标 5(FO2/目标项和 1 个干扰项)：						
17. 目标 5(FO3/目标项和 2 个干扰项)：						
18. 目标 6(独立项)：						
19. 目标 6(FO2/目标项和 1 个干扰项)：						
20. 目标 6(FO3/目标项和 2 个干扰项)：						
21. 已达成的目标:随机转换						
22. 目标 7(独立项)：						
23. 目标 7(FO2/目标项和 1 个干扰项)：						
24. 目标 7(FO3/目标项和 2 个干扰项)：						
25. 目标 8(独立项)：						

26. 目标 8(FO2/目标项和 1 个干扰项):						
27. 目标 8(FO3/目标项和 2 个干扰项):						
28. 已达成的目标:随机转换						
29. 目标 9(独立项):						
30. 目标 9(FO2/目标项和 1 个干扰项):						
31. 目标 9(FO3/目标项和 2 个干扰项):						
32. 目标 10(独立项):						
33. 目标 10(FO2/目标项和 1 个干扰项):						
34. 目标 10(FO3/目标项和 2 个干扰项):						
35. 已达成的目标:随机转换						
36. 泛化到环境 1:						
37. 泛化到环境 2:						
38. 维持阶段:在不同环境下评估				2W 1W M		

进行该任务分析的具体建议:

- 确保已教授此任务分析的必备技能。首要的配对形状的技能例子包括安坐、模仿、精细动作技能(如抓住物品把它放置在另一个位置)。
- 这个任务分析的概念是配对,而不是语言的理解。因此,使用相同的辨别性刺激:“配对”。不要改变辨别性刺激,如“配对正方形”“配对圆形”等。这些辨别性刺激需要更高层次的语言理解,他们可能会干扰受训者,无法作出预期反应。
- 这个任务分析的初始目标应该是截然不同的形状,如圆形和三角形。在受训者掌握不同的图形之后,我们可以添加相似的形状,如椭圆形和圆形。
- 确保转换领域中的物品不要形成统一的模式,以确保受训者学会配对,而并不是简单地将物品放在一个特定的地方。
- 受训者学会配对的概念后,可以运用个性化的赞扬方式如“配得好”“正方形配对得好”或“对,你配对的圆形很好”。

配对大写字母和小写字母

等级：□1 □2 □3

S^D： 呈现给受训者同一范围 1 张、2 张或 3 张字母卡片。另给受训者一张卡片让他配对，并说“配对”	**反应：** 受训者将小写字母/大写字母进行配对
数据收集：技能习得	**目标标准：**2 个训练师连续 3 天都观察到 80% 或以上的正确回应
材料：大写和小写字母的卡片和强化物（图片见附赠的 CD）	

消退程序

维持标准：2W = 连续 4 次 100% 完成；1W = 连续 4 次 100% 完成；M = 连续 3 次 100% 完成	**自然环境标准：**目标行为可在自然环境下泛化到 3 种新的自然发生的活动中	**归档标准：**目标、维持和自然环境标准全部达标

目标列表

对目标的建议和试探结果

对目标的建议：所有字母表的字母，大写字母和小写字母
试探结果（已掌握目标）：

目　标	基线%	开始日期	达标日期	消退程序		
				维持阶段	自然环境开始日期	归档日期
1. 目标 1（独立项）：						
2. 目标 1（FO2/目标项和 1 个干扰项）：						
3. 目标 1（FO3/目标项和 2 个干扰项）：						
4. 目标 2（独立项）：						

5. 目标 2(FO2/目标项和 1 个干扰项):						
6. 目标 2(FO3/目标项和 2 个干扰项):						
7. 已达成的目标:随机转换						
8. 目标 3(独立项):						
9. 目标 3(FO2/目标项和 1 个干扰项):						
10. 目标 3(FO3/目标项和 2 个干扰项):						
11. 目标 4(独立项):						
12. 目标 4(FO2/目标项和 1 个干扰项):						
13. 目标 4(FO3/目标项和 2 个干扰项):						
14. 已达成的目标:随机转换						
15. 目标 5(独立项):						
16. 目标 5(FO2/目标项和 1 个干扰项):						
17. 目标 5(FO3/目标项和 2 个干扰项):						
18. 目标 6(独立项):						
19. 目标 6(FO2/目标项和 1 个干扰项):						
20. 目标 6(FO3/目标项和 2 个干扰项):						
21. 已达成的目标:随机转换						
22. 目标 7(独立项):						
23. 目标 7(FO2/目标项和 1 个干扰项):						
24. 目标 7(FO3/目标项和 2 个干扰项):						
25. 目标 8(独立项):						
26. 目标 8(FO2/目标项和 1 个干扰项):						
27. 目标 8(FO3/目标项和 2 个干扰项):						

28. 已达成的目标:随机转换						
29. 目标 9(独立项):						
30. 目标 9(FO2/目标项和 1 个干扰项):						
31. 目标 9(FO3/目标项和 2 个干扰项):						
32. 目标 10(独立项):						
33. 目标 10(FO2/目标项和 1 个干扰项):						
34. 目标 10(FO3/目标项和 2 个干扰项):						
35. 已达成的目标:随机转换						
36. 目标 11(独立项):						
37. 目标 11(FO2/目标项和 1 个干扰项):						
38. 目标 11(FO3/目标项和 2 个干扰项):						
39. 目标 12(独立项):						
40. 目标 12(FO2/目标项和 1 个干扰项):						
41. 目标 12(FO3/目标项和 2 个干扰项):						
42. 已达成的目标:随机转换						
43. 目标 13(独立项):						
44. 目标 13(FO2/目标项和 1 个干扰项):						
45. 目标 13(FO3/目标项和 2 个干扰项):						
46. 目标 14(独立项):						
47. 目标 14(FO2/目标项和 1 个干扰项):						
48. 目标 14(FO3/目标项和 2 个干扰项):						
49. 已达成的目标:随机转换						
50. 目标 15(独立项):						

51. 目标 15(FO2/目标项和 1 个干扰项)：						
52. 目标 15(FO3/目标项和 2 个干扰项)：						
53. 目标 16(独立项)：						
54. 目标 16(FO2/目标项和 1 个干扰项)：						
55. 目标 16(FO3/目标项和 2 个干扰项)：						
56. 已达成的目标:随机转换						
57. 目标 17(独立项)：						
58. 目标 17(FO2/目标项和 1 个干扰项)：						
59. 目标 17(FO3/目标项和 2 个干扰项)：						
60. 目标 18(独立项)：						
61. 目标 18(FO2/目标项和 1 个干扰项)：						
62. 目标 18(FO3/目标项和 2 个干扰项)：						
63. 已达成的目标:随机转换						
64. 目标 19(独立项)：						
65. 目标 19(FO2/目标项和 1 个干扰项)：						
66. 目标 19(FO3/目标项和 2 个干扰项)：						
67. 目标 20(独立项)：						
68. 目标 20(FO2/目标项和 1 个干扰项)：						
69. 目标 20(FO3/目标项和 2 个干扰项)：						
70. 已达成的目标:随机转换						
71. 目标 21(独立项)：						
72. 目标 21(FO2/目标项和 1 个干扰项)：						
73. 目标 21(FO3/目标项和 2 个干扰项)：						

74. 目标 22（独立项）：						
75. 目标 22（FO2/目标项和 1 个干扰项）：						
76. 目标 22（FO3/目标项和 2 个干扰项）：						
77. 已达成的目标：随机转换						
78. 目标 23（独立项）：						
79. 目标 23（FO2/目标项和 1 个干扰项）：						
80. 目标 23（FO3/目标项和 2 个干扰项）：						
81. 目标 24（独立项）：						
82. 目标 24（FO2/目标项和 1 个干扰项）：						
83. 目标 24（FO3/目标项和 2 个干扰项）：						
84. 已达成的目标：随机转换						
85. 目标 25（独立项）：						
86. 目标 25（FO2/目标项和 1 个干扰项）：						
87. 目标 25（FO3/目标项和 2 个干扰项）：						
88. 目标 26（独立项）：						
89. 目标 26（FO2/目标项和 1 个干扰项）：						
90. 目标 26（FO3/目标项和 2 个干扰项）：						
91. 已达成的目标：随机转换						
92. 泛化到环境 1：						
93. 泛化到环境 2：						
94. 维持阶段：在不同环境下评估				2W 1W M		

配对不同的物品

等级：□1 □2 □3

S^D： 向受训者同时呈现1种、2种或3种物品，给出另一个物品与之相配对并说“配对”（如蓝色轿车、棕色的鞋、曲奇饼干、黑色的卡车）	**反应：** 受训者将恰当的物品进行配对
数据收集：技能习得	**目标标准：**2个训练师连续3天都观察到80%或以上的正确回应
材料：各种物品（见目标列表）和强化物	

消退程序

维持标准：2W＝连续4次100%完成；1W＝连续4次100%完成；M＝连续3次100%完成	**自然环境标准：**目标行为可在自然环境下泛化到3种新的自然发生的活动中	**归档标准：**目标、维持和自然环境标准全部达标

目标列表

对目标的建议和试探结果

对目标的建议：大卡车对小卡车，蓝车对红车，花生酱饼干对巧克力饼干，网球鞋对时装鞋，两条不同品种的狗，排球对足球，大床对小床，玫瑰对雏菊，金发男人对棕色头发的男人以及短袖衬衫对长袖衬衫
试探结果（已掌握目标）：

目　标	基线%	开始日期	达标日期	消退程序		
				维持阶段	自然环境开始日期	归档日期
1. 目标1（独立项）：						
2. 目标1（FO2/目标项和1个干扰项）：						
3. 目标1（FO3/目标项和2个干扰项）：						

4. 目标 2(独立项):						
5. 目标 2(FO2/目标项和 1 个干扰项):						
6. 目标 2(FO3/目标项和 2 个干扰项):						
7. 已达成的目标:随机转换						
8. 目标 3(独立项):						
9. 目标 3(FO2/目标项和 1 个干扰项):						
10. 目标 3(FO3/目标项和 2 个干扰项):						
11. 目标 4(独立项):						
12. 目标 4(FO2/目标项和 1 个干扰项):						
13. 目标 4(FO3/目标项和 2 个干扰项):						
14. 已达成的目标:随机转换						
15. 目标 5(独立项):						
16. 目标 5(FO2/目标项和 1 个干扰项):						
17. 目标 5(FO3/目标项和 2 个干扰项):						
18. 目标 6(独立项):						
19. 目标 6(FO2/目标项和 1 个干扰项):						
20. 目标 6(FO3/目标项和 2 个干扰项):						
21. 已达成的目标:随机转换						
22. 目标 7(独立项):						

23. 目标 7(FO2/目标项和 1 个干扰项):						
24. 目标 7(FO3/目标项和 2 个干扰项):						
25. 目标 8(独立项):						
26. 目标 8(FO2/目标项和 1 个干扰项):						
27. 目标 8(FO3/目标项和 2 个干扰项):						
28. 已达成的目标:随机转换						
29. 目标 9(独立项):						
30. 目标 9(FO2/目标项和 1 个干扰项):						
31. 目标 9(FO3/目标项和 2 个干扰项):						
32. 目标 10(独立项):						
33. 目标 10(FO2/目标项和 1 个干扰项):						
34. 目标 10(FO3/目标项和 2 个干扰项):						
35. 已达成的目标:随机转换						
36. 泛化到环境 1:						
37. 泛化到环境 2:						
38. 维持阶段:在不同环境下评估				2W 1W M		

配对不同的图片

等级：□1 □2 □3

S^D： 向受训者同时呈现1张、2张或3张卡片，给出另一个相似物品的卡片与之相配对，并说“配对”（例如蓝色轿车、棕色的鞋、曲奇饼干、黑色的卡车）	**反应：** 受训者将不同的图片进行配对
数据收集：技能习得	**目标标准：**2个训练师连续3天都观察到80%或以上的正确回应
材料：各种物品（见目标列表）和强化物的图卡（图片见附赠的CD）	

消退程序

维持标准：2W＝连续4次100%完成；1W＝连续4次100%完成；M＝连续3次100%完成	**自然环境标准：**目标行为可在自然环境下泛化到3种新的自然发生的活动中	**归档标准：**目标、维持和自然环境标准全部达标

目标列表

对目标的建议和试探结果

对目标的建议：大卡车对小卡车，蓝车对红车，花生酱饼干对巧克力饼干，网球鞋对时装鞋，两条不同品种的狗，排球对足球，大床对小床，玫瑰对雏菊，金发男人对棕色头发的男人以及短袖衬衫对长袖衬衫
试探结果（已掌握目标）：

目　标	基线％	开始日期	达标日期	消退程序		
				维持阶段	自然环境开始日期	归档日期
1. 目标1（独立项）：						
2. 目标1（FO2/目标项和1个干扰项）：						
3. 目标1（FO3/目标项和2个干扰项）：						

4. 目标 2（独立项）:						
5. 目标 2（FO2/目标项和 1 个干扰项）:						
6. 目标 2（FO3/目标项和 2 个干扰项）:						
7. 已达成的目标：随机转换						
8. 目标 3（独立项）:						
9. 目标 3（FO2/目标项和 1 个干扰项）:						
10. 目标 3（FO3/目标项和 2 个干扰项）:						
11. 目标 4（独立项）:						
12. 目标 4（FO2/目标项和 1 个干扰项）:						
13. 目标 4（FO3/目标项和 2 个干扰项）:						
14. 已达成的目标：随机转换						
15. 目标 5（独立项）:						
16. 目标 5（FO2/目标项和 1 个干扰项）:						
17. 目标 5（FO3/目标项和 2 个干扰项）:						
18. 目标 6（独立项）:						
19. 目标 6（FO2/目标项和 1 个干扰项）:						
20. 目标 6（FO3/目标项和 2 个干扰项）:						
21. 已达成的目标：随机转换						
22. 目标 7（独立项）:						

23. 目标 7(FO2/目标项和 1 个干扰项):						
24. 目标 7(FO3/目标项和 2 个干扰项):						
25. 目标 8(独立项):						
26. 目标 8(FO2/目标项和 1 个干扰项):						
27. 目标 8(FO3/目标项和 2 个干扰项):						
28. 已达成的目标:随机转换						
29. 目标 9(独立项):						
30. 目标 9(FO2/目标项和 1 个干扰项):						
31. 目标 9(FO3/目标项和 2 个干扰项):						
32. 目标 10(独立项):						
33. 目标 10(FO2/目标项和 1 个干扰项):						
34. 目标 10(FO3/目标项和 2 个干扰项):						
35. 已达成的目标:随机转换						
36. 泛化到环境 1:						
37. 泛化到环境 2:						
38. 维持阶段:在不同环境下评估				2W 1W M		

不同的物品和图片配对及不同的图片和物品配对（3D/2D）

等级：□1 □2 □3

S^D： 向受训者呈现 1 ~ 3 样物品或 1 ~ 3 张图片，给出另一个与之相似的物品或图片，并说"配对"（例如，给出 2 张图片，一张是有糖屑的曲奇饼干，一张是玩具乐器，再给出一个玩具娃娃）	**反应：** 受训者将物品/图片与不相同的图片/物品进行配对
数据收集：技能习得	**目标标准：**2 个训练师连续 3 天都观察到 80% 或以上的正确回应
材料：物品和各种物品的图片和强化物（图片见附赠的 CD）	

消退程序

维持标准：2W = 连续 4 次 100% 完成；1W = 连续 4 次 100% 完成；M = 连续 3 次 100% 完成	**自然环境标准：**目标行为可在自然环境下泛化到 3 种新的自然发生的活动中	**归档标准：**目标、维持和自然环境标准全部达标

目标列表

对目标的建议和试探结果

对目标的建议：大卡车对小卡车，蓝车对红车，花生酱饼干对巧克力饼干，网球鞋对时装鞋，两条不同品种的狗，排球对足球，大床对小床，玫瑰对雏菊，金发男人对棕色头发的男人以及短袖衬衫对长袖衬衫
试探结果（已掌握目标）：

目　　标	基线％	开始日期	达标日期	消退程序		
				维持阶段	自然环境开始日期	归档日期
配对不同的物品和图片（3D/2D）						
1. 目标 1（独立项）：						
2. 目标 1（FO2/目标项和 1 个干扰项）：						

3. 目标 1(FO3/目标项和 2 个干扰项):						
4. 目标 2(独立项):						
5. 目标 2(FO2/目标项和 1 个干扰项):						
6. 目标 2(FO3/目标项和 2 个干扰项):						
7. 已达成的目标:随机转换						
8. 目标 3(独立项):						
9. 目标 3(FO2/目标项和 1 个干扰项):						
10. 目标 3(FO3/目标项和 2 个干扰项):						
11. 目标 4(独立项):						
12. 目标 4(FO2/目标项和 1 个干扰项):						
13. 目标 4(FO3/目标项和 2 个干扰项):						
14. 已达成的目标:随机转换						
15. 目标 5(独立项):						
16. 目标 5(FO2/目标项和 1 个干扰项):						
17. 目标 5(FO3/目标项和 2 个干扰项):						
18. 目标 6(独立项):						
19. 目标 6(FO2/目标项和 1 个干扰项):						
20. 目标 6(FO3/目标项和 2 个干扰项):						
21. 已达成的目标:随机转换						
22. 目标 7(独立项):						
23. 目标 7(FO2/目标项和 1 个干扰项):						
24. 目标 7(FO3/目标项和 2 个干扰项):						
25. 目标 8(独立项):						
26. 目标 8(FO2/目标项和 1 个干扰项):						

27. 目标 8(FO3/目标项和 2 个干扰项):						
28. 已达成的目标:随机转换						
29. 目标 9(独立项):						
30. 目标 9(FO2/目标项和 1 个干扰项):						
31. 目标 9(FO3/目标项和 2 个干扰项):						
32. 目标 10(独立项):						
33. 目标 10(FO2/目标项和 1 个干扰项):						
34. 目标 10(FO3/目标项和 2 个干扰项):						
35. 已达成的目标:随机转换						
36. 泛化到环境 1:						
37. 泛化到环境 2:						
38. 维持阶段:在不同环境下评估				2W 1W M		
配对不同的图片和物品(2D/3D)						
39. 目标 1(独立项):						
40. 目标 2(FO2/目标项和 1 个干扰项):						
41. 目标 2(FO3/目标项和 2 个干扰项):						
42. 目标 2(独立项):						
43. 目标 2(FO2/目标项和 1 个干扰项):						
44. 目标 2(FO3/目标项和 2 个干扰项):						
45. 已达成的目标:随机转换						
46. 目标 3(独立项):						
47. 目标 3(FO2/目标项和 1 个干扰项):						
48. 目标 3(FO3/目标项和 2 个干扰项):						
49. 目标 4(独立项):						
50. 目标 4(FO2/目标项和 1 个干扰项):						

51. 目标 4(FO3/目标项和 2 个干扰项):						
52. 已达成的目标:随机转换						
53. 目标 5(独立项):						
54. 目标 5(FO2/目标项和 1 个干扰项):						
55. 目标 5(FO3/目标项和 2 个干扰项):						
56. 目标 6(独立项):						
57. 目标 6(FO2/目标项和 1 个干扰项):						
58. 目标 6(FO3/目标项和 2 个干扰项):						
59. 已达成的目标:随机转换						
60. 目标 7(独立项):						
61. 目标 7(FO2/目标项和 1 个干扰项):						
62. 目标 7(FO3/目标项和 2 个干扰项):						
63. 目标 8(独立项):						
64. 目标 8(FO2/目标项和 1 个干扰项):						
65. 目标 8(FO3/目标项和 2 个干扰项):						
66. 已达成的目标:随机转换						
67. 目标 9(独立项):						
68. 目标 9(FO2/目标项和 1 个干扰项):						
69. 目标 9(FO3/目标项和 2 个干扰项):						
70. 目标 10(独立项):						
71. 目标 10(FO2/目标项和 1 个干扰项):						
72. 目标 10(FO3/目标项和 2 个干扰项):						
73. 已达成的目标:随机转换						
74. 泛化到环境 1:						
75. 泛化到环境 2:						
76. 维持阶段:在不同环境下评估				2W 1W M		

相同或相似的物品分类

等级：□1 □2 □3

S^D： 向受训者同时呈现 2 个容器。在每个容器中放置 1 个给孩子用于分类的物品，说“分类”	**反应：** 受训者会把同类物品放到适当的容器中
数据收集：辅助数据（辅助次数与类型）	**目标标准：**2 个训练师连续 3 天都观察到零辅助通过
材料：将要归类的物品、容器、强化物	

消退程序

维持标准：2W＝连续 4 次零辅助完成；1W＝连续 4 次零辅助完成；M＝连续 3 次零辅助完成	**自然环境标准：**目标行为可在自然环境下泛化到 3 种新的自然发生的活动中	**归档标准：**目标、维持和自然环境标准全部达标

目标列表

对目标的建议和试探结果

对目标的建议：相同物品：蓝色小车和红色方块，黄色小车和绿色方块，白色盘子和黑色小卡车，银色叉子和蓝色袜子，黑色小狗和玩具黄香蕉，棕色小猫和红色苹果，绿色球和白勺子，红色鞋子和蓝色三角形，蓝色牙刷和棕色树叶，以及白色面巾纸和棕色小火车；相似物品，不同颜色和大小：小车和方块，盘子和小卡车，叉子和袜子，小狗和香蕉，小猫和苹果，小球和勺子，小鞋和三角，牙刷和树叶，面巾纸和小火车，小鸟和杯子
试探结果（已掌握目标）：

目　标	基线：辅助次数与类型	开始日期	达标日期	消退程序		
				维持阶段	自然环境开始日期	归档日期
相同的物品分类						
1. 目标 1 和 2（3 种物品分类）：						
2. 目标 1 和 2（5 种物品分类）：						

3. 目标 1 和 2(10 种物品分类)：						
4. 泛化到环境 1：						
5. 泛化到环境 2：						
6. 目标 3 和 4(3 种物品分类)：						
7. 目标 3 和 4(5 种物品分类)：						
8. 目标 3 和 4(10 种物品分类)：						
9. 泛化到环境 1：						
10. 泛化到环境 2：						
11. 目标 5 和 6(3 种物品分类)：						
12. 目标 5 和 6(5 种物品分类)：						
13. 目标 5 和 6(10 种物品分类)：						
14. 泛化到环境 1：						
15. 泛化到环境 2：						
16. 目标 7 和 8(3 种物品分类)：						
17. 目标 7 和 8(5 种物品分类)：						
18. 目标 7 和 8(10 种物品分类)：						
19. 泛化到环境 1：						
20. 泛化到环境 2：						
21. 目标 9 和 10(3 种物品分类)：						
22. 目标 9 和 10(5 种物品分类)：						

23. 目标 9 和 10(10 种物品分类)：						
24. 泛化到环境 1：						
25. 泛化到环境 2：						
26. 维持阶段:在不同环境下评估				2W 1W M		
相似的物品分类						
27. 目标 1 和 2(3 种物品泛化)：						
28. 目标 1 和 2(5 种物品泛化)：						
29. 目标 1 和 2(10 种物品泛化)：						
30. 泛化到环境 1：						
31. 泛化到环境 2：						
32. 目标 3 和 4(3 种物品分类)：						
33. 目标 3 和 4(5 种物品分类)：						
34. 目标 3 和 4(10 种物品分类)：						
35. 泛化到环境 1：						
36. 泛化到环境 2：						
37. 目标 5 和 6(3 种物品分类)：						
38. 目标 5 和 6(5 种物品分类)：						
39. 目标 5 和 6(10 种物品分类)：						
40. 泛化到环境 1：						
41. 泛化到环境 2：						

42. 目标 7 和 8(3 种物品分类):						
43. 目标 7 和 8(5 种物品分类):						
44. 目标 7 和 8(10 种物品分类):						
45. 泛化到环境 1:						
46. 泛化到环境 2:						
47. 目标 9 和 10(3 种物品分类):						
48. 目标 9 和 10(5 种物品分类):						
49. 目标 9 和 10(10 种物品分类):						
50. 泛化到环境 1:						
51. 泛化到环境 2:						
52. 维持阶段:在不同环境下评估				2W 1W M		

进行该任务分析的具体建议:

- 确保已教授这项任务分析的必需技能;例如,掌握参与任务的能力,模仿能力,进行粗大动作能力(抓起物品并将其放到相应的容器中)。此外,受训者还应在配对能力方面取得进步。
- 这项任务分析的重点是分类,而不是语言理解。因此,使用相同的 S^D“分类”,请勿改变指令方式。如“将方块和小汽车分类”,或“分类物品”,这些指令需要更高级的语言理解能力,并且这种改变指令的做法会干扰对受训者的预期反应。
- 如果受训者可以很好地掌握将物品分类的能力,并能快速通过测试项目,那么就没有必要再进行此任务的训练。此项任务和配对任务较为相似,不同之处在于,此项任务教授受训者同时将一组物品进行配对。如果受训者完成此项任务速度较慢,则可以再进行此项任务,这在引入基于类别和属性的更高级别的分类项目之前给予受训者更多的练习。
- 在任何分类任务中,都可以按照以下顺序进行训练:①将相同的物品和图片进行分类;②将相似的物品和图片进行分类;③按属性将物品和图片进行分类;④按组分类;⑤按功能分类。相对于图片分类,物品分类容易很多,因此先进行物品分类再进行图片分类。

根据颜色给物品分类

等级：□1 □2 □3

S^D： 给受训者呈现 2 个容器，在每个容器中放置 1 个物品，出示与之同类的物品，然后说"分类"	**反应：** 受训者会把同类物品放到适当的容器中
数据收集：辅助数据（辅助次数与类型）	**目标标准：**2 个训练师连续 3 天都观察到零辅助通过
材料：将要归类的物品、容器以及强化物	

消退程序

维持标准：2W＝连续 4 次零辅助完成；1W＝连续 4 次零辅助完成；M＝连续 3 次零辅助完成	**自然环境标准：**目标行为可在自然环境下泛化到 3 种新的自然发生的活动中	**归档标准：**目标、维持和自然环境标准全部达标

目标列表

对目标的建议和试探结果

对目标的建议：同一物品不同颜色：蓝色和红色小车，红色苹果和绿色苹果，黄色盘子和蓝色盘子，白色小卡车和棕色小卡车，黑色小火车和红色小火车，绿色勺子和黄色勺子，蓝色钢笔和白色钢笔，紫色纸夹和银色纸夹，黑色小狗和棕色小狗，红色乐高玩具和蓝色乐高玩具
试探结果（已掌握目标）：

目　标	基线：辅助次数与类型	开始日期	达标日期	消退程序		
				维持阶段	自然环境开始日期	归档日期
1. 目标 1 和 2（3 种物品分类）：						
2. 目标 1 和 2（5 种物品分类）：						
3. 目标 1 和 2（10 种物品分类）：						
4. 泛化到环境 1：						
5. 泛化到环境 2：						
6. 目标 3 和 4（3 种物品分类）：						

7. 目标 3 和 4(5 种物品分类):						
8. 目标 3 和 4(10 种物品分类):						
9. 泛化到环境 1:						
10. 泛化到环境 2:						
11. 目标 5 和 6(3 种物品分类):						
12. 目标 5 和 6(5 种物品分类):						
13. 目标 5 和 6(10 种物品分类):						
14. 泛化到环境 1:						
15. 泛化到环境 2:						
16. 目标 7 和 8(3 种物品分类):						
17. 目标 7 和 8(5 种物品分类):						
18. 目标 7 和 8(10 种物品分类):						
19. 泛化到环境 1:						
20. 泛化到环境 2:						
21. 目标 9 和 10(3 种物品分类):						
22. 目标 9 和 10(5 种物品分类):						
23. 目标 9 和 10(10 种物品分类):						
24. 泛化到环境 1:						
25. 泛化到环境 2:						
26. 维持阶段:在不同环境下评估				2W 1W M		

进行该任务分析的具体建议:

- 确保进行这项任务分析的必需技能已经获得培训。例如,掌握参与任务的能力;模仿能力和粗大动作能力(抓取物品放到相应的容器中)。此外,还应在配对项目上取得进步。
- 这次任务的重点是分类,而不是语言理解。因此,使用相同的 S^D“归类”请勿改变指令方式。如“将积木和小汽车分类”,或“将物品分类”;这些 S^D 需要更高级的语言理解能力,并且这种改变指令的做法会干扰受训者作出预期的反应。
- 如果受训者出现分类错误,应及时将错误的物品从容器中拿出来,然后提示哪个容器是正确的,请勿等到受训者将所有物品归类完成再进行辅助。

根据大小给物品分类

等级：□1 □2 □3

S^D： 给受训者呈现2个容器，在每个容器中放置将要被归类的物品，出示同类物品，然后说“分类”	**反应：** 受训者会把同类物品放到适当的容器中
数据收集：辅助数据（辅助次数与类型）	**目标标准：**2个训练师连续3天都观察到零辅助通过
材料：将要归类的物品、容器及强化物	

消退程序

维持标准：2W＝连续4次零辅助完成；1W＝连续4次零辅助完成；M＝连续3次零辅助完成	**自然环境标准：**目标行为可在自然环境下泛化到3种新的自然发生的活动中	**归档标准：**目标、维持和自然环境标准全部达标

目标列表

对目标的建议和试探结果

对目标的建议：2个不同大小、颜色各异的同类物品：大积木和小积木，长线和短线，宽纸条和窄纸条，高个狗和矮个狗，小乐高玩具和大乐高玩具，粗铅笔和细铅笔，闪光纸和亚光纸，大椭圆体和小椭圆体，长尾巴狗和短尾巴狗，长螺旋线和短螺旋线
试探结果（已掌握目标）：

目　标	基线：辅助次数与类型	开始日期	达标日期	消退程序		
				维持阶段	自然环境开始日期	归档日期
1. 目标1和2(3种物品分类)：						
2. 目标1和2(5种物品分类)：						
3. 目标1和2(10种物品分类)：						
4. 泛化到环境1：						
5. 泛化到环境2：						
6. 目标3和4(3种物品分类)：						

7. 目标 3 和 4(5 种物品分类):						
8. 目标 3 和 4(10 种物品分类):						
9. 泛化到环境 1:						
10. 泛化到环境 2:						
11. 目标 5 和 6(3 种物品分类):						
12. 目标 5 和 6(5 种物品分类):						
13. 目标 5 和 6(10 种物品分类):						
14. 泛化到环境 1:						
15. 泛化到环境 2:						
16. 目标 7 和 8(3 种物品分类):						
17. 目标 7 和 8(5 种物品分类):						
18. 目标 7 和 8(10 种物品分类):						
19. 泛化到环境 1:						
20. 泛化到环境 2:						
21. 目标 9 和 10(3 种物品分类):						
22. 目标 9 和 10(5 种物品分类):						
23. 目标 9 和 10(10 种物品分类):						
24. 泛化到环境 1:						
25. 泛化到环境 2:						
26. 维持阶段:在不同环境下评估				2W 1W M		

进行该任务分析的具体建议:

- 确保进行这项任务分析的必需技能已经获得培训。例如,掌握参与任务的能力;模仿能力和粗大动作能力(抓取物品放到相应的容器中)。此外,还应在进行配对项目方面取得进步。
- 这次任务的重点是分类,而不是语言理解。因此,使用同样的 S^D“分类”,请勿改变指令方式。如“将方块和小汽车分类”,或“分类物品”;这些需要更高级的语言理解能力,并且这种改变指令的做法会干扰对受训者作出的预期反应。
- 如果受训者出现分类错误,应及时将错误的物品从容器中拿出来。然后提示哪一个容器是正确的,请勿等待受训者将所有物品归类完成再进行辅助。

相似的图片分类

等级：□1 □2 □3

S^D： 向受训者同时呈现 2 张图片，给一组将要被分类的相似图片，然后说“分类”	**反应：** 受训者能够把图片进行正确分类
数据收集：辅助数据（辅助次数与类型）	**目标标准：**2 个训练师连续 3 天都观察到零辅助完成
材料：将要归类的图片及强化物（图片可在随书配套 CD 中找到）	

消退程序

维持标准：2W＝连续 4 次零辅助完成；1W＝连续 4 次零辅助完成；M＝连续 3 次零辅助完成	**自然环境标准：**目标行为可在自然环境下泛化到 3 种新的自然发生的活动中	**归档标准：**目标、维持和自然环境标准全部达标

目标列表

对目标的建议和试探结果

对目标的建议：不同大小、颜色各异的物品图片：小汽车和积木，盘子和小卡车，叉子和袜子，小狗和香蕉，小猫和苹果，球和勺子，鞋子和三角形，牙刷和树叶，纸巾和小火车，小鸟和杯子
试探结果（已掌握目标）：

目　　标	基线：辅助次数与类型	开始日期	达标日期	消退程序		
				维持阶段	自然环境开始日期	归档日期
1. 目标 1 和 2（3 张图片分类）：						
2. 目标 1 和 2（5 张图片分类）：						
3. 目标 1 和 2（10 张图片分类）：						
4. 泛化到环境 1：						

5. 泛化到环境 2：						
6. 目标 3 和 4(3 张图片分类)：						
7. 目标 3 和 4(5 张图片分类)：						
8. 目标 3 和 4(10 张图片分类)：						
9. 泛化到环境 1：						
10. 泛化到环境 2：						
11. 目标 5 和 6(3 张图片分类)：						
12. 目标 5 和 6(5 张图片分类)：						
13. 目标 5 和 6(10 张图片分类)：						
14. 泛化到环境 1：						
15. 泛化到环境 2：						
16. 目标 7 和 8(3 张图片分类)：						
17. 目标 7 和 8(5 张图片分类)：						
18. 目标 7 和 8(10 张图片分类)：						
19. 泛化到环境 1：						
20. 泛化到环境 2：						
21. 目标 9 和 10(3 张图片分类)：						
22. 目标 9 和 10(5 张图片分类)：						
23. 目标 9 和 10(10 张图片分类)：						
24. 泛化到环境 1：						

25. 泛化到环境 2：						
同时使用下列 4 个目标						
26. 目标 11 ~ 14(5 张图片分类)：						
27. 目标 11 ~ 14(10 张图片分类)：						
28. 泛化到环境 1：						
29. 泛化到环境 2：						
30. 目标 15 ~ 18(5 张图片分类)：						
31. 目标 15 ~ 18(10 张图片分类)：						
32. 泛化到环境 1：						
33. 泛化到环境 2：						
34. 维持阶段：在不同环境下评估				2W 1W M		

进行该任务分析的具体建议：

- 确保进行这项任务分析的必需技能已经获得培训。例如，掌握参与任务的能力，模仿能力和粗大动作能力(抓取物品放到相应的容器中)。此外，还应在配对项目方面取得进步。
- 这次任务的重点是分类，而不是语言理解。因此，使用同样 S^D“分类”，请勿改变指令方式。如“将积木和小汽车分类”，或“图片归类”；这些 S^D 需要更高级的语言理解能力，并且这种改变指令的做法会干扰对受训者作出的预期反应。
- 如果受训者出现图片分类错误，应及时将错误的图片拿出来。然后提示分到哪一组是正确的，请勿等到受训者将所有物品分类之后再进行辅助。
- 在分类任务中，都可以按照以下顺序教授受训者：①将相同的物品和图片进行分类；②将相似的物品和图片进行分类；③按属性将物品和图片进行分类；④按类别分类；⑤按功能分类。相对于图片分类，物品分类会容易很多，因此先进行物品分类再进行图片分类。

根据颜色给图片分类

等级:□1 □2 □3

S^D: 给受训者同时呈现不同颜色的 2 张图片,出示一组将要被分类的图片,然后说“分类”	**反应:** 受训者会把图片放到适当的一组中
数据收集:辅助数据(辅助次数与类型)	**目标标准:**2 个训练师连续 3 天都观察到零辅助完成
材料:将要分类的图片及强化物(图片见附赠的 CD)	

消退程序

维持标准:2W=连续 4 次零辅助完成;1W=连续 4 次零辅助完成;M=连续 3 次零辅助完成	**自然环境标准:**目标行为可在自然环境下泛化到 3 种新的自然发生的活动中	**归档标准:**目标、维持和自然环境标准全部达标

目标列表

对目标的建议和试探结果

对目标的建议:2 张不同颜色、相同物品的图片:蓝车和红车,红苹果和绿苹果,黄盘子和蓝盘子,白色卡车和棕色卡车,黑色卡车和红色卡车,绿勺子和黄勺子,蓝色钢笔和白色钢笔,紫色回形针和银色回形针,黑色狗和褐色狗,红色乐高玩具和蓝色乐高玩具
试探结果(已掌握目标):

目　　标	基线:辅助次数与类型	开始日期	达标日期	消退程序		
				维持阶段	自然环境开始日期	归档日期
1. 目标 1 和 2(3 张图片分类):						
2. 目标 1 和 2(5 张图片分类):						
3. 目标 1 和 2(10 张图片分类):						
4. 泛化到环境 1:						

5. 泛化到环境 2：						
6. 目标 3 和 4(3 张图片分类)：						
7. 目标 3 和 4(5 张图片分类)：						
8. 目标 3 和 4(10 张图片分类)：						
9. 泛化到环境 1：						
10. 泛化到环境 2：						
11. 目标 5 和 6(3 张图片分类)：						
12. 目标 5 和 6(5 张图片分类)：						
13. 目标 5 和 6(10 张图片分类)：						
14. 泛化到环境 1：						
15. 泛化到环境 2：						
16. 目标 7 和 8(3 张图片分类)：						
17. 目标 7 和 8(5 张图片分类)：						
18. 目标 7 和 8(10 张图片分类)：						
19. 泛化到环境 1：						
20. 泛化到环境 2：						
21. 目标 9 和 10(3 张图片分类)：						
22. 目标 9 和 10(5 张图片分类)：						
23. 目标 9 和 10(10 张图片分类)：						
24. 泛化到环境 1：						

25. 泛化到环境 2：						
同时使用下列 4 个目标						
26. 目标 11～14(5 张图片分类)：						
27. 目标 11～14(10 张图片分类)：						
28. 泛化到环境 1：						
29. 泛化到环境 2：						
30. 目标 15～18(5 张图片分类)：						
31. 目标 15～18(10 张图片分类)：						
32. 泛化到环境 1：						
33. 泛化到环境 2：						
34. 维持阶段：在不同环境下评估				2W 1W M		

进行该任务分析的具体建议：

- 确保进行这项任务分析的必需技能已经获得培训。例如，掌握参与任务的能力，模仿能力和粗大动作能力（抓取物品放到相应的容器中）。此外，还应在配对项目方面取得进步。
- 这次任务的重点是分类，而不是语言理解。因此，使用同样 S^D“分类”，请勿改变指令方式。如“将积木和小汽车分类”，或“图片归类”；这些 S^D 需要更高级的语言理解能力，并且这种改变指令的做法会干扰对受训者作出的预期反应。
- 如果受训者出现图片分类错误，应及时将错误的图片拿出来。然后提示分到哪一组是正确的，请勿等到受训者将所有物品分类之后再进行辅助。
- 在分类任务中，都可以按照以下顺序教授受训者：①将相同的物品和图片进行分类；②将相似的物品和图片进行分类；③按属性将物品和图片进行分类；④按类别分类；⑤按功能分类。相对于图片分类，物品分类会容易很多，因此先进行物品分类再进行图片分类。

根据大小给图片分类

等级：□1 □2 □3

S^D： 给受训者呈现 2 张不同大小的图片，出示一组将要被分类的图片，然后说“分类”	**反应：** 受训者会把图片放到一起
数据收集：辅助数据（辅助次数与类型）	**目标标准：**2 个训练师连续 3 天都观察到零辅助完成
材料：将要归类的图片及强化物（图片保存在附带 CD 中）	

消退程序

维持标准：2W＝连续 4 次零辅助完成；1W＝连续 4 次零辅助完成；M＝连续 3 次零辅助完成	**自然环境标准：**目标行为可在自然环境下泛化到 3 种新的自然发生的活动中	**归档标准：**目标、维持和自然环境标准全部达标

目标列表

对目标的建议和试探结果

对目标的建议：2 个不同大小、颜色各异的同类物体：大方块和小方块，长丝带和短丝带，宽纸条和窄纸条，大狗和小狗，小乐高玩具和大乐高玩具，粗铅笔和细铅笔，闪光纸和普通纸，大椭圆体和小椭圆体，长尾巴狗和短尾巴狗，长螺旋线和短螺旋线
试探结果（已掌握目标）：

目　标	基线：辅助次数与类型	开始日期	达标日期	消退程序		
				维持阶段	自然环境开始日期	归档日期
1. 目标 1 和 2（3 张图片分类）：						
2. 目标 1 和 2（5 张图片分类）：						
3. 目标 1 和 2（10 张图片分类）：						
4. 泛化到环境 1：						

5. 泛化到环境 2：						
6. 目标 3 和 4(3 张图片分类)：						
7. 目标 3 和 4(5 张图片分类)：						
8. 目标 3 和 4(10 张图片分类)：						
9. 泛化到环境 1：						
10. 泛化到环境 2：						
11. 目标 5 和 6(3 张图片分类)：						
12. 目标 5 和 6(5 张图片分类)：						
13. 目标 5 和 6(10 张图片分类)：						
14. 泛化到环境 1：						
15. 泛化到环境 2：						
16. 目标 7 和 8(3 张图片分类)：						
17. 目标 7 和 8(5 张图片分类)：						
18. 目标 7 和 8(10 张图片分类)：						
19. 泛化到环境 1：						
20. 泛化到环境 2：						
21. 目标 9 ~ 10(3 张图片分类)：						
22. 目标 9 ~ 10(5 张图片分类)：						
23. 目标 9 ~ 10(10 张图片分类)：						
24. 泛化到环境 1：						

25. 泛化到环境 2：						
同时使用下列 4 个目标						
26. 目标 11 ~ 14(5 张图片分类)：						
27. 目标 11 ~ 14(10 张图片分类)：						
28. 泛化到环境 1：						
29. 泛化到环境 2：						
30. 目标 15 ~ 18(5 张图片分类)：						
31. 目标 15 ~ 18(10 张图片分类)：						
32. 泛化到环境 1：						
33. 泛化到环境 2：						
34. 维持阶段:在不同环境下评估				2W 1W M		

进行该任务分析的具体建议：

- 确保进行这项任务分析的必需技能已经获得培训。例如,掌握参与任务的能力,模仿能力和粗大动作能力(抓取物品放到相应的一组中),按属性分类物品取得进步。此外,还应在配对项目方面取得进步。
- 这次任务的重点是分类,而不是语言理解。因此,使用同样 S^D“分类”,请勿改变指令方式。如“将小汽车和大汽车分类”,或“图片分类”;这些 S^D 需要更高级的语言理解能力,并且这种改变指令的做法会干扰对受训者作出的预期反应。
- 如果受训者出现图片分类错误,应及时将错误的图片拿出来。然后提示分到哪一组是正确的,请勿等到受训者将所有物品分类之后再进行辅助。
- 在分类任务中,都可以按照以下顺序教授受训者:①将相同的物品和图片进行分类;②将相似的物品和图片进行分类;③按属性将物品和图片进行分类;④按类别分类;⑤按功能分类。相对于图片分类,物品分类容易很多,因此先进行物品分类再进行图片分类。

根据类别分类

等级：□1 □2 □3

S^D： 给受训者呈现不同类别的2张图片，向受训者出示一组将要被分类的图片，然后说“分类”	**反应：** 受训者会把图片放到恰到的组中
数据收集：辅助数据（辅助次数与类型）	**目标标准：**2个训练师连续3天都观察到零辅助完成
材料：将要分类的图片及强化物（图片保存在附带CD中）	

消退程序

维持标准：2W＝连续4次零辅助完成；1W＝连续4次零辅助完成；M＝连续3次零辅助完成	**自然环境标准：**目标行为可在自然环境中泛化到3种新的自然发生的活动中	**归档标准：**目标、维持和自然环境标准全部达标

目标清单

对目标的建议和试探结果

对目标的建议：动物，颜色，车辆，餐具，衣物，食物，水果，饮料，玩具和家具
试探结果（已掌握目标）：

目　　标	基线：辅助次数与类型	开始日期	达标日期	消退程序		
				维持阶段	自然环境开始日期	归档日期
1. 目标1和2（3组/种类分类）：						
2. 目标1和2（5组/种类分类）：						
3. 目标1和2（10组/种类分类）：						
4. 泛化到环境1：						

5. 泛化到环境 2：						
6. 目标 3 和 4(3 组/种类分类)：						
7. 目标 3 和 4(5 组/种类分类)：						
8. 目标 3 和 4(10 组/种类分类)：						
9. 泛化到环境 1：						
10. 泛化到环境 2：						
11. 目标 5 和 6(3 组/种类分类)：						
12. 目标 5 和 6(5 组/种类分类)：						
13. 目标 5 和 6(10 组/种类分类)：						
14. 泛化到环境 1：						
15. 泛化到环境 2：						
16. 目标 7 和 8(3 组/种类分类)：						
17. 目标 7 和 8(5 组/种类分类)：						
18. 目标 7 和 8(10 组/种类分类)：						
19. 泛化到环境 1：						
20. 泛化到环境 2：						
21. 目标 9 和 10(3 组/种类分类)：						
22. 目标 9 和 10(5 组/种类分类)：						
23. 目标 9 和 10(10 组/种类分类)：						
24. 泛化到环境 1：						
25. 泛化到环境 2：						

同时使用下列 4 个目标						
26. 目标 11 ~ 14(5 组/种类分类):						
27. 目标 11 ~ 14(10 组/种类分类):						
28. 泛化到环境 1:						
29. 泛化到环境 2:						
30. 目标 15 ~ 18(5 组/种类分类):						
31. 目标 15 ~ 18(10 组/种类分类):						
32. 泛化到环境 1:						
33. 泛化到环境 2:						
34. 维持阶段:在不同环境下评估				2W 1W M		

进行该任务分析的具体建议:

- 确保进行这项任务分析的必需技能已经获得培训。例如,掌握参与任务的能力;模仿能力;相似和相同的物品、图片的分类能力,按类别分类图片能力以及粗大动作能力(抓取图片并放置在一组里)。
- 在分类任务中,都可以按照以下顺序教授受训者:①将相同的物品和图片进行分类;②将相似的物品和图片进行分类;③按属性将物品和图片进行分类;④按类别分类;⑤按功能分类。相对于图片分类,物品分类会容易很多,因此先进行物品分类再进行图片分类。
- 这次任务的重点是分类,而不是语言理解。因此,使用指令"分类"请勿改变指令方式。如"将小汽车和大汽车"或"分类图片"这些 S^D 需要更高级的语言理解能力,并且这种改变指令的做法会干扰受训者作出预期反应。但是,当提供语言强化时,训练师应注意语言的多样化,包括特定的口头表扬,以帮助教学,例如"将动物分类做得非常漂亮""将图片分类就是这么做""将动物和图片分类完成得非常出色"。
- 如果受训者出现分类错误,应及时将错误的图片拿出来。然后提示分到哪一组是正确的,请勿等到受训者将所有图片归类完成再进行辅助。

拼图游戏

等级：□1 □2 □3

S^D： 向受训者呈现 1 张拼图，然后说“拼拼图”	**反应：** 受训者正确完成拼图
数据收集：辅助数据（辅助次数与类型）	**目标标准：**2 个训练师连续 3 天都观察到零辅助完成
材料：不同大小的拼图和强化物	

消退程序

维持标准：2W＝连续 4 次零辅助完成；1W＝1 连续 4 次零辅助完成；M＝连续 3 次零辅助完成	**自然环境标准：**目标行为可在自然环境下泛化到 3 种新的自然发生的活动中	**归档标准：**目标、维持和自然环境全部达标

目标列表

目　　标	基线：辅助次数与类型	开始日期	达标日期	消退程序		
				维持阶段	自然环境开始日期	归档日期
1. 3 片带钉/挂钩的拼图						
2. 5 片带钉/挂钩的拼图						
3. 8～10 片带钉/挂钩的拼图						
4. 泛化到环境 1：						
5. 泛化到环境 2：						
6. 3 片不带钉/挂钩的拼图						
7. 5 片不带钉/挂钩的拼图						
8. 8～10 片不带钉/挂钩的拼图						

9. 泛化到环境 1：						
10. 泛化到环境 2：						
11. 5 片连接拼图						
12. 8 ~ 10 片连接拼图						
13. 泛化到环境 1：						
14. 泛化到环境 2：						
15. 维持阶段：在不同环境下评估				2W 1W M		

进行该任务分析的具体建议：

- 带小挂钩的拼图：这些拼图中每一片拼图在拼图框内都有特定的位置，最终能拼接成完美的一整块，每张拼图都有一个小挂钩，方便拿起。
- 不带小挂钩的拼图：和以上所讲的拼图一样，只是拼图上没有挂钩。
- 不带拼接凹凸槽的拼图：这些拼图没有拼接凹凸槽，但是能非常精确的相互拼接。
- 确保已教授这次任务分析的必需技能。例如，通过拼图让受训者掌握单个步骤的指示，包括手部动作，并掌握匹配训练。
- 可以考虑先使用单纯的形状拼图（只有方形、菱形、圆形等），这样可以减少干扰，快速达标。
- 对于那些学习停滞的受训者，可以使用逆向链接教学方法，展示给受训者 3 块拼图，其中已经有 2 块拼接好，给出 S^D 并辅助完成拼图。渐渐消退辅助指导受训者可以单独完成拼图。然后给受训者展示同样的 3 块拼图，其中 1 块已经拼好在框中，让受训者拼好剩下的 2 块，当受训者掌握了此技能，可以直接进入逆向链接教学过程的最后一步，受训者把拼图拼好在框中。
- 教会受训者如何清空、重建拼图很有帮助。因此，当受训者完成拼图任务时，给予指令“清空”并辅助受训者翻过来清空拼图。再次重复这一指令，让受训者重建拼图，记得每次重复都要减少辅助。

形状箱

等级：□1 □2 □3

S^D： 给受训者呈现形状箱，然后说“开始玩”	**反应：** 受训者把形状放进形状箱
数据收集：辅助数据（辅助的次数与类型）	**目标标准：**2 个训练师连续 3 天都观察到零辅助完成
材料：不同的形状箱，强化物	

消退程序

维持标准：2W = 连续 4 次零辅助完成；1W = 连续 4 次零辅助完成；M = 连续 3 次零辅助完成	**自然环境标准：**目标行为可在自然环境下泛化到 3 种新的自然发生的活动中	**归档标准：**目标、维持和自然环境标准全部达标

目标列表

目　　标	基线：辅助次数与类型	开始日期	达标日期	消退程序		
				维持阶段	自然环境开始日期	归档日期
4 块形状的形状箱（逆向链接任务）						
1. 任务的最后一步：受训者把最后 1 块形状放入相应的形状孔中						
2. 任务的第六步：受训者把第 3 块形状放入相应的形状孔中						
3. 任务的第五步：受训者把第 2 块形状放入相应的形状孔中						

4. 任务的第四步:受训者把第 1 块形状放入相应的形状孔中						
5. 任务的第三步:受训者把形状箱盖子盖上						
6. 任务的第二步:受训者会从形状箱中倒出所有形状						
7. 任务的第一步:受训者拿掉形状箱的盖子						
8. 泛化到第二个形状箱						
9. 泛化到环境 1:						
10. 泛化到环境 2:						
11. 维持阶段:在不同环境下评估				2W 1W M		

进行该任务分析的具体建议:

- 确保在这项任务分析前教授必要的技能。例如,掌握参与任务的能力,使用物品的精细动作模仿,以及此项 TA 中需要的精细动作(例如,拿起一个形状放入对应的形状孔中)。
- 这个任务的设计意图是为了教授受训者利用逆向链接完成形状箱训练,即从最后一步开始直到独立完成所有步骤。因此,对于目标 1 中受训者在完成所有步骤时都可以给予辅助,除了最后一步。对于目标 2,也是如此,除了最后一步和第六步。对于目标 3,也是如此,除了最后一步和第六步、第五步。以此类推,直到独立完成这项任务操作。
- 当辅助受训者放形状时,要从简单的形状开始,如圆形或方形,然后再过渡到较难的形状如星形。

第 12 章　接受性语言技能的任务分析

- ▶ 根据听到的动作名称,找到相应的图片
- ▶ 根据听到的动物名称,找到相应的动物或图片
- ▶ 根据听到的动物声音,找到相应的动物或图片
- ▶ 根据听到的身体部位名称,找到相应的图片
- ▶ 根据“头发、肩膀、膝盖、脚”这首歌,找到相应的身体部位
- ▶ 根据听到的衣服名称,找到相应的衣服或图片
- ▶ 根据听到的自然环境中的物体名称,找到该物体
- ▶ 根据听到的自然环境中的声音,找到该物体
- ▶ 根据人物名称,找到相应的人物或图片
- ▶ 根据听到的食物或饮料名称,找到相应的图片
- ▶ 听指令,找到相应的生活用品或图片
- ▶ 听指令,找到相应的家具或图片
- ▶ 听指令,找到相应的休闲物品或图片
- ▶ 听指令,找到相应的场所图片
- ▶ 根据听到的方位介词,将物品放在不同的位置
- ▶ 听指令,找到学习用品或图片
- ▶ 听指令,找到相应的运动/运动器材
- ▶ 听指令,找到相应的玩具或图片
- ▶ 听指令,找到相应的交通工具玩具或图片
- ▶ 接受一步指令

根据听到的动作名称，找到相应的图片

等级：□1 □2 □3

S^D： 向受训者呈现1张、2张或3张动作图片并说“摸一摸[X]”“给我[X]”“找到[X]”或者“指一指[X]”	**反应：** 受训者会摸一摸，递给训练师，找到或者指一指特定的动作图片
数据收集：技能习得	**目标标准：**2个训练师连续3天都观察到80%或以上的正确回应
材料：多种动作的图片及强化物（图片见附赠的CD）	

消退程序

维持标准：2W＝连续4次100%完成；1W＝1连续4次100%完成；M＝连续3次100%完成	**自然环境标准：**目标行为可在自然环境下泛化到3种新的自然发生的活动中	**归档标准：**目标、维持和自然环境标准全部达标

目标列表

对目标的建议和试探结果

对目标的建议：喝，睡，站立，跳跃，吃，拍手，挥舞，涂色，拥抱，亲吻，游泳，切割，骑车，荡秋千，走，写，玩耍，踢，吹，倒，洒，搭建，挖掘，洗，爬，融化和哭泣
试探结果（已掌握目标）：

目　标	基线%	开始日期	达标日期	消退程序		
				维持阶段	自然环境开始日期	归档日期
1. 目标1（独立项）：						
2. 目标1（FO2/目标项和1个干扰项）：						

3. 目标 1(FO3/目标项和 2 个干扰项):						
4. 目标 2(独立项):						
5. 目标 2(FO2/目标项和 1 个干扰项):						
6. 目标 2(FO3/目标项和 2 个干扰项):						
7. 目标 1 和 2:随机转换						
8. 目标 3(独立项):						
9. 目标 3(FO2/目标项和 1 个干扰项):						
10. 目标 3(FO3/目标项和 2 个干扰项):						
11. 目标 4(独立项):						
12. 目标 4(FO2/目标项和 1 个干扰项):						
13. 目标 4(FO3/目标项和 2 个干扰项):						
14. 已达成的目标:随机转换						
15. 目标 5(独立项):						
16. 目标 5(FO2/目标项和 1 个干扰项):						
17. 目标 5(FO3/目标项和 2 个干扰项):						
18. 目标 6(独立项):						
19. 目标 6(FO2/目标项和 1 个干扰项):						
20. 目标 6(FO3/目标项和 2 个干扰项):						
21. 已达成的目标:随机转换						

22. 目标 7(独立项):						
23. 目标 7(FO2/目标项和 1 个干扰项):						
24. 目标 7(FO3/目标项和 2 个干扰项):						
25. 目标 8(独立项):						
26. 目标 8(FO2/目标项和 1 个干扰项):						
27. 目标 8(FO3/目标项和 2 个干扰项):						
28. 符合标准的目标:随机转换						
29. 目标 9(独立项):						
30. 目标 9(FO2/目标项和 1 个干扰项):						
31. 目标 9(FO3/目标项和 2 个干扰项):						
32. 目标 10(独立项):						
33. 目标 10(FO2/目标项和 1 个干扰项):						
34. 目标 10(FO3/目标项和 2 个干扰项):						
35. 已达成的目标:随机转换						
36. 泛化到环境 1:						
37. 泛化到环境 2:						
38. 维持阶段:在不同环境下评估				2W 1W M		

根据听到的动物名称，找到相应的动物或图片

等级：□1 □2 □3

S^D： 向受训者呈现1张、2张或3张图片或动物玩具并说“摸一摸[X]”“给我[X]”“找到[X]”或者“指一指[X]”	**反应：** 受训者会摸一摸，递给训练师，找到或者指一指特定的动物或动物图片
数据收集：技能习得	**目标标准：**2个训练师连续3天都观察到80%或以上的正确回应
材料：多种动物的图片、动物玩具及强化物（图片见附赠的CD）	

消退程序

维持标准：2W＝连续4次100%完成；1W＝1连续4次100%完成；M＝连续3次100%完成	**自然环境标准：**目标行为可在自然环境下泛化到3种新的自然发生的活动中	**归档标准：**目标、维持和自然环境标准全部达标

目标列表

对目标的建议和试探结果

对目标的建议：狗，猫，猪，大象，青蛙，熊，马，鸟，兔子，牛，羊，蜜蜂，蛇和鸭子
试探结果（已掌握目标）：

目　标	基线%	开始日期	达标日期	消退程序		
				维持阶段	自然环境开始日期	归档日期
1. 目标1（独立项）：						
2. 目标1（FO2/目标项和1个干扰项）：						

3. 目标 1(FO3/目标项和 2 个干扰项):						
4. 目标 2(独立项):						
5. 目标 2(FO2/目标项和 1 个干扰项):						
6. 目标 2(FO3/目标项和 2 个干扰项):						
7. 目标 1 和 2:随机转换						
8. 目标 3(独立项):						
9. 目标 3(FO2/目标项和 1 个干扰项):						
10. 目标 3(FO3/目标项和 2 个干扰项):						
11. 目标 4(独立项):						
12. 目标 4(FO2/目标项和 1 个干扰项):						
13. 目标 4(FO3/目标项和 2 个干扰项):						
14. 已达成的目标:随机转换						
15. 目标 5(独立项):						
16. 目标 5(FO2/目标项和 1 个干扰项):						
17. 目标 5(FO3/目标项和 2 个干扰项):						
18. 目标 6(独立项):						
19. 目标 6(FO2/目标项和 1 个干扰项):						
20. 目标 6(FO3/目标项和 2 个干扰项):						
21. 已达成的目标:随机转换						

22. 目标 7(独立项):						
23. 目标 7(FO2/目标项和 1 个干扰项):						
24. 目标 7(FO3/目标项和 2 个干扰项):						
25. 目标 8(独立项):						
26. 目标 8(FO2/目标项和 1 个干扰项):						
27. 目标 8(FO3/目标项和 2 个干扰项):						
28. 已达成的目标:随机转换						
29. 目标 9(独立项):						
30. 目标 9(FO2/目标项和 1 个干扰项):						
31. 目标 9(FO3/目标项和 2 个干扰项):						
32. 目标 10(独立项):						
33. 目标 10(FO2/目标项和 1 个干扰项):						
34. 目标 10(FO3/目标项和 2 个干扰项):						
35. 已达成的目标:随机转换						
36. 泛化到环境 1:						
37. 泛化到环境 2:						
38. 维持阶段:在不同环境下评估				2W 1W M		

根据听到的动物声音，找到相应的动物或图片

等级：□1 □2 □3

S^D： 向受训者呈现 1 张、2 张或 3 张动物图片或动物玩具，并说“摸一摸[X]叫的动物，或者说“指一指[X]叫的动物”	**反应：** 受训者会摸一摸或者指一指特定的动物
数据收集：技能习得	**目标标准：**2 个训练师连续 3 天都观察到 80% 或以上的正确回应
材料：多种动物的图片和强化物（图片见附赠的 CD）	

消退程序

维持标准：2W＝连续 4 次 100% 完成； 1W＝连续 4 次 100% 完成； M＝连续 3 次 100% 完成	**自然环境标准：**目标行为可在自然环境下泛化到 3 种新的自然发生的活动中	**归档标准：**目标、维持和自然环境条标准全部达标

目标列表

对目标的建议和试探结果

对目标的建议：狗，猫，猪，大象，青蛙，熊，马，鸟，兔子，牛，羊，蜜蜂，蛇和鸭子
试探结果（已掌握目标）：

目　　标	基线%	开始日期	达标日期	消退程序		
				维持阶段	自然环境开始日期	归档日期
1. 目标 1（独立项）：						
2. 目标 1（FO2/目标项和 1 个干扰项）：						

3. 目标 1(FO3/目标项和 2 个干扰项):						
4. 目标 2(独立项):						
5. 目标 2(FO2/目标项和 1 个干扰项):						
6. 目标 2(FO3/目标项和 2 个干扰项):						
7. 目标 1 和 2:随机转换						
8. 目标 3(独立项):						
9. 目标 3(FO2/目标项和 1 个干扰项):						
10. 目标 3(FO3/目标项和 2 个干扰项):						
11. 目标 4(独立项):						
12. 目标 4(FO2/目标项和 1 个干扰项):						
13. 目标 4(FO3/目标项和 2 个干扰项):						
14. 已达成的目标:随机转换						
15. 目标 5(独立项):						
16. 目标 5(FO2/目标项和 1 个干扰项):						
17. 目标 5(FO3/目标项和 2 个干扰项):						
18. 目标 6(独立项):						
19. 目标 6(FO2/目标项和 1 个干扰项):						
20. 目标 6(FO3/目标项和 2 个干扰项):						
21. 已达成的目标:随机转换						
22. 目标 7(独立项):						

23. 目标 7（FO2/目标项和 1 个干扰项）：						
24. 目标 7（FO3/目标项和 2 个干扰项）：						
25. 目标 8（独立项）：						
26. 目标 8（FO2/目标项和 1 个干扰项）：						
27. 目标 8（FO3/目标项和 2 个干扰项）：						
28. 符合标准的目标：随机转换						
29. 目标 9（独立项）：						
30. 目标 9（FO2/目标项和 1 个干扰项）：						
31. 目标 9（FO3/目标项和 2 个干扰项）：						
32. 目标 10（独立项）：						
33. 目标 10（FO2/目标项和 1 个干扰项）：						
34. 目标 10（FO3/目标项和 2 个干扰项）：						
35. 已达成的目标：随机转换						
36. 泛化到环境 1：						
37. 泛化到环境 2：						
38. 维持阶段：在不同环境下评估				2W 1W M		

进行该任务分析的具体建议：

- 这个任务分析可选择的材料包括动物的电子声音，它可以呈现更加真实的动物声音。除此之外，一些声音还可以在平板电脑或其他电子设备上播放出来。

根据听到的身体部位名称，找到相应的图片

等级：□1 □2 □3

S^D： 向受训者呈现 1 张、2 张或 3 张图卡并说“摸一摸[X]”“给我[X]”“找到[X]”或者“指一指[X]”	**反应：** 受训者会触摸，递给训练师，找到或者指向具体的身体部位
数据收集：技能习得	**目标标准：**2 个训练师连续 3 天都观察到 80% 或以上的正确回应
材料：多个身体部位的图片及强化物（图片见附赠的 CD）	

消退程序

维持标准：2W = 连续 4 次 100% 完成；1W = 连续 4 次 100% 完成；M = 连续 3 次 100% 完成	**自然环境标准：**目标行为可在自然环境下泛化到 3 种新的自然发生的活动中	**归档标准：**目标、维持和自然环境标准全部达标

目标列表

对目标的建议和试探结果

对目标的建议：眼睛，耳朵，鼻子，脸颊，嘴，下巴，眉毛，头，头发，脖子，肩膀，胸脯，肚子，胳膊，手肘，手指，拇指，腿，膝盖，脚和脚趾
试探结果（已掌握目标）：

目　　标	基线 %	开始日期	达标日期	消退程序		
				维持阶段	自然环境开始日期	归档日期
1. 目标 1（独立项）：						
2. 目标 1（FO2/目标项和 1 个干扰项）：						

3. 目标 1(FO3/目标项和 2 个干扰项):						
4. 目标 2(独立项):						
5. 目标 2(FO2/目标项和 1 个干扰项):						
6. 目标 2(FO3/目标项和 2 个干扰项):						
7. 目标 1 和 2:随机转换						
8. 目标 3(独立项):						
9. 目标 3(FO2/目标项和 1 个干扰项):						
10. 目标 3(FO3/目标项和 2 个干扰项):						
11. 目标 4(独立项):						
12. 目标 4(FO2/目标项和 1 个干扰项):						
13. 目标 4(FO3/目标项和 2 个干扰项):						
14. 已达成的目标:随机转换						
15. 目标 5(独立项):						
16. 目标 5(FO2/目标项和 1 个干扰项):						
17. 目标 5(FO3/目标项和 2 个干扰项):						
18. 目标 6(独立项):						
19. 目标 6(FO2/目标项和 1 个干扰项):						
20. 目标 6(FO3/目标项和 2 个干扰项):						
21. 已达成的目标:随机转换						
22. 目标 7(独立项):						

23. 目标 7(FO2/目标项和 1 个干扰项):						
24. 目标 7(FO3/目标项和 2 个干扰项):						
25. 目标 8(独立项):						
26. 目标 8(FO2/目标项和 1 个干扰项):						
27. 目标 8(FO3/目标项和 2 个干扰项):						
28. 已达成的目标:随机转换						
29. 目标 9(独立项):						
30. 目标 9(FO2/目标项和 1 个干扰项):						
31. 目标 9(FO3/目标项和 2 个干扰项):						
32. 目标 10(独立项):						
33. 目标 10(FO2/目标项和 1 个干扰项):						
34. 目标 10(FO3/目标项和 2 个干扰项):						
35. 已达成的目标:随机转换						
36. 泛化到环境 1:						
37. 泛化到环境 2:						
38. 维持阶段:在不同环境下评估				2W 1W M		

进行该任务分析的具体建议:

- 这个任务选择的材料可以是一个玩具娃娃,让受训者摸一摸或指一指玩具娃娃的身体部位。
- 受训者也可以先学着摸一摸他们自己的身体部位,然后泛化到指认图片中的身体部位。

根据“头发、肩膀、膝盖、脚”这首歌，找到相应的身体部位

等级：□1 □2 □3

S^D： 说“我们来唱头发、肩膀、膝盖、脚这首歌”，然后开始唱这首歌	**反应：** 受训者会触摸歌中唱到的身体部位
数据收集：辅助数据	**目标标准：**2 个训练师连续 3 天都观察到 80% 或以上的正确回应
材料：强化物	

消退程序

维持标准：2W＝连续 4 次零辅助完成；1W＝连续 4 次零辅助完成；M＝连续 3 次零辅助完成	**自然环境标准：**目标行为可在自然环境下泛化到 3 种新的自然发生的活动中	**归档标准：**目标、维持和自然环境标准全部达标

目标列表

目　　标	基线：辅助次数与类型	开始日期	达标日期	消退程序		
				维持阶段	自然环境开始日期	归档日期
1. 目标 1：头						
2. 目标 2：肩						
3. 目标 3：膝盖						
4. 目标 4：脚						
5. 目标 5：眼睛						
6. 目标 6：耳朵						

7. 目标 7:嘴						
8. 目标 8:鼻子						
9. 泛化到环境 1:						
10. 泛化到环境 2:						
11. 维持阶段:在不同环境下评估				2W 1W M		

进行该任务分析的具体建议:

- 确保已教授这项任务分析所需要的预备技能,例如掌握精细动作及粗大动作的模仿。
- 歌词是"头、肩膀、膝盖、脚,膝盖、脚。头、肩膀、膝盖、脚。眼睛、耳朵、嘴、鼻子。头,肩膀,膝盖、脚、膝盖、脚。"

根据听到的衣服名称，找到相应的衣服或图片

等级：□1 □2 □3

S^D： 向受训者呈现 1 张、2 张或 3 张图片或衣物，并说“摸一摸[X]”“给我[X]”“找到[X]”或者“指一指[X]”	**反应：** 受训者会摸一摸，递给训练师，找到或者指一指特定的衣物
数据收集：技能习得	**目标标准：**2 个训练师连续 3 天都观察到 80% 或以上的正确回应
材料：不同衣物的图片、衣物及强化物（图片见附赠的 CD）	

消退程序

维持标准：2W = 连续 4 次 100% 完成；1W = 连续 4 次 100% 完成；M = 连续 3 次 100% 完成	**自然环境标准：**目标行为可在自然环境下泛化到 3 种新的自然发生的活动中	**归档标准：**目标、维持和自然环境标准全部达标

目标列表

对目标的建议和试探结果

对目标的建议：衬衫，裤子，短裤，连衣裙，裙子，睡衣，浴衣，袜子，鞋子，内衣，外套，帽子，手套和围巾
试探结果（已掌握目标）：

目　标	基线%	开始日期	达标日期	消退程序		
				维持阶段	自然环境开始日期	归档日期
1. 目标 1（独立项）：						
2. 目标 1（FO2/目标项和 1 个干扰项）：						

3. 目标 1（FO3/目标项和 2 个干扰项）：						
4. 目标 2（独立项）：						
5. 目标 2（FO2/目标项和 1 个干扰项）：						
6. 目标 2（FO3/目标项和 2 个干扰项）：						
7. 目标 1 和 2：随机转换						
8. 目标 3（独立项）：						
9. 目标 3（FO2/目标项和 1 个干扰项）：						
10. 目标 3（FO3/目标项和 2 个干扰项）：						
11. 目标 4（独立项）：						
12. 目标 4（FO2/目标项和 1 个干扰项）：						
13. 目标 4（FO3/目标项和 2 个干扰项）：						
14. 已达成的目标：随机转换						
15. 目标 5（独立项）：						
16. 目标 5（FO2/目标项和 1 个干扰项）：						
17. 目标 5（FO3/目标项和 2 个干扰项）：						
18. 目标 6（独立项）：						
19. 目标 6（FO2/目标项和 1 个干扰项）：						
20. 目标 6（FO3/目标项和 2 个干扰项）：						
21. 已达成的目标：随机转换						
22. 目标 7（独立项）：						

23. 目标 7（FO2/目标项和 1 个干扰项）：						
24. 目标 7（FO3/目标项和 2 个干扰项）：						
25. 目标 8（独立项）：						
26. 目标 8（FO2/目标项和 1 个干扰项）：						
27. 目标 8（FO3/目标项和两个干扰项）：						
28. 已达成的目标：随机转换						
29. 目标 9（独立项）：						
30. 目标 9（FO2/目标项和 1 个干扰项）：						
31. 目标 9（FO3/目标项和 2 个干扰项）：						
32. 目标 10（独立项）：						
33. 目标 10（FO2/目标项和 1 个干扰项）：						
34. 目标 10（FO3/目标项和 2 个干扰项）：						
35. 已达成的目标：随机转换						
36. 泛化到环境 1：						
37. 泛化到环境 2：						
38. 维持阶段：在不同环境下评估				2W 1W M		

进行该任务分析的具体建议：

- 确保已教授这项任务分析所需的预备技能，例如安坐、模仿，以及相关的精细动作技能（如触摸、指向和传递图片）。
- 选择要教授的衣物时要注意文化差异。有没有一些特别针对受训者文化的衣物？如果有，也要教导与这些衣物相关的内容。
- 这项任务分析可选的材料包括一些真正的衣物。

根据听到的自然环境中的物体名称，找到该物体

等级：□1 □2 □3

S^D： 向受训者呈现 1 张、2 张或 3 张图片或代表环境的物品，并说“摸一摸[X]”“给我[X]”或者“指一指[X]”	**反应：** 受训者会摸一摸，递给训练师，找到或者指一指特定的环境物品
数据收集：技能习得	**目标标准：**2 个训练师连续 3 天都观察到 80% 或以上的正确回应
材料：多种环境物品的图片、环境物品模型（如物品玩具或者物品实物）及强化物（图片见附赠的 CD）	

消退程序

维持标准：2W = 连续 4 次 100% 完成；1W = 连续 4 次 100% 完成；M = 连续 3 次 100% 完成	**自然环境标准：**目标行为可在自然环境下泛化到 3 种新的自然发生的活动中	**归档标准：**目标、维持和自然环境标准全部达标

目标列表

对目标的建议和试探结果

对目标的建议：树，云，草，花，太阳，岩石，泥，山，河，月亮，彩虹，叶子
试探结果（已掌握目标）：

目标	基线%	开始日期	达标日期	消退程序		
				维持阶段	自然环境开始日期	归档日期
1. 目标 1（独立项）：						
2. 目标 1（FO2/目标项和 1 个干扰项）：						

3. 目标 1(FO3/目标项和 2 个干扰项):						
4. 目标 2(独立项):						
5. 目标 2(FO2/目标项和 1 个干扰项):						
6. 目标 2(FO3/目标项和 2 个干扰项):						
7. 目标 1 和 2:随机转换						
8. 目标 3(独立项):						
9. 目标 3(FO2/目标项和 1 个干扰项):						
10. 目标 3(FO3/目标项和 2 个干扰项):						
11. 目标 4(独立项):						
12. 目标 4(FO2/目标项和 1 个干扰项):						
13. 目标 4(FO3/目标项和 2 个干扰项):						
14. 已达成的目标:随机转换						
15. 目标 5(独立项):						
16. 目标 5(FO2/目标项和 1 个干扰项):						
17. 目标 5(FO3/目标项和 2 个干扰项):						
18. 目标 6(独立项):						
19. 目标 6(FO2/目标项和 1 个干扰项):						
20. 目标 6(FO3/目标项和 2 个干扰项):						
21. 已达成的目标:随机转换						

22. 目标 7(独立项):						
23. 目标 7(FO2/目标项和 1 个干扰项):						
24. 目标 7(FO3/目标项和 2 个干扰项):						
25. 目标 8(独立项):						
26. 目标 8(FO2/目标项和 1 个干扰项):						
27. 目标 8(FO3/目标项和 2 个干扰项):						
28. 符合标准的目标:随机转换						
29. 目标 9(独立项):						
30. 目标 9(FO2/目标项和 1 个干扰项):						
31. 目标 9(FO3/目标项和 2 个干扰项):						
32. 目标 10(独立项):						
33. 目标 10(FO2/目标项和 1 个干扰项):						
34. 目标 10(FO3/目标项和 2 个干扰项):						
35. 已达成的目标:随机转换						
36. 泛化到环境 1:						
37. 泛化到环境 2:						
38. 维持阶段:在不同环境下评估				2W 1W M		

根据听到的自然环境中的声音，找到该物体

等级：□1 □2 □3

S^D： 向受训者呈现1张、2张或3张图片，播放环境声音，并说“摸一摸你听到的声音”，或者“指一指你听到的声音”	**反应：** 受训者会摸一摸，或者指一指特定的环境声音图片
数据收集：技能习得	**目标标准：**2个训练师连续3天都观察到80%或以上的正确回应
材料：有环境声音的电子设备（如应用软件或者CD），多种环境物品声音的图片及强化物（图片见附赠的CD）	

消退程序

维持标准：2W＝连续4次100%完成；1W＝连续4次100%完成；M＝连续3次100%完成	**自然环境标准：**目标行为可在自然环境下泛化到3种新的自然发生的活动中	**归档标准：**目标、维持和自然环境标准全部达标

目标列表

对目标的建议和试探结果

对目标的建议：火车、飞机、摩托车，救护车，洗衣机，电话，鸟，海滩，瀑布和蟋蟀
试探结果（已掌握目标）：

目　标	基线%	开始日期	达标日期	消退程序		
				维持阶段	自然环境开始日期	归档日期
1. 目标1（独立项）：						
2. 目标1（FO2/目标项和1个干扰项）：						

3. 目标1(FO3/目标项和2个干扰项):						
4. 目标2(独立项):						
5. 目标2(FO2/目标项和1个干扰项):						
6. 目标2(FO3/目标项和2个干扰项):						
7. 目标1和2:随机转换						
8. 目标3(独立项):						
9. 目标3(FO2/目标项和1个干扰项):						
10. 目标3(FO3/目标项和2个干扰项):						
11. 目标4(独立项):						
12. 目标4(FO2/目标项和1个干扰项):						
13. 目标4(FO3/目标项和2个干扰项):						
14. 已达成的目标:随机转换						
15. 目标5(独立项):						
16. 目标5(FO2/目标项和1个干扰项):						
17. 目标5(FO3/目标项和2个干扰项):						
18. 目标6(独立项):						
19. 目标6(FO2/目标项和1个干扰项):						
20. 目标6(FO3/目标项和2个干扰项):						
21. 已达成的目标:随机转换						
22. 目标7(独立项):						
23. 目标7(FO2/目标项和1个干扰项):						

24. 目标 7(FO3/目标项和 2 个干扰项):						
25. 目标 8(独立项):						
26. 目标 8(FO2/目标项和 1 个干扰项):						
27. 目标 8(FO3/目标项和 2 个干扰项):						
28. 已达成的目标:随机转换						
29. 目标 9(独立项):						
30. 目标 9(FO2/目标项和 1 个干扰项):						
31. 目标 9(FO3/目标项和 2 个干扰项):						
32. 目标 10(独立项):						
33. 目标 10(FO2/目标项和 1 个干扰项):						
34. 目标 10(FO3/目标项和 2 个干扰项):						
35. 已达成的目标:随机转换						
36. 泛化到环境 1:						
37. 泛化到环境 2:						
38. 维持阶段:在不同环境下评估				2W 1W M		

进行该任务分析的具体建议:

- 确保已教授这项任务分析所需要的预备技能,例如,掌握参与项目的能力,会听从一步指令。
- 如果使用 iPad,可以试试"声音触摸(Sound Touch)"(http://soundtouchinteractive.com/)这个免费 app 来找到各种环境声音。

根据人物名称，找到相应的人物或图片

等级：□1 □2 □3

S^D： 向受训者呈现1张、2张或3张图片，并说“摸一摸[X]”“给我[X]”“找到[X]”或者“指一指[X]”	**反应：** 受训者会触摸、递给、找到或者指向特定的熟悉人物
数据收集：技能习得	**目标标准：**2个训练师连续3天都观察到80%或以上的正确回应
材料：多张熟悉人物的图片及强化物	

消退程序

维持标准：2W＝连续4次100%完成；1W＝连续4次100%完成；M＝连续3次100%完成	**自然环境标准：**目标行为可在自然环境下泛化到3种新的自然发生的活动中	**归档标准：**目标、维持和自然环境标准全部达标

目标列表

对目标的建议和试探结果

对目标的建议：妈妈，爸爸，兄弟姐妹，奶奶，爷爷，阿姨，叔叔，训练师，教师和邻居
试探结果（已掌握目标）：

目　标	基线%	开始日期	达标日期	消退程序		
				维持阶段	自然环境开始日期	归档日期
1. 目标1（独立项）：						
2. 目标1（FO2/目标项和1个干扰项）：						

3. 目标 1(FO3/目标项和 2 个干扰项):						
4. 目标 2(独立项):						
5. 目标 2(FO2/目标项和 1 个干扰项):						
6. 目标 2(FO3/目标项和 2 个干扰项):						
7. 目标 1 和 2:随机转换						
8. 目标 3(独立项):						
9. 目标 3(FO2/目标项和 1 个干扰项):						
10. 目标 3(FO3/目标项和 2 个干扰项):						
11. 目标 4(独立项):						
12. 目标 4(FO2/目标项和 1 个干扰项):						
13. 目标 4(FO3/目标项和 2 个干扰项):						
14. 符合标准的目标:随机转换						
15. 目标 5(独立项):						
16. 目标 5(FO2/目标项和 1 个干扰项):						
17. 目标 5(FO3/目标项和 2 个干扰项):						
18. 目标 6(独立项):						
19. 目标 6(FO2/目标项和 1 个干扰项):						
20. 目标 6(FO3/目标项和 2 个干扰项):						
21. 符合标准的目标:随机转换						

22. 目标 7(独立项):						
23. 目标 7(FO2/目标项和 1 个干扰项):						
24. 目标 7(FO3/目标项和 2 个干扰项):						
25. 目标 8(独立项):						
26. 目标 8(FO2/目标项和 1 个干扰项):						
27. 目标 8(FO3/目标项和 2 个干扰项):						
28. 已达成的目标:随机转换						
29. 目标 9(独立项):						
30. 目标 9(FO2/目标项和 1 个干扰项):						
31. 目标 9(FO3/目标项和 2 个干扰项):						
32. 目标 10(独立项):						
33. 目标 10(FO2/目标项和 1 个干扰项):						
34. 目标 10(FO3/目标项和 2 个干扰项):						
35. 已达成的目标:随机转换						
36. 泛化到环境 1:						
37. 泛化到环境 2:						
38. 维持阶段:在不同环境下评估				2W 1W M		

根据听到的食物或饮料名称，找到相应的图片

等级：□1 □2 □3

S^D： 向受训者呈现1张、2张或3张图片，并说“摸一摸[X]”“给我[X]”“找到[X]”或者“指一指[X]”	**反应：** 受训者会触摸、递给、找到或者指向特定的熟悉的食物或饮料
数据收集：技能习得	**目标标准：**2个训练师连续3天都观察到80%或以上的正确回应
材料：多种食物和饮料的图片及强化物（图片见附赠的CD）	

消退程序

维持标准：2W = 连续4次100%完成；1W = 连续4次100%完成；M = 连续3次100%完成	**自然环境标准：**目标行为可在自然环境下泛化到3种新的自然发生的活动中	**归档标准：**目标、维持和自然环境标准全部达标

目标列表

对目标的建议和试探结果

对目标的建议：水，牛奶，果汁，炸土豆条，披萨，椒盐脆饼干，葡萄，胡萝卜，苹果，香蕉，西瓜，面包，鸡蛋，咸饼干，爆米花，汉堡，热狗，意大利面，麦片，葡萄干和糖果
试探结果（已掌握目标）：

目　　标	基线%	开始日期	达标日期	消退程序		
				维持阶段	自然环境开始日期	归档日期
1. 目标1（独立项）：						
2. 目标1（FO2/目标项和1个干扰项）：						

3. 目标 1(FO3/目标项和 2 个干扰项):						
4. 目标 2(独立项):						
5. 目标 2(FO2/目标项和 1 个干扰项):						
6. 目标 2(FO3/目标项和 2 个干扰项):						
7. 目标 1 和 2:随机转换						
8. 目标 3(独立项):						
9. 目标 3(FO2/目标项和 1 个干扰项):						
10. 目标 3(FO3/目标项和 2 个干扰项):						
11. 目标 4(独立项):						
12. 目标 4(FO2/目标项和 1 个干扰项):						
13. 目标 4(FO3/目标项和 2 个干扰项):						
14. 已达成的目标:随机转换						
15. 目标 5(独立项):						
16. 目标 5(FO2/目标项和 1 个干扰项):						
17. 目标 5(FO3/目标项和 2 个干扰项):						
18. 目标 6(独立项):						
19. 目标 6(FO2/目标项和 1 个干扰项):						
20. 目标 6(FO3/目标项和 2 个干扰项):						
21. 已达成的目标:随机转换						

22. 目标 7(独立项):						
23. 目标 7(FO2/目标项和 1 个干扰项):						
24. 目标 7(FO3/目标项和 2 个干扰项):						
25. 目标 8(独立项):						
26. 目标 8(FO2/目标项和 1 个干扰项):						
27. 目标 8(FO3/目标项和 2 个干扰项):						
28. 符合标准的目标:随机转换						
29. 目标 9(独立项):						
30. 目标 9(FO2/目标项和 1 个干扰项):						
31. 目标 9(FO3/目标项和 2 个干扰项):						
32. 目标 10(独立项):						
33. 目标 10(FO2/目标项和 1 个干扰项):						
34. 目标 10(FO3/目标项和 2 个干扰项):						
35. 符合标准的目标:随机转换						
36. 泛化到环境 1:						
37. 泛化到环境 2:						
38. 维持阶段:在不同环境下评估				2W 1W M		

听指令，找到相应的生活用品或图片

等级：□1 □2 □3

S^D： 向受训者呈现 1 张、2 张或 3 张图片，或者是功能性物品并说“触摸你听到的声音”，并说“触摸[X]”“给我[X]”“找到[X]”或者“指向[X]”	**反应：** 受训者会触摸、递给、找到或者指向特定的功能性物品
数据收集：技能习得	**目标标准：**2 个训练师连续 3 天都观察到 80% 或以上的正确回应
材料：功能性物品的图片，功能性物体（玩具或真实物体）及强化物（图片见附赠的 CD）	

消退程序

维持标准：2W = 连续 4 次 100% 完成；1W = 连续 4 次 100% 完成；M = 连续 3 次 100% 完成	**自然环境标准：**目标行为可在自然环境下泛化到 3 种新的自然发生的活动中	**归档标准：**目标、维持和自然环境标准全部达标

目标列表

对目标的建议和试探结果

对目标的建议：厕所，厕纸，浴缸，肥皂，梳子，牙刷，牙膏，电话，电脑，钟，纸巾，杯子，盘子，勺子，叉子，枕头和毯子
试探结果（已掌握目标）：

目　　标	基线 %	开始日期	达标日期	消退程序		
				维持阶段	自然环境开始日期	归档日期
1. 目标 1（独立项）：						
2. 目标 1（FO2/目标项和 1 个干扰项）：						

3. 目标 1(FO3/目标项和 2 个干扰项):						
4. 目标 2(独立项):						
5. 目标 2(FO2/目标项和 1 个干扰项):						
6. 目标 2(FO3/目标项和 2 个干扰项):						
7. 目标 1 和 2:随机转换						
8. 目标 3(独立项):						
9. 目标 3(FO2/目标项和 1 个干扰项):						
10. 目标 3(FO3/目标项和 2 个干扰项):						
11. 目标 4(独立项):						
12. 目标 4(FO2/目标项和 1 个干扰项):						
13. 目标 4(FO3/目标项和 2 个干扰项):						
14. 符合标准的目标:随机转换						
15. 目标 5(独立项):						
16. 目标 5(FO2/目标项和 1 个干扰项):						
17. 目标 5(FO3/目标项和 2 个干扰项):						
18. 目标 6(独立项):						
19. 目标 6(FO2/目标项和 1 个干扰项):						
20. 目标 6(FO3/目标项和 2 个干扰项):						
21. 符合标准的目标:随机转换						

22. 目标 7（独立项）：						
23. 目标 7（FO2/目标项和 1 个干扰项）：						
24. 目标 7（FO3/目标项和 2 个干扰项）：						
25. 目标 8（独立项）：						
26. 目标 8（FO2/目标项和 1 个干扰项）：						
27. 目标 8（FO3/目标项和 2 个干扰项）：						
28. 符合标准的目标：随机转换						
29. 目标 9（独立项）：						
30. 目标 9（FO2/目标项和 1 个干扰项）：						
31. 目标 9（FO3/目标项和 2 个干扰项）：						
32. 目标 10（独立项）：						
33. 目标 10（FO2/目标项和 1 个干扰项）：						
34. 目标 10（FO3/目标项和 2 个干扰项）：						
35. 符合标准的目标：随机转换						
36. 泛化到环境 1：						
37. 泛化到环境 2：						
38. 维持阶段：在不同环境下评估				2W 1W M		

听指令，找到相应的家具或图片

等级：□1 □2 □3

S^D： 向受训者呈现 1 张、2 张或 3 张图卡，或者家具玩具，说“摸一摸 X”“给我 X”“找到 X”或者“指一指 X”	**反应：** 受训者会摸一摸、递给、找到或者指一指特定的家具
数据收集：技能习得	**目标标准：**2 个训练师连续 3 天都观察到 80% 或以上的正确回应
材料：多种家具卡片，家具玩具及强化物（图片见附赠的 CD）	

消退程序

维持标准：2W = 连续 4 次 100% 完成；1W = 连续 4 次 100% 完成；M = 连续 3 次 100% 完成	**自然环境标准：**目标行为可在自然环境下泛化到 3 种新的自然发生的活动中	**归档标准：**目标、维持和自然环境标准全部达标

目标列表

对目标的建议和试探结果

对目标的建议：沙发，椅子，桌子，床，衣柜，冰箱，炉灶，镜子，灯和电视
试探结果（已掌握目标）：

目　　标	基线%	开始日期	达标日期	消退程序		
				维持阶段	自然环境开始日期	归档日期
1. 目标 1（独立项）：						
2. 目标 1（FO2/目标项和 1 个干扰项）：						

3. 目标1(FO3/目标项和2个干扰项):						
4. 目标2(独立项):						
5. 目标2(FO2/目标项和1个干扰项):						
6. 目标2(FO3/目标项和2个干扰项):						
7. 目标1和2:随机转换						
8. 目标3(独立项):						
9. 目标3(FO2/目标项和1个干扰项):						
10. 目标3(FO3/目标项和2个干扰项):						
11. 目标4(独立项):						
12. 目标4(FO2/目标项和1个干扰项):						
13. 目标4(FO3/目标项和2个干扰项):						
14. 符合标准的目标:随机转换						
15. 目标5(独立项):						
16. 目标5(FO2/目标项和1个干扰项):						
17. 目标5(FO3/目标项和2个干扰项):						
18. 目标6(独立项):						
19. 目标6(FO2/目标项和1个干扰项):						
20. 目标6(FO3/目标项和2个干扰项):						
21. 符合标准的目标:随机转换						
22. 目标7(独立项):						
23. 目标7(FO2/目标项和1个干扰项):						

24. 目标 7(FO3/目标项和 2 个干扰项):						
25. 目标 8(独立项):						
26. 目标 8(FO2/目标项和 1 个干扰项):						
27. 目标 8(FO3/目标项和 2 个干扰项):						
28. 符合标准的目标:随机转换						
29. 目标 9(独立项):						
30. 目标 9(FO2/目标项和 1 个干扰项):						
31. 目标 9(FO3/目标项和 2 个干扰项):						
32. 目标 10(独立项):						
33. 目标 10(FO2/目标项和 1 个干扰项):						
34. 目标 10(FO3/目标项和 2 个干扰项):						
35. 符合标准的目标:随机转换						
36. 泛化到环境 1:						
37. 泛化到环境 2:						
38. 维持阶段:在不同环境下评估				2W 1W M		

进行该任务分析的具体建议:

- 确保已教授这项任务分析所需要的预备技能,例如接受一步指令,参与活动的能力。
- 先从对受训者更有强化性的接受性项目开始。例如,有些受训者会对看到动物或者食物、饮料反应更强烈,相反,对文具不感兴趣。如果是这样,就要从更有强化性的项目开始,然后在受训者学会期待的反应后再进行强化性较差的项目。

听指令，找到相应的休闲物品或图片

等级：□1 □2 □3

S^D： 向受训者呈现1张、2张或3张图片或休闲物品，说"摸一摸X""给我X""找到X"或者"指一指X"	**反应：** 受训者会摸一摸、递给、找到或者指一指特定的休闲物品
数据收集：技能习得	**目标标准：**2个训练师连续3天都观察到80%或以上的正确回应
材料：多种休闲物品和活动的图片，以及强化物（图片见附赠的CD）	

消退程序

维持标准：2W＝连续4次100%完成；1W＝连续4次100%完成；M＝连续3次100%完成	**自然环境标准：**目标行为可在自然环境下泛化到3种新的自然发生的活动中	**归档标准：**目标、维持和自然环境标准全部达标

目标列表

对目标的建议和试探结果

对目标的建议：电脑，电子游戏，球类游戏，棋盘类游戏，滑板，单车，蹦床，手指插板（peg board），Lite-Brite游戏机，iPad
试探结果（已掌握目标）：

目　标	基线%	开始日期	达标日期	消退程序		
				维持阶段	自然环境开始日期	归档日期
1. 目标1（独立项）：						
2. 目标1（FO2/目标项和一个干扰项）：						

3. 目标 1(FO3/目标项和两个干扰项):						
4. 目标 2(独立项):						
5. 目标 2(FO2/目标项和一个干扰项):						
6. 目标 2(FO3/目标项和 2 个干扰项):						
7. 目标 1 和 2:随机转换						
8. 目标 3(独立项):						
9. 目标 3(FO2/目标项和 1 个干扰项):						
10. 目标 3(FO3/目标项和 2 个干扰项):						
11. 目标 4(独立项):						
12. 目标 4(FO2/目标项和 1 个干扰项):						
13. 目标 4(FO3/目标项和 2 个干扰项):						
14. 符合标准的目标:随机转换						
15. 目标 5(独立项):						
16. 目标 5(FO2/目标项和 1 个干扰项):						
17. 目标 5(FO3/目标项和 2 个干扰项):						
18. 目标 6(独立项):						
19. 目标 6(FO2/目标项和 1 个干扰项):						
20. 目标 6(FO3/目标项和 2 个干扰项):						
21. 符合标准的目标:随机转换						
22. 目标 7(独立项):						
23. 目标 7(FO2/目标项和 1 个干扰项):						

24. 目标 7(FO3/目标项和 2 个干扰项):						
25. 目标 8(独立项):						
26. 目标 8(FO2/目标项和 1 个干扰项):						
27. 目标 8(FO3/目标项和 2 个干扰项):						
28. 已达成的目标:随机转换						
29. 目标 9(独立项):						
30. 目标 9(FO2/目标项和 1 个干扰项):						
31. 目标 9(FO3/目标项和 2 个干扰项):						
32. 目标 10(独立项):						
33. 目标 10(FO2/目标项和 1 个干扰项):						
34. 目标 10(FO3/目标项和 2 个干扰项):						
35. 符合标准的目标:随机转换						
36. 泛化到环境 1:						
37. 泛化到环境 2:						
38. 维持阶段:在不同环境下评估				2W 1W M		

进行该任务分析的具体建议:

- 选择受训者有兴趣的目标项,这些目标项能够提高受训者的娱乐兴趣,而且是受训者能够接触到的。

听指令，找到相应的场所图片

等级：□1 □2 □3

S^D： 向受训者呈现1张、2张或3张图卡，说"摸一摸X""给我X""找到X"或者"指一指X"	**反应：** 受训者会触摸，递给，找到或者指向特定的场所图片
数据收集：技能习得	**目标标准：**2个训练师连续3天都观察到80%或以上的正确回应
材料：多个常用地点的卡片及强化物（图片见附赠的CD）	

消退程序

维持标准：2W＝连续4次100%完成；1W＝连续4次100%完成；M＝连续3次100%完成	**自然环境标准：**目标行为可在自然环境下泛化到3种新的自然发生的活动中	**归档标准：**目标、维持和自然环境标准全部达标

目标列表

对目标的建议和试探结果

对目标的建议：家，动物园，学校，杂货店，机场，沙滩，农场，饭店，玩具店，医院，操场，教堂，犹太教会堂，城市
试探结果（已掌握目标）：

目　标	基线%	开始日期	达标日期	消退程序		
				维持阶段	自然环境开始日期	归档日期
1. 目标1（独立项）：						
2. 目标1（FO2/目标项和1个干扰项）：						
3. 目标1（FO3/目标项和2个干扰项）：						

4. 目标 2(独立项):						
5. 目标 2(FO2/目标项和 1 个干扰项):						
6. 目标 2(FO3/目标项和 2 个干扰项):						
7. 目标 1 和 2:随机转换						
8. 目标 3(独立项):						
9. 目标 3(FO2/目标项和 1 个干扰项):						
10. 目标 3(FO3/目标项和 2 个干扰项):						
11. 目标 4(独立项):						
12. 目标 4(FO2/目标项和 1 个干扰项):						
13. 目标 4(FO3/目标项和 2 个干扰项):						
14. 符合标准的目标:随机转换						
15. 目标 5(独立项):						
16. 目标 5(FO2/目标项和 1 个干扰项):						
17. 目标 5(FO3/目标项和 2 个干扰项):						
18. 目标 6(独立项):						
19. 目标 6(FO2/目标项和 1 个干扰项):						
20. 目标 6(FO3/目标项和 2 个干扰项):						
21. 符合标准的目标:随机转换						
22. 目标 7(独立项):						

23. 目标 7(FO2/目标项和 1 个干扰项):						
24. 目标 7(FO3/目标项和 2 个干扰项):						
25. 目标 8(独立项):						
26. 目标 8(FO2/目标项和 1 个干扰项):						
27. 目标 8(FO3/目标项和 2 个干扰项):						
28. 符合标准的目标:随机转换						
29. 目标 9(独立项):						
30. 目标 9(FO2/目标项和 1 个干扰项):						
31. 目标 9(FO3/目标项和 2 个干扰项):						
32. 目标 10(独立项):						
33. 目标 10(FO2/目标项和 1 个干扰项):						
34. 目标 10(FO3/目标项和 2 个干扰项):						
35. 符合标准的目标:随机转换						
36. 泛化到环境 1:						
37. 泛化到环境 2:						
38. 维持阶段:在不同环境下评估				2W 1W M		

根据听到的方位介词，将物品放在不同的位置

等级：□1 □2 □3

S^D： 向受训者呈现展示一个可移动的物品(如积木)和一个相关的物体(如盒子)，并说将“可移动的物品”放在“参照物”的“方位介词”(如将积木放在盒子上面)	**反应：** 受训者可根据介词短词将可移动物品放在正确的位置
数据收集：技能习得	**目标标准：**2 个训练师连续 3 天都观察到 80% 或以上的正确回应
材料：可移动物体、参考物体及强化物(图片见附赠的 CD)	

消退程序

维持标准：2W = 连续 4 次 100% 完成；1W = 连续 4 次 100% 完成；M = 连续 3 次 100% 完成	**自然环境标准：**目标行为可在自然环境下泛化到 3 种新的自然发生的活动中	**归档标准：**目标、维持和自然环境标准全部达标

目标列表

对目标的建议和试探结果

对目标的建议：上面，里面，下面，挨着，后面，前面，旁边，中间，顶上和底下
试探结果(已掌握目标)：

目　　标	基线%	开始日期	达标日期	消退程序		
				维持阶段	自然环境开始日期	归档日期
1. 目标 1：						
2. 目标 2：						

3. 目标 1 和 2:随机转换						
4. 目标 3:						
5. 目标 4:						
6. 已达成的目标:随机转换						
7. 目标 5:						
8. 目标:6:						
9. 已达成的目标:随机转换						
10. 目标 7:						
11. 目标 8:						
12. 已达成的目标:随机转换						
13. 泛化到环境 1:						
14. 泛化到环境 2:						
15. 维持阶段:在不同环境下评估				2W 1W M		

听指令，找到学习用品或图片

等级：□1 □2 □3

S^D： 向受训者呈现1张、2张或3张图片或文具，说“摸一摸X”“给我X”“找到X”或者“指一指X”	**反应：** 受训者会摸一摸、递给、找到或者指一指特定的文具
数据收集：技能习得	**目标标准：**2个训练师连续3天都观察到80%或以上的正确回应
材料：一些常见的文具卡片、文具及强化物（图片见附赠的CD）	

消退程序

维持标准：2W = 连续4次100%完成；1W = 连续4次100%完成；M = 连续3次100%完成	**自然环境标准：**目标行为可在自然环境下泛化到3种新的自然发生的活动中	**归档标准：**目标、维持和自然环境标准全部达标

目标列表

对目标的建议和试探结果

对目标的建议：铅笔，橡皮，纸，书，剪子，蜡笔，胶水，马克笔，颜料和午餐盒
试探结果（已掌握目标）：

目　标	基线%	开始日期	达标日期	消退程序		
				维持阶段	自然环境开始日期	归档日期
1. 目标1（独立项）：						

2. 目标 1(FO2/目标项和 1 个干扰项):						
3. 目标 1(FO3/目标项和 2 个干扰项):						
4. 目标 2(独立项):						
5. 目标 2(FO2/目标项和 1 个干扰项):						
6. 目标 2(FO3/目标项和 2 个干扰项):						
7. 目标 1 和 2:随机转换						
8. 目标 3(独立项):						
9. 目标 3(FO2/目标项和 1 个干扰项):						
10. 目标 3(FO3/目标项和 2 个干扰项):						
11. 目标 4(独立项):						
12. 目标 4(FO2/目标项和 1 个干扰项):						
13. 目标 4(FO3/目标项和 2 个干扰项):						
14. 符合标准的目标:随机转换						
15. 目标 5(独立项):						
16. 目标 5(FO2/目标项和 1 个干扰项):						
17. 目标 5(FO3/目标项和 2 个干扰项):						
18. 目标 6(独立项):						
19. 目标 6(FO2/目标项和 1 个干扰项):						
20. 目标 6(FO3/目标项和 2 个干扰项):						

21. 符合标准的目标：随机转换						
22. 目标 7（独立项）：						
23. 目标 7（FO2/目标项和 1 个干扰项）：						
24. 目标 7（FO3/目标项和 2 个干扰项）：						
25. 目标 8（独立项）：						
26. 目标 8（FO2/目标项和 1 个干扰项）：						
27. 目标 8（FO3/目标项和 2 个干扰项）：						
28. 符合标准的目标：随机转换						
29. 目标 9（独立项）：						
30. 目标 9（FO2/目标项和 1 个干扰项）：						
31. 目标 9（FO3/目标项和 2 个干扰项）：						
32. 目标 10（独立项）：						
33. 目标 10（FO2/目标项和 1 个干扰项）：						
34. 目标 10（FO3/目标项和 2 个干扰项）：						
35. 符合标准的目标：随机转换						
36. 泛化到环境 1：						
37. 泛化到环境 2：						
38. 维持阶段：在不同环境下评估				2W 1W M		

听指令，找到相应的运动/运动器材

等级：□1 □2 □3

S^D： 向受训者呈现 1 张、2 张或 3 张运动图片或运动器材，说“摸一摸 X”“给我 X”“找到 X”或者“指一指 X”	**反应：** 受训者会触摸、递给、找到或者指向特定的运动器材
数据收集：技能习得	**目标标准：**2 个训练师连续 3 天都观察到 80% 或以上的正确回应
材料：多项体育项目、体育用品、体育器械的图片，以及强化物（图片见附赠的 CD）	

消退程序

维持标准：2W = 连续 4 次 100% 完成；1W = 连续 4 次 100% 完成；M = 连续 3 次 100% 完成	**自然环境标准：**目标行为可在自然环境下泛化到 3 种新的自然发生的活动中	**归档标准：**目标、维持和自然环境标准全部达标

目标列表

对目标的建议和试探结果

对目标的建议：足球，头盔，棒球，手套，球拍，篮球，篮筐，足球，球门和游泳
试探结果（已掌握目标）：

目　　标	基线%	开始日期	达标日期	消退程序		
				维持阶段	自然环境开始日期	归档日期
1. 目标 1（独立项）：						
2. 目标 1（FO2/目标项和 1 个干扰项）：						

3. 目标1(FO3/目标项和2个干扰项):						
4. 目标2(独立项):						
5. 目标2(FO2/目标项和1个干扰项):						
6. 目标2(FO3/目标项和2个干扰项):						
7. 目标1和2:随机转换						
8. 目标3(独立项):						
9. 目标3(FO2/目标项和1个干扰项):						
10. 目标3(FO3/目标项和2个干扰项):						
11. 目标4(独立项):						
12. 目标4(FO2/目标项和1个干扰项):						
13. 目标4(FO3/目标项和2个干扰项):						
14. 符合标准的目标:随机转换						
15. 目标5(独立项):						
16. 目标5(FO2/目标项和1个干扰项):						
17. 目标5(FO3/目标项和2个干扰项):						
18. 目标6(独立项):						
19. 目标6(FO2/目标项和1个干扰项):						
20. 目标6(FO3/目标项和2个干扰项):						
21. 符合标准的目标:随机转换						

22. 目标 7(独立项):						
23. 目标 7(FO2/目标项和 1 个干扰项):						
24. 目标 7(FO3/目标项和 2 个干扰项):						
25. 目标 8(独立项):						
26. 目标 8(FO2/目标项和 1 个干扰项):						
27. 目标 8(FO3/目标项和 2 个干扰项):						
28. 符合标准的目标:随机转换						
29. 目标 9(独立项):						
30. 目标 9(FO2/目标项和 1 个干扰项):						
31. 目标 9(FO3/目标项和两 2 干扰项):						
32. 目标 10(独立项):						
33. 目标 10(FO2/目标项和 1 个干扰项):						
34. 目标 10(FO3/目标项和 2 个干扰项):						
35. 符合标准的目标:随机转换						
36. 泛化到环境 1:						
37. 泛化到环境 2:						
38. 维持阶段:在不同环境下评估				2W 1W M		

听指令，找到相应的玩具或图片

等级：□1 □2 □3

S^D： 向受训者呈现1张、2张或3张图片或玩具，说"摸一摸X""给我X""找到X"或者"指一指X"	**反应：** 受训者会摸一摸、递给、找到或者指一指特定的玩具
数据收集：技能习得	**目标标准：**2个训练师连续3天都观察到80%或以上的正确回应
材料：一些常见玩具的卡片、常见玩具及强化物(图片见附赠的CD)	

消退程序

维持标准：2W＝连续4次100%完成；1W＝连续4次100%完成；M＝连续3次100%完成分数	**自然环境标准：**目标行为可在自然环境下泛化到3种新的自然发生的活动中	**归档标准：**目标、维持和自然环境标准全部达标

目标列表

对目标的建议和试探结果

对目标的建议：选择一些在家中现有的玩具，如鼓，小布娃娃，毛绒玩具，汽车，火车，拼图，球，培乐多彩泥
试探结果(已掌握目标)：

目　　标	基线%	开始日期	达标日期	消退程序		
				维持阶段	自然环境开始日期	归档日期
1. 目标1(独立项)：						
2. 目标1(FO2/目标项和1个干扰项)：						

3. 目标 1(FO3/目标项和 2 个干扰项):							
4. 目标 2(独立项):							
5. 目标 2(FO2/目标项和 1 个干扰项):							
6. 目标 2(FO3/目标项和 2 个干扰项):							
7. 目标 1 和 2:随机转换							
8. 目标 3(独立项):							
9. 目标 3(FO2/目标项和 1 个干扰项):							
10. 目标 3(FO3/目标项和 2 个干扰项):							
11. 目标 4(独立项):							
12. 目标 4(FO2/目标项和 1 个干扰项):							
13. 目标 4(FO3/目标项和 2 个干扰项):							
14. 符合标准的目标:随机转换							
15. 目标 5(独立项):							
16. 目标 5(FO2/目标项和 1 个干扰项):							
17. 目标 5(FO3/目标项和 2 个干扰项):							
18. 目标 6(独立项):							
19. 目标 6(FO2/目标项和 1 个干扰项):							
20. 目标 6(FO3/目标项和 2 个干扰项):							
21. 符合标准的目标:随机转换							
22. 目标 7(独立项):							

23. 目标 7（FO2/目标项和 1 个干扰项）：						
24. 目标 7（FO3/目标项和 2 个干扰项）：						
25. 目标 8（独立项）：						
26. 目标 8（FO2/目标项和 1 个干扰项）：						
27. 目标 8（FO3/目标项和 2 个干扰项）：						
28. 符合标准的目标：随机转换						
29. 目标 9（独立项）：						
30. 目标 9（FO2/目标项和 1 个干扰项）：						
31. 目标 9（FO3/目标项和 2 个干扰项）：						
32. 目标 10（独立项）：						
33. 目标 10（FO2/目标项和 1 个干扰项）：						
34. 目标 10（FO3/目标项和 2 个干扰项）：						
35. 符合标准的目标：随机转换						
36. 泛化到环境 1：						
37. 泛化到环境 2：						
38. 维持阶段：在不同环境下评估				2W 1W M		

进行该任务分析的具体建议：

- 可选择的材料包括真实的玩具。受训者总是先认识真实的玩具，再认识图片中的玩具。因此，呈现真实的玩具会提高任务完成率。

听指令，找到相应的交通工具玩具或图片

等级：□1 □2 □3

S^D： 向受训者呈现 1 张、2 张或 3 张图卡或交通工具玩具，说“摸一摸 X”“给我 X”“找到 X”或者“指一指 X”	**反应：** 受训者会摸一摸、递给、找到或者指一指特定的玩具车
数据收集：技能习得	**目标标准：**2 个训练师连续 3 天都观察到 80% 或以上的正确回应
材料：车辆的卡片、玩具车，以及强化物（图片见附赠的 CD）	

消退程序

维持标准：2W = 连续 4 次 100% 完成；1W = 连续 4 次 100% 完成；M = 连续 3 次 100% 完成	**自然环境标准：**目标行为可在自然环境下泛化到 3 种新的自然发生的活动中	**归档标准：**目标、维持和自然环境标准全部达标

目标列表

对目标的建议和试探结果

对目标的建议：卡车，小轿车，箱型车，船，火车，公交车，摩托车，飞机，火箭和自行车
试探结果（已掌握目标）：

目　　标	基线%	开始日期	达标日期	消退程序		
				维持阶段	自然环境开始日期	归档日期
1. 目标 1（独立项）：						

2. 目标 1(FO2/目标项和 1 个干扰项):						
3. 目标 1(FO3/目标项和 2 个干扰项):						
4. 目标 2(独立项):						
5. 目标 2(FO2/目标项和 1 个干扰项):						
6. 目标 2(FO3/目标项和 2 个干扰项):						
7. 目标 1 和 2:随机转换						
8. 目标 3(独立项):						
9. 目标 3(FO2/目标项和 1 个干扰项):						
10. 目标 3(FO3/目标项和 2 个干扰项):						
11. 目标 4(独立项):						
12. 目标 4(FO2/目标项和 1 个干扰项):						
13. 目标 4(FO3/目标项和 2 个干扰项):						
14. 符合标准的目标:随机转换						
15. 目标 5(独立项):						
16. 目标 5(FO2/目标项和 1 个干扰项):						
17. 目标 5(FO3/目标项和 2 个干扰项):						
18. 目标 6(独立项):						
19. 目标 6(FO2/目标项和 1 个干扰项):						
20. 目标 6(FO3/目标项和 2 个干扰项):						

21. 符合标准的目标:随机转换						
22. 目标 7(独立项):						
23. 目标 7(FO2/目标项和 1 个干扰项):						
24. 目标 7(FO3/目标项和 2 个干扰项):						
25. 目标 8(独立项):						
26. 目标 8(FO2/目标项和 1 个干扰项):						
27. 目标 8(FO3/目标项和 2 个干扰项):						
28. 符合标准的目标:随机转换						
29. 目标 9(独立项):						
30. 目标 9(FO2/目标项和 1 个干扰项):						
31. 目标 9(FO3/目标项和 2 个干扰项):						
32. 目标 10(独立项):						
33. 目标 10(FO2/目标项和 1 个干扰项):						
34. 目标 10(FO3/目标项和 2 个干扰项):						
35. 符合标准的目标:随机转换						
36. 泛化到环境 1:						
37. 泛化到环境 2:						
38. 维持阶段:在不同环境下评估				2W 1W M		

接受一步指令

等级:□1 □2 □3

S^D: 给予一步口头指令(如拍手、起立等)	**反应:** 受训者会遵循指令
数据收集:技能习得	**目标标准:**2 个训练师连续 3 天都观察到 80% 或以上的正确回应
材料:强化物	

消退程序

维持标准:2W = 连续 4 次 100% 完成;1W = 连续 4 次 100% 完成;M = 连续 3 次 100% 完成	**自然环境标准:**目标行为可在自然环境下泛化到 3 种新的自然发生的活动中	**归档标准:**目标、维持和自然环境标准全部达标

目标列表

对目标的建议和试探结果

对目标的建议:起立,转身,坐下,给我,跳,拍手,飞吻,给我个拥抱,跟我击掌,关门,开门,过来,放在架子上,捡起来,拿到(X),扔掉
试探结果(已掌握目标):

目标	基线%	开始日期	达标日期	消退程序		
				维持阶段	自然环境开始日期	归档日期
1. 目标 1:						
2. 目标 2:						
3. 目标 1 和 2:随机转换						

4. 目标 3：						
5. 目标 4：						
6. 已达成的目标:随机转换						
7. 目标 5：						
8. 目标:6：						
9. 已达成的目标:随机转换						
10. 目标 7：						
11. 目标 8：						
12. 已达成的目标:随机转换						
13. 目标 9：						
14. 目标 10：						
15. 已达成的目标:随机转换						
16. 泛化到环境 1：						
17. 泛化到环境 2：						
18. 维持阶段:在不同环境下评估				2W 1W M		

第 13 章　表达性语言技能的任务分析

- ▶ 手势沟通
- ▶ 沟通诱导的手势交流
- ▶ 获得成人的关注
- ▶ 图片交换沟通系统(阶段 1:以物换物)
- ▶ 图片交换沟通系统(阶段 2:增加距离)
- ▶ 图片交换沟通系统(阶段 3A:分辨高度喜欢的物品和干扰物的图片)
- ▶ 图片交换沟通系统(阶段 3B:在喜欢的图片中进行识别)
- ▶ 图片交换沟通系统(阶段 4:句带)
- ▶ 图片交换沟通系统(阶段 5:对问题“你想要什么?”作出回应)
- ▶ 图片交换沟通系统(阶段 6:评论)
- ▶ 言语模仿
- ▶ 命名动作
- ▶ 命名动物
- ▶ 命名动物叫声
- ▶ 命名身体部位
- ▶ 命名衣物
- ▶ 命名自然环境中的物体
- ▶ 命名自然环境中听到的声音
- ▶ 命名熟悉的人物
- ▶ 命名食物和饮料
- ▶ 命名生活用品
- ▶ 命名家具
- ▶ 命名休闲物品和活动
- ▶ 命名场所
- ▶ 命名方位介词
- ▶ 命名学习用品
- ▶ 命名运动器材
- ▶ 命名玩具
- ▶ 命名交通工具
- ▶ 提出简单的要求
- ▶ 回应打招呼和告别
- ▶ 主动打招呼和告别
- ▶ 语言互动中穿插歌曲或游戏中配合动作
- ▶ 根据“动物”“物品”或“人物”回答简单的是/否问题
- ▶ 对想要的物品和玩具回答简单的是/否问题
- ▶ 回答简单的社交问题

手势交流

等级：□1 □2 □3

S^D： A. 示范一个基本的手势，说"这样做" B. 说"做 XX 给我看"（如"做不的手势"或"做过来的手势"） C. 示范一个手势，并问"这是什么意思？"	**反应：** A. 受训者通过模仿手势作出回应 B. 受训者能够展示该手势 C. 受训者能够对该手势进行命名
数据收集：技能习得	**目标标准：**2 个训练师连续 3 天都观察到 80% 或以上的正确回应
材料：强化物	

消退程序

维持标准：2W = 连续 4 次 100% 完成；1W = 连续 4 次 100% 完成；M = 连续 3 次 100% 完成	**自然环境标准：**目标行为可在自然环境下泛化到 3 种新的自然发生的活动中	**归档标准：**目标、维持和自然环境标准全部达标

目标列表

对目标的建议和试探结果

对目标的建议：摇头表示"不"，点头表示"是的"，举起手臂表示"抱着我"，用特定的手势表示"全部完成""更多"和"帮助"，挥手表示"你好/再见"，伸手表示"给我"，招手表示"过来"，伸开手臂表示"停止"
试探结果（已掌握目标）：

目　标	基线%	开始日期	达标日期	消退程序		
				维持阶段	自然环境开始日期	归档日期
1. S^DA 目标 1：						
2. S^DA 目标 2：						

3. 目标 1 和 2:随机转换						
4. S^DA 目标 3:						
5. S^DA 目标 4:						
6. 已达成的目标:随机转换						
7. S^DA 目标 5:						
8. S^DA 目标 6:						
9. 已达成的目标:随机转换						
10. S^DA 目标 7:						
11. S^DA 目标 8:						
12. 已达成的目标:随机转换						
13. S^DA 目标 9:						
14. S^DA 目标 10:						
15. 已达成的目标:随机转换						
16. 泛化到环境 1:						
17. 泛化到环境 2:						
18. 维持阶段:在不同环境下评估				2W 1W M		
19. S^DB 目标 1:						
20. S^DB 目标 2:						
21. 目标 1 和 2:随机转换						

22. S^DB 目标 3：						
23. S^DB 目标 4：						
24. 已达成的目标：随机转换						
25. S^DB 目标 5：						
26. S^DB 目标 6：						
27. 已达成的目标：随机转换						
28. S^DB 目标 7：						
29. S^DB 目标 8：						
30. 已达成的目标：随机转换						
31. S^DB 目标 9：						
32. S^DB 目标 10：						
33. 已达成的目标：随机转换						
34. 泛化到环境 1：						
35. 泛化到环境 2：						
36. 维持阶段：在不同环境下评估				2W 1W M		
37. S^DC 目标 1：						
38. S^DC 目标 2：						
39. 目标 1 和 2：随机转换						
40. S^DC 目标 3：						

41. S^DC 目标 4：						
42. 已达成的目标：随机转换						
43. S^DC 目标 5：						
44. S^DC 目标 6：						
45. 已达成的目标：随机转换						
46. S^DC 目标 7：						
47. S^DC 目标 8：						
48. 已达成的目标：随机转换						
49. S^DC 目标 9：						
50. S^DC 目标 10：						
51. 已达成的目标：随机转换						
52. 泛化到环境 1：						
53. 泛化到环境 2：						
54. 维持阶段：在不同环境下评估				2W 1W M		

进行该任务分析的具体建议：

- 确保已教授受训者这项任务分析所需的基本技能，例如：安坐，粗大动作模仿，精细动作模仿，以及听懂需接受的指令（一步指令）。

沟通诱导的手势交流

等级：□1 □2 □3

S^D： 创设一个可控情况，要求受训者主动发起一个动作来表达需求的动作或物品（如：拿着果汁盒子要求受训者表示想要“喝果汁”）	**反应：** 受训者能够通过正确的姿势作出回应
数据收集：辅助数据（辅助次数与类型）	**目标标准：**2 个训练师连续 3 天都观察到零辅助完成的回应
材料：喜欢的实物、活动和强化物	

消退程序

维持标准：2W＝连续 4 次零辅助完成；1W＝连续 4 次零辅助完成；M＝连续 3 次零辅助完成	**自然环境标准：**目标行为可在自然环境下泛化到 3 种新的自然发生的活动中	**归档标准：**目标、维持和自然环境标准全部达标

目标列表

对目标的建议和试探结果

对目标的建议：请求喜欢的玩具（把喜欢的玩具放在远处），缺失的事物（例如：浴缸中缺水），请求喜欢的食物，请求喜欢的饮料，请求需要更多东西，请求帮忙，请求最喜欢的事物、活动、游戏或令其愉悦的东西
试探结果（已掌握目标）：

目　标	基线：辅助次数与类型	开始日期	达标日期	消退程序		
				维持阶段	自然环境开始日期	归档日期
1. 目标 1：						
2. 目标 2：						

3. 已达成的目标：随机转换						
4. 目标 3：						
5. 目标 4：						
6. 已达成的目标：随机转换						
7. 目标 5：						
8. 目标 6：						
9. 已达成的目标：随机转换						
10. 目标 7：						
11. 目标 8：						
12. 已达成的目标：随机转换						
13. 目标 9：						
14. 目标 10：						
15. 已达成的目标：随机转换						
16. 泛化到环境 1：						
17. 泛化到环境 2：						
18. 维持阶段：在不同环境下评估				2W 1W M		

进行该任务分析的具体建议：

- 确保已教授这项任务分析所需基本技能，例如，参与活动的能力，粗大动作模仿，精细动作模仿，听懂需接受的指令（一步指令）和多种注意力。
- 确保在每个目标中都有随机轮换的材料。例如，当创设一个要求受训者表达喝水需求的情景时，要使用受训者喜欢的各种饮料，如果汁、牛奶、水等等。

获得成人的关注

等级：□1 □2 □3

S^D： 当拿着一个受训者喜欢的项目，或受训者完成一个项目，说“让我们把它展示给[XX]”。例如，拿起受训者画的画时，说“我们把这个展示给妈妈”	**反应：** 受训者可以轻拍成人的肩膀或胳膊，或者叫他们的名字以获得成人的注意
数据收集：辅助数据（辅助次数与类型）	**目标标准：**2 个训练师连续 3 天都观察到零辅助完成
材料：喜欢的事物、活动和强化物	

消退程序

维持标准：2W＝连续 4 次零辅助完成；1W＝连续 4 次零辅助完成；M＝连续 3 次零辅助完成	**自然环境标准：**目标行为可在自然环境下泛化到 3 种新的自然发生的活动中	**归档标准：**目标、维持和自然环境标准全部达标

目标列表

对目标的建议和试探结果

对目标的建议：目标是不同的人：妈妈，爸爸，奶奶，爷爷，兄弟姐妹，阿姨，叔叔，邻居，同伴，教师。建议呈现的物品：自己画的画，玩具，自己搭的积木，完成迷宫，艺术作品，自己写的数字或字母，自己完成的涂色作品
试探结果（已掌握目标）：

目　　标	基线：辅助次数与类型	开始日期	达标日期	消退程序		
				维持阶段	自然环境开始日期	归档日期
1. 目标 1：						
2. 目标 2：						
3. 已达成的目标：随目标机转换						

4. 目标 3：						
5. 目标 4：						
6. 已达成的目标：随机转换						
7. 目标 5：						
8. 目标 6：						
9. 已达成的目标：随机转换						
10. 目标 7：						
11. 目标 8：						
12. 已达成的目标：随机转换						
13. 目标 9：						
14. 目标 10：						
15. 已达成的目标：随机转换						
16. 泛化到环境 1：						
17. 泛化到环境 2：						
18. 维持阶段：在不同环境下评估				2W 1W M		

进行该任务分析的具体建议：

- 确保已教授这项任务分析所需的基本技能，获得成人关注的技能包括：遵从指令，能够参与粗大动作的身体调节能力（即拍打手臂，走路，或走向一个人）。
- 在完成教学示范后要记得消退辅助。对于独立反应，或在较小辅助下就作出反应的行为要予以差别强化。
- 该项目最好在治疗室中进行，然后再泛化到其他房间，执行这个方案时，要有家长中的一人或一个成年人在治疗室中与受训者背向而坐，以给予受训者接触成人的机会，并获得他们的关注。

图片交换沟通系统（阶段 1：以物换物）

等级：□1 □2 □3

S^D： 向受训者呈现他喜欢的物品，并放一张该物品的图片在受训者面前	**反应：** 受训者将会拿起他们喜欢物品的图片，然后与交流对象交换获得喜欢的物品
数据收集：技能习得	**目标标准：**2 个训练师连续 3 天都观察到 80% 或以上的正确回应
材料：喜欢的图片，喜欢的物品和强化物	

消退程序

维持标准：2W = 连续 4 次 100% 完成；1W = 连续 4 次 100% 完成；M = 连续 3 次 100% 完成	**自然环境标准：**目标行为可在自然环境下泛化到 3 种新的自然发生的活动中	**归档标准：**目标、维持和自然环境标准全部达标

目标列表

对目标的建议和试探结果

对目标的建议：喜欢的饮料，食品，零食，玩具，活动，休闲项目或愉悦的项目
试探结果（已掌握目标）：

目　标	基线%	开始日期	达标日期	消退程序		
				维持阶段	自然环境开始日期	归档日期
1. 目标 1：						
2. 目标 2：						
3. 已达成的目标：随机转换						

4. 目标 3：						
5. 目标 4：						
6. 已达成的目标：随机转换						
7. 目标 5：						
8. 目标 6：						
9. 已达成的目标：随机转换						
10. 目标 7：						
11. 目标 8：						
12. 已达成的目标：随机转换						
13. 目标 9：						
14. 目标 10：						
15. 已达成的目标：随机转换						
16. 泛化到环境 1：						
17. 泛化到环境 2：						
18. 维持阶段：在不同环境下评估				2W 1W M		

进行该任务分析的具体建议：

- 在项目开始之前，需要做偏好评估来确定受训者喜欢的物品，从而使受训者能够产生通过选择图片来获取该物品的动机。
- 此阶段的图片选择只有一项（不设干扰项）。辨别性训练则放在 PECS（Bondy and Frost 2002）的后续阶段。
- 受训者能够主动发起图片交换。即，不要伸手向受训者要图片，而要让受训者主动开始交换。因为伸手对受训者来讲是一个手势辅助。
- 对于实施图片交换沟通系统的具体细节请参阅 PECS 培训手册（Bondy and Frost 2002）。

图片交换沟通系统(阶段 2:增加距离)

等级:□1 □2 □3

S^D: 在受训者面前的沟通板上放上他喜欢的事物的图片,站在与受训者不同距离的位置上展示他们喜欢的事物	**反应:** 受训者能够从沟通板上取下他们喜欢事物的图片,引起沟通伙伴的注意,并用图片换取喜欢的物品
数据收集:技能习得	**目标标准:**2 个训练师连续 3 天都观察到 80% 或以上的正确回应
材料:喜欢物品的图片,喜欢的物品,强化物	

消退程序

维持标准:2W = 连续 4 次 100% 完成;1W = 连续 4 次 100% 完成;M = 连续 3 次 100% 完成	**自然环境标准:**目标行为可在自然环境下泛化到 3 种新的自然发生的活动中	**归档标准:**目标、维持和自然环境标准全部达标

目标列表

对目标的建议和试探结果

对目标的建议:喜欢的饮料,食品,零食,玩具,活动,休闲项目或愉悦的项目
试探结果(已掌握目标):

目　标	基线%	开始日期	达标日期	消退程序		
				维持阶段	自然环境开始日期	归档日期
1. 目标 1:受训者能够与 30 厘米外的沟通对象进行图片交换						

2. 目标 2:受训者能够与 60 厘米外的沟通对象进行图片交换						
3. 目标 3:受训者能够与 120 厘米外的沟通对象进行图片交换						
4. 目标 4:受训者能够与 180 厘米外的沟通对象进行图片交换						
5. 目标 5:受训者能够与 240 厘米外的沟通对象进行图片交换						
6. 目标 6:受训者能够与房间尽头的沟通者进行图片交换						
7. 目标 7:与屋外的沟通者进行图片交换						
8. 目标 8:受训者从距离 30 厘米的沟通板上拿到图片,然后与房间尽头的沟通者进行图片交换						
9. 目标 9:受训者从距离 60 厘米的沟通板上拿到图片,然后与房间尽头的沟通者进行图片交换						
10. 目标 10:受训者从距离 120 厘米的沟通板上拿到图片,然后与房间尽头的沟通者进行图片交换						
11. 目标 11:受训者从距离 180 厘米的沟通板上拿到图片,然后与房间尽头的沟通者进行图片交换						

12. 目标 12：受训者从距离 240 厘米的沟通板上拿到图片，然后与房间尽头的沟通者进行图片交换						
13. 目标 13：受训者从房间尽头的沟通板上拿到图片，然后与房间尽头的沟通者进行图片交换						
14. 目标 14：受训者从房间尽头的沟通板上取下图片，然后与房间尽头的沟通者进行图片交换						
15. 泛化到环境 1：						
16. 泛化到环境 2：						
17. 维持阶段：在不同环境下评估				2W 1W M		

进行该任务分析的具体建议：

- 在项目开始之前，需要做偏好评估来确定受训者喜欢的事物，从而使受训者能够产生通过选择图片来获取该事物的动机。
- 此阶段的图片选择只设一项（不设干扰项）。辨别性训练则放在 PECS（Bondy and Frost 2002）的后续阶段。
- 受训者能够主动发起图片交换。即，不要伸手向受训者要图片，而要让受训者主动开始交换。因为伸手对受训者来讲是一个手势辅助。
- 对于实施图片交换沟通系统的具体细节请参阅 PECS 培训手册（Bondy and Frost 2002）。

图片交换沟通系统（阶段 3A：分辨高度喜欢的物品和干扰物的图片）

等级：□1 □2 □3

S^D： 在受训者面前的沟通板上放上喜欢事物的图片和一个干扰物的图片，展示他们喜欢的事物（例如：沟通板上放上饮料盒的图片和鞋子的图片，手里拿着饮料盒）	**反应：** 受训者能够选取喜欢事物的图片与沟通者换取相应物品
数据收集：技能习得	**目标标准：**2 个训练师连续 3 天都观察到 80% 或以上的正确回应
材料：喜欢的物品和物品图片，干扰项图片，强化物	

消退程序

2W＝连续 4 次零辅助完成；1W＝连续 4 次零辅助完成；M＝连续 3 次零辅助完成	**自然环境标准：**目标行为可在自然环境下泛化到 3 种新的自然发生的活动中	**归档标准：**目标、维持和自然环境标准全部达标

目标列表

对目标的建议和试探结果

对目标的建议：喜欢的饮料，食品，零食，玩具，活动，休闲项目或愉悦的项目
试探结果（已掌握目标）：

目　　标	基线％	开始日期	达标日期	消退程序		
				维持阶段	自然环境开始日期	归档日期
1. 目标 1：						
2. 目标 2：						

3. 已达成的目标:随机转换						
4. 目标 3:						
5. 目标 4:						
6. 已达成的目标:随机转换						
7. 目标 5:						
8. 目标 6:						
9. 已达成的目标:随机转换						
10. 目标 7:						
11. 目标 8:						
12. 已达成的目标:随机转换						
13. 目标 9:						
14. 目标 10:						
15. 已达成的目标:随机转换						
16. 泛化到环境 1:						
17. 泛化到环境 2:						
18. 维持阶段:在不同环境下评估				2W 1W M		

进行该任务分析的具体建议:

- 在项目开始之前,需要做偏好评估来确定受训者喜欢的事物,从而使受训者能够产生通过选择图片来获取该事物的积极性。
- 这一阶段的训练师要紧挨受训者坐,目标是教会受训者区辨,而不是像阶段 2 中寻找训练师(因此,这一阶段只需要 1 名训练师)。
- 如果受训者拿了干扰图片(而不是喜欢物品的图片),请按照 PECS 概述的四步错误矫正程序执行(Bondy and Frost 2002)。包括:示范、辅助、延迟、重复。

  ①示范:指出正确的图片。

  ②辅助:伸开手靠近正确的图片(或朝向正确图片做个手势辅助)。

  ③如果受训者拿到了正确的图片,给予表扬,但是不要给他相关的物品。给受训者发一个他已经掌握的指令(即,“这样做”的模仿回合),几秒钟之后,让受训者的注意力从图片上转移,这样我们强化的不是在辅助下作出的反应。

  ④重复:呈现 PECS 的图片活页夹,重复这一过程。如果受训者做对了,则给他相应的奖品和表扬。
- 如果在错误矫正环节中,受训者继续出错,则重复上面的错误矫正程序(使用积极评价,以免受训者失去积极性)。如果继续出错,则拿走干扰项,只摆放他喜欢的图片,以成功结束该回合。
- 在错误矫正环节之前,无论受训者给出的是哪张图片,都把相应的物品还给他。
- 开始这个项目之前,干扰图片应该是受训者不喜欢的物品,以使他们容易区分。例如,饮料/床(Bondy and Frost 2002)。
- 当受训者有识别能力后,干扰图片应该换成受训者喜欢的其他物品(见下一个阶段目标,PECS 3B)(Bondy and Frost 2002)。
- 受训者应该主动发起图片交换(即,不要伸手向受训者要图片,而要等受训者主动开始交换,因为伸手对受训者来说是一个手势辅助)。
- 对于实施图片交换沟通系统的具体细节请参阅 PECS 培训手册(Bondy and Frost 2002)。

图片交换沟通系统(阶段 3B:在喜欢的图片中进行识别)

等级:□1 □2 □3

S^D: 在受训者面前的沟通板上放上喜欢的物品图片。同时将相应的图片物品展示在受训者面前(如,拿 1 瓶饮料、1 袋薯片,并把饮料和薯片的图片放在沟通板上)	**反应:** 受训者能够选取想要物品的图片,与沟通对象进行交换以得到实物
数据收集:技能习得	**目标标准:**2 个训练师连续 3 天都观察到 80% 或以上的正确回应
材料:喜欢的物品图片,喜欢的物品,强化物	

消退程序

维持标准:2W = 连续 4 次 100% 完成;1W = 连续 4 次 100% 完成;M = 连续 3 次 100% 完成	**自然环境标准:**目标行为可在自然环境下泛化到 3 种新的自然发生的活动中	**归档标准:**目标、维持和自然环境标准全部达标

目标列表

对目标的建议和试探结果

对目标的建议:喜欢的饮料,食品,零食,玩具,活动,休闲项目或愉悦的项目
试探结果(已掌握目标):

目　　标	基线%	开始日期	达标日期	消退程序		
				维持阶段	自然环境开始日期	归档日期
1. 目标 1:						
2. 目标 2:						

3. 已达成的目标:随机转换						
4. 目标 3:						
5. 目标 4:						
6. 已达成的目标:随机转换						
7. 目标 5:						
8. 目标 6:						
9. 已达成的目标:随机转换						
10. 目标 7:						
11. 目标 8:						
12. 已达成的目标:随机转换						
13. 目标 9:						
14. 目标 10:						
15. 已达成的目标:随机转换						
16. 泛化到环境 1:						
17. 泛化到环境 2:						
18. 维持阶段:在不同环境下评估				2W 1W M		

进行该任务分析的具体建议:

- 这个阶段的训练要紧挨着受训者坐。目标是教会受训者在同样喜欢的事物间做出区分,而不是像阶段 2 中的让受训者找到沟通伙伴。因此,此阶段的训练只需要 1 名训练师(Bondy and Frost 2002)。

- 按照 PECS 培训手册中的条目进行一致性行为的检核,以确保受训者能够在 2 个同样喜欢的事物间做出区分。
- 在沟通手册中放 2 项受训者都喜欢的物品图片,并将实物盘呈现给他们并示意其选择。
- 如果受训者选择想要事物的图片,则把实物盘呈现给他们并示意拿取物品。
- 如果受训者所拿的实物与图片相符,则给其相应的物品,并给予表扬。
- 如果受训者选择了错误物品,与喜欢物品的图片不一致,则阻挡他们拿去物品并启动错误矫正程序。
- 如果受训者拿了干扰图片(而不是喜欢物品的图片),请按照 PECS 概述的 4 步错误矫正程序执行(Bondy and Frost 2002)。错误矫正程序包括:示范、辅助、延迟、重复。

①示范:指出正确的图片。

②辅助:伸出手掌靠近正确的图片(或朝向正确图片做个手势辅助)。

③如果受训者拿到了正确的图片,给予赞扬,但是不要给他相关的物品。给受训者一个项目表中的指令(例如,“这样做”),几秒钟之后,让受训者的注意力从图片上转移,这样就不会强化辅助下的反应。

④重复:呈现 PECS 的图片活页夹,重复实训过程。如果受训者做对了,则给他相应的物品并给予表扬。

- 在纠错环节中,如果受训者继续出错,则重复上面的纠错程序(要使用积极评价以免受训者失去积极性和继续尝试的动机)。如果仍然出错,则拿走干扰项,只摆放正确的(他喜欢的)图片,直到出现成功记录。
- 在纠错程序之前,无论受训者想首先交换哪个图片,都可以给他相应的物品。在此阶段,扩充受训者喜欢条目的数量很重要,这样受训者可以学习从一堆图片中进行分辨,一旦受训者可以对 5 张喜欢的图片进行分辨,则开始教他从他手中的沟通手册中拿走喜欢的图片(开始放置 2 张他喜欢的图片,然后逐渐增加可选项的数量)。等受训者能够翻开自己的手册,扫视一组 5 个图片并将目光落定在首选项上,则可以进入 PECS(Bondy and Frost 2002)的下一阶段。
- 对于实施图片交换沟通系统的具体细节请参阅 PECS 培训手册(Bondy and Frost 2002)。

图片交换沟通系统(阶段4:句带)

等级:□1 □2 □3

S^D: 在受训者面前放置PECS(Bondy and Frost 2002)活页手册,训练师手持受训者喜欢的物品	**反应:** 受训者能够拿起“我想要”的图片和强化物的图片放在句带上,与沟通者交换物品
数据收集:辅助数据(辅助次数与类型)	**目标标准:**2个训练师连续3天都观察到零辅助完成
材料:喜欢事物的图片,喜欢的事物,PECS(Bondy and Frost 2002)活页手册,“我想要”句带,强化物	

消退程序

维持标准:2W=连续4次零辅助完成;1W=连续4次零辅助完成;M=连续3次零辅助完成	**自然环境标准:**目标行为可在自然环境下泛化到3种新的自然发生的活动中	**归档标准:**目标、维持和自然环境标准全部达标

目标列表

对目标的建议和试探结果

对目标的建议:喜欢的饮料,食品,零食,玩具,活动,休闲项目或愉悦的项目
试探结果(已掌握目标):

目　标	基线:辅助数据与类型	开始日期	达标日期	消退程序		
				维持阶段	自然环境开始日期	归档日期
1. 目标1:受训者把句带给沟通伙伴						
2. 目标2:受训者从PECS沟通本中拿出句带给沟通对象						

3. 目标 3：受训者把强化物的图片放在句带上给沟通对象						
4. 目标 4：受训者从 PECS 沟通本中拿出强化物的图片（强化物），放在句带上						
5. 目标 5：受训者把“我想要”和强化物的图片放在句带上交给沟通对象						
6. 目标 6：受训者从 PECS 沟通本中拿出“我想要”和强化物的图片放在句带上交给沟通对象						
7. 目标 7：再次把 PECS（Bondy and Frost 2002）活页手册给受训者，并重复进行目标 6 的所有步骤						
8. 泛化到环境 1：						
9. 泛化到环境 2：						
10. 维持阶段：在不同环境下评估				2W 1W M		

进行该任务分析的具体建议：

- 确保已教授这项任务分析的相关技能。例如，熟练掌握 PECS 1 ~ 3B 阶段的技能。
- 使用不同颜色的句带，与 PECS（Bondy and Frost 2002）沟通本相区别，以帮助受训者区分两者。
- “我想要”的卡片可以用一张类似于 PECS（Bondy and Frost 2002）手册中图片大小的纸来打印或手写。并要裁剪成合适的大小以能够放入句带中。
- 对于实施图片交换沟通系统的具体细节请参阅 PECS（Bondy and Frost 2002）培训手册。
- 要确保受训者学会请求他想要的物品，无论这个物品有没有呈现在他面前。
- 该阶段结束后，受训者至少能够在交流板上区分并使用 20 张以上的图片。

图片交换沟通系统(阶段 5:对问题“你想要什么?”作出回应)

等级:□1 □2 □3

S^D: 向受训者提问:“你想要什么?”	**反应:** 受训者能够拿起“我想要”的图片和强化物的图片放在句带上,与沟通者交换物品
数据收集:技能习得	**目标标准:**2 个训练师连续 3 天都观察到 80% 或以上的正确回应
材料:喜欢物品的图片,喜欢的物品,PECS(Bondy and Frost 2002)活页手册,“我想要”图片,句带和强化物	

消退程序

维持标准:2W = 连续 4 次 100% 完成;1W = 连续 4 次 100% 完成;M = 连续 3 次 100% 完成	**自然环境标准:**目标行自然环境下为可在泛化到 3 种新的自然发生的活动中	**归档标准:**目标、维持和自然环境标准全部达标

目标列表

对目标的建议和试探结果

对目标的建议:喜欢的饮料,食品,零食,玩具,活动,休闲项目或愉悦的项目
试探结果(已掌握目标):

目　标	基线%	开始日期	达标日期	消退程序		
				维持阶段	自然环境开始日期	归档日期
1. 目标 1:						
2. 目标 2:						
3. 已达成的目标:随机转换						

4. 目标 3：						
5. 目标 4：						
6. 已达成的目标：随机转换						
7. 目标 5：						
8. 目标 6：						
9. 已达成的目标：随机转换						
10. 目标 7：						
11. 目标 8：						
12. 已达成的目标：随机转换						
13. 目标 9：						
14. 目标 10：						
15. 已达成的目标：随机转换						
16. 泛化到环境 1：						
17. 泛化到环境 2：						
18. 维持阶段：在不同环境下评估				2W 1W M		

进行该任务分析的具体建议：

- 确保已教授这项任务分析的相关技能。例如，熟练掌握 PECS（Bondy and Frost 2002）1 ~4 阶段的技能。
- 这是 PECS（Bondy and Frost 2002）训练程序中第一次让受训者对口头指令作出反应。
- 应创造相应的机会以方便受训者使用 PECS 活页手册来对“你想要什么？”作出回应。例如，将强化物放到受训者伸手能够拿到的地方。
- 对于实施图片交换沟通系统的具体细节请参阅 PECS（Bondy and Frost 2002）培训手册。

图片交换沟通系统（阶段 6：评论）

等级：□1 □2 □3

S^D： 向受训者提问："你看到了什么？"或"你听到了什么？"等	**反应：** 受训者能够拿出与所提问题相等的图片，并与正确的句首表达卡一同放到句带中，进而用句带与沟通伙伴交换（如，当提问"你听到什么"时，受训者能够把"我听到"的卡片放到句带上并选取能代表他听到事物的图片（如，敲铃）
数据收集：技能习得	**目标标准：**2 个训练师连续 3 天都观察到 80% 或以上的正确回应
材料：喜欢物品的图片，喜欢的物品，PECS（Bondy and Frost 2002）活页手册，各种句首图片（例如，"我听见""我看见"等）和强化物	

消退程序

维持标准：2W = 连续 4 次 100% 完成；1W = 连续 4 次 100% 完成；M = 连续 3 次 100% 完成	**自然环境标准：**目标行为可在自然环境下泛化到 3 种新的自然发生的活动中	**归档标准：**目标、维持和自然环境标准全部达标

目标列表

对目标的建议和试探结果

对目标的建议："你想要什么？""你看到什么？""你有什么""你听到什么？""这是什么？"
试探结果（已掌握目标）：

目　标	基线%	开始日期	达标日期	消退程序		
				维持阶段	自然环境开始日期	归档日期
1. 目标 1：						
2. 目标 2：						
3. 已达成的目标：随机转换						

4. 目标 3：						
5. 目标 4：						
6. 已达成的目标：随机转换						
7. 目标 5：						
8. 目标 6：						
9. 已达成的目标：随机转换						
10. 目标 7：						
11. 目标 8：						
12. 已达成的目标：随机转换						
13. 目标 9：						
14. 目标 10：						
15. 已达成的目标：随机转换						
16. 泛化到环境 1：						
17. 泛化到环境 2：						
18. 维持阶段：在不同环境下评估				2W 1W M		

进行该任务分析的具体建议：

- 确保已教授这项任务分析的相关技能。例如，熟练掌握 PECS（Bondy and Frost 2002）1 ~ 5 阶段的技能。
- 在这一阶段，受训者因正在学习评论一个有趣的环境事件或某项需要/欲望，而需要社交强化、环境强化、有形强化或直接强化。
- 在这个阶段要用“延迟辅助”策略来引导受训者对每个新问题作出反应。
- 采用差异训练来引导受训者识别不同的句首表达，“我要”“我看见”“我听见”“我有”“这是……”。
- 对于实施图片交换沟通系统的具体细节请参阅 PECS（Bondy and Frost 2002）培训手册。

言语模仿

等级：□1 □2 □3

S^D： 让受训者模仿发音（元音、辅音、混音等）	**反应：** 受训者能够模仿发音
数据收集：技能习得	**目标标准：**2 个训练师连续 3 天都观察到 80% 或以上的正确回应
材料：强化物	

消退程序

维持标准：2W = 连续 4 次 100% 完成；1W = 连续 4 次 100% 完成；M = 连续 3 次 100% 完成	**自然环境标准：**目标行为可在自然环境下泛化到 3 种新的自然发生的活动中	**归档标准：**目标、维持和自然环境标准全部达标

目标列表

对目标的建议和试探结果

对目标的建议：基础元音（ah、ooo、eee），基础的辅音（m、b、d、p），复杂的辅音（w、t、n、h），拼读音（ma、aw、er、th、ba、da），双音节叠音词（mama、dada、bye-bye），双音节音近词（mommy、daddy、baby、cookie）
试探结果（已掌握目标）：

目　标	基线%	开始日期	达标日期	消退程序		
				维持阶段	自然环境开始日期	归档日期
1. 目标 1：						
2. 目标 2：						
3. 目标 1 和 2：随机转换						

4. 目标 3:						
5. 目标 4:						
6. 已达成的目标:随机转换						
7. 目标 5:						
8. 目标 6:						
9. 已达成的目标:随机转换						
10. 目标 7:						
11. 目标 8:						
12. 已达成的目标:随机转换						
13. 目标 9:						
14. 目标 10:						
15. 已达成的目标:随机转换						
16. 泛化到环境 1:						
17. 泛化到环境 2:						
18. 维持阶段:在不同环境下评估				2W 1W M		

进行该任务分析的具体建议:

- 确保已教授这项任务分析的相关技能。例如,能安静地坐下来,粗大动作模仿,精细动作模仿,使用或不使用物体进行口部动作模仿。
- 可以通过镜子使受训者看到其在发音时唇、舌、下巴的动作和位置。
- 如果受训者无法模仿简单的发音,或者学起来很吃力,则考虑教授他们替代性的或扩展性的沟通方式。如 PECS(bondy and Frost 2002)手语或其他沟通方法。
- 如果受训者是先天性失语(几乎无法发音),则考虑设计相应的方案增加受训者的发声(任何能听见的声音),直到受训者开始模仿训练师的声音。
- 有的受训者很难模仿某些发音,如果他们在尝试模仿时出错了,则采用塑造程序帮助他们正音。

命名动作

等级：□1 □2 □3

S^D： 给受训者呈现一个手部动作的图片并说“这是什么?”	**反应：** 受训者能够用语词、PECS(Bondy and Frost 2002)或扩音辅具命名这个图片
数据收集：技能习得	**目标标准：**2 个训练师连续 3 天都观察到 80% 或以上的正确回应
材料：普通动作的图片，强化物(图片能够在配套的 CD 中找到)	

消退程序

维持标准：2W = 连续 4 次 100% 完成；1W = 连续 4 次 100% 完成；M = 连续 3 次 100% 完成	**自然环境标准：**目标行为在自然环境下可泛化到 3 种新的自然发生的活动中	**归档标准：**目标、维持和自然环境标准全部达标

目标列表

对目标的建议和试探结果

对目标的建议：喝水，睡觉，站，跳，吃，鼓掌，挥手，涂色，拥抱，亲吻，游泳，剪纸，骑车，荡秋千，步行，写，玩，踢，吹，倒水，溅，搭建，挖，洗，爬，融化，哭
试探结果(已掌握目标)：

目　　标	基线%	开始日期	达标日期	消退程序		
				维持阶段	自然环境开始日期	归档日期
1. 目标 1：						
2. 目标 2：						
3. 目标 1 和 2：随机转换						
4. 目标 3：						

5. 目标 4:						
6. 已达成的目标:随机转换						
7. 目标 5:						
8. 目标 6:						
9. 已达成的目标:随机转换						
10. 目标 7:						
11. 目标 8:						
12. 已达成的目标:随机转换						
13. 目标 9:						
14. 目标 10:						
15. 已达成的目标:随机转换						
16. 泛化到环境 1:						
17. 泛化到环境 2:						
18. 维持阶段:在不同环境下评估				2W 1W M		

进行该任务分析的具体建议:

- 确保已教授这项任务分析的相关技能。例如,能安静地坐下来,能对接受性指示作出反应。
- 如果受训者完全没有语言,则要首先进行言语模仿训练。
- 从受训者熟练和较容易用图片表示的动作开始(如吃、跳)。
- 如果受训者用图片识别动作有困难,则可以亲自示范(S^D 为"我在做什么?")。

命名动物

等级：□1 □2 □3

S^D： 展示给受训者一个动物的图片或小模具，问他“这是什么？”	**反应：** 受训者能够用语言、PECS（Bondy and Frost 2002）或扩音辅具对图片或模具作出回应
数据收集：技能习得	**目标标准：**2个训练师连续3天都观察到80%或以上的正确回应
材料：动物的图片或模型，强化物（图片见附赠的CD）	

消退程序

维持标准：2W＝连续4次100%完成；1W＝连续4次100%完成；M＝连续3次100%完成	**自然环境标准：**目标行为可在自然环境下泛化到3种新的自然发生的活动中	**归档标准：**目标、维持和自然环境标准全部达标

目标列表

对目标的建议和试探结果

对目标的建议：狗，猫，猪，象，青蛙，熊，马，鸟，兔子，牛，羊，蜜蜂，蛇和鸭子
试探结果（已掌握目标）：

目　标	基线%	开始日期	达标日期	消退程序		
				维持阶段	自然环境开始日期	归档日期
1. 目标1：						
2. 目标2：						
3. 目标1和2：随机转换						
4. 目标3：						

5. 目标 4：						
6. 已达成的目标：随机转换						
7. 目标 5：						
8. 目标 6：						
9. 已达成的目标：随机转换						
10. 目标 7：						
11. 目标 8：						
12. 已达成的目标：随机转换						
13. 目标 9：						
14. 目标 10：						
15. 已达成的目标：随机转换						
16. 泛化到环境 1：						
17. 泛化到环境 2：						
18. 维持阶段：在不同环境下评估				2W 1W M		

进行该任务分析的具体建议：

- 确保已教授这项任务分析的相关技能。例如，能安静地坐下来，能对接受性指示作出反应。
- 如果受训者完全没有语言，则要首先进行口语模仿训练。
- 有的受训者无法掌握语言技能，则要决定教授替代性或扩充性沟通手段的时机［如手语、PECS（Bondy and Frost 2002）或沟通辅具］。
- 在教授命名项目时，先教受训者更感兴趣的，再教强化作用较小的项目。

命名动物叫声

等级：□1 □2 □3

S^D： 给受训者展示一张动物的图片，问他“这个动物怎么叫？”	**反应：** 受训者能够用语言、PECS（Bondy and Frost 2002）或扩音辅具对动物叫声作出反应
数据收集：技能习得	**目标标准：**2 个训练师连续 3 天都观察到 80% 或以上的正确回应
材料：动物的图片，强化物（图片见附赠的 CD）	

消退程序

维持标准：2W = 连续 4 次 100% 完成；1W = 连续 4 次 100% 完成；M = 连续 3 次 100% 完成	**自然环境标准：**目标行为可在自然环境下泛化到 3 种新的自然发生的活动中	**归档标准：**目标、维持和自然环境标准全部达标

目标列表

对目标的建议和试探结果

对目标的建议：狗，猫，猪，青蛙，熊，马，鸟，牛，羊，蜜蜂，蛇和鸭子
试探结果（已掌握目标）：

目　标	基线%	开始日期	达标日期	消退程序		
				维持阶段	自然环境开始日期	归档日期
1. 目标 1：						
2. 目标 2：						
3. 目标 1 和 2：随机转换						
4. 目标 3：						

5. 目标 4：						
6. 已达成的目标：随机转换						
7. 目标 5：						
8. 目标 6：						
9. 已达成的目标：随机转换						
10. 目标 7：						
11. 目标 8：						
12. 已达成的目标：随机转换						
13. 目标 9：						
14. 目标 10：						
15. 已达成的目标：随机转换						
16. 泛化到环境 1：						
17. 泛化到环境 2：						
18. 维持阶段：在不同环境下评估				2W 1W M		

进行该任务分析的具体建议：

- 确保已教授这项任务分析的预备技能。例如，能安静地坐下来，能对接受性指示作出反应。
- 如果受训者完全没有语言，则要首先进行口语模仿训练。
- 在选择动物图片时，确保受训者能够发出相应的声音或近似音（即，如果受训者不能发“n”音或近似的音，则不要求他说“nay”）。
- 该项任务分析的目的是能够命名，而不是确切地发音。因此，近似的发音亦可。

命名身体部位

等级：□1 □2 □3

S^D： 指自己或者受训者身上的一个部位，或呈现一张身体部位的图片，问“这是什么？”	**反应：** 受训者能够用语言、PECS(Bondy and Frost 2002)或扩充辅具来命名身体的特定部位
数据收集：技能习得	**目标标准：**2 个训练师连续 3 天都观察到 80% 或以上的正确回应
材料：身体部位的图片，强化物（图片见附赠的 CD）	

消退程序

维持标准：2W = 连续 4 次 100% 完成；1W = 连续 4 次 100% 完成；M = 连续 3 次 100% 完成	**自然环境标准：**目标行为可在自然环境下泛化到 3 种新的自然发生的活动中	**归档标准：**目标、维持和自然环境标准全部达标

目标列表

对目标的建议和试探结果

对目标的建议：眼睛，耳朵，鼻子，脸，嘴，下巴，眉毛，头，头发，脖子，肩膀，胸，肚子，手臂，手肘，手指，拇指、腿，膝盖，脚和脚趾
试探结果（已掌握目标）：

目　　标	基线%	开始日期	达标日期	消退程序		
				维持阶段	自然环境开始日期	归档日期
1. 目标 1：						
2. 目标 2：						
3. 目标 1 和 2：随机转换						

4. 目标 3：						
5. 目标 4：						
6. 已达成的目标：随机转换						
7. 目标 5：						
8. 目标 6：						
9. 已达成的目标：随机转换						
10. 目标 7：						
11. 目标 8：						
12. 已达成的目标：随机转换						
13. 目标 9：						
14. 目标 10：						
15. 已达成的目标：随机转换						
16. 泛化到环境 1：						
17. 泛化到环境 2：						
18. 维持阶段：在不同环境下评估				2W 1W M		

进行该任务分析的具体建议：

- 确保已教授这项任务分析的预备技能。例如，能安静地坐下来，能对接受性指令作出反应。
- 如果受训者完全没有语言，则要首先进行口语模仿训练。
- 采用多样化的教学素材，如用一个玩偶让受训者指认其身体各部位。

命名衣物

等级：□1 □2 □3

S^D： 给受训者看一张衣服的图片或者拿一件真实的衣服，问“这是什么？”	**反应：** 受训者能够用语言、PECS（Bondy and Frost 2002）或扩充辅具来命名衣物的图片或实物
数据收集：技能习得	**目标标准：**2 个训练师连续 3 天都观察到 80% 或以上的正确回应
材料：衣服类图片，衣服和强化物（图片见附赠的 CD）	

消退程序

维持标准：2W＝连续 4 次 100% 完成；1W＝连续 4 次 100% 完成；M＝连续 3 次 100% 完成	**自然环境标准：**目标行为可在自然环境下泛化到 3 种新的自然发生的活动中	**归档标准：**目标、维持和自然环境标准全部达标

目标列表

对目标的建议和试探结果

对目标的建议：衬衫，短裤，连衣裙，短裙，睡衣，浴衣，短袜，鞋子，内衣，大衣，帽子，手套和围巾
试探结果（已掌握目标）：

目　标	基线%	开始日期	达标日期	消退程序		
				维持阶段	自然环境开始日期	归档日期
1. 目标 1：						
2. 目标 2：						
3. 目标 1 和 2：随机转换						

4. 目标 3：						
5. 目标 4：						
6. 已达成的目标：随机转换						
7. 目标 5：						
8. 目标 6：						
9. 已达成的目标：随机转换						
10. 目标 7：						
11. 目标 8：						
12. 已达成的目标：随机转换						
13. 目标 9：						
14. 目标 10：						
15. 已达成的目标：随机转换						
16. 泛化到环境 1：						
17. 泛化到环境 2：						
18. 维持阶段：在不同环境下评估				2W 1W M		

进行该任务分析的具体建议：

- 确保已教授这项任务分析的预备技能。例如，安静地坐下来，能对接受性指令作出反应。
- 如果受训者完全没有语言，则要首先进行口语模仿训练。
- 有些受训者难以获得语言技能，则确定采用扩充性或替代性交流的时机，如手语、PECS（Bondy and Frost 2002）或其他沟通辅具。
- 在选择教授的衣物时，要考虑到文化因素，看采用的衣服是否为受训者所接受的文化教育背景下的代表性衣物，用这些衣服及其他流行服饰进行教学。

命名自然环境中的物体

等级：□1 □2 □3

S^D： 给受训者看一张自然界物体的图片（如树），然后问"这是什么？"	**反应：** 受训者能够用语言、PECS（Bondy and Frost 2002）或扩充辅具来命名这些图片或实物
数据收集：技能习得	**目标标准：**2 个训练师连续 3 天都观察到 80% 或以上的正确回应
材料：自然界物体的图片和强化物（图片见附赠的 CD）	

消退程序

维持标准：2W＝连续 4 次 100% 完成；1W＝连续 4 次 100% 完成；M＝连续 3 次 100% 完成	**自然环境标准：**目标行为可在自然环境下泛化到 3 种新的自然发生的活动中	**归档标准：**目标、维持和自然环境标准全部达标

目标列表

对目标的建议和试探结果

对目标的建议：树，云，草，花，太阳，石头，泥土，山，河流，月亮，彩虹和树叶
试探结果（已掌握目标）：

目　　标	基线％	开始日期	达标日期	消退程序		
				维持阶段	自然环境开始日期	归档日期
1. 目标 1：						
2. 目标 2：						
3. 目标 1 和 2：随机转换						

4. 目标 3：						
5. 目标 4：						
6. 已达成的目标：随机转换						
7. 目标 5：						
8. 目标 6：						
9. 已达成的目标：随机转换						
10. 目标 7：						
11. 目标 8：						
12. 已达成的目标：随机转换						
13. 目标 9：						
14. 目标 10：						
15. 已达成的目标：随机转换						
16. 泛化到环境 1：						
17. 泛化到环境 2：						
18. 维持阶段：在不同环境下评估				2W 1W M		

进行该任务分析的具体建议：

- 确保已教授这些任务分析的预备技能。例如，能安坐，能对接受性指令作出一定反应。

命名自然环境中听到的声音

等级：□1 □2 □3

S^D： 给受训者听一种环境声音，然后问“你听到了什么？”	**反应：** 受训者能够通过语言、PECS（Bondy and Frost 2002）或扩充辅具来标记听到的声音
数据收集：技能习得	**目标标准：**2 个训练师连续 3 天都观察到 80% 或以上的正确回应
材料：制造环境声音的设备（如，有环境声音程序的 CD 或者 iPad），强化物（图片见随附的 CD）	

消退程序

维持标准：2W = 连续 4 次 100% 完成；1W = 连续 4 次 100% 完成；M = 连续 3 次 100% 完成	**自然环境标准：**目标行为可在自然环境下泛化到 3 种新的自然发生的活动中	**归档标准：**目标、维持和自然环境标准全部达标

目标列表

对目标的建议和试探结果

对目标的建议：火车声，飞机声，摩托车声，救护车声，洗衣机声，电话声，鸟叫声，海滩声，瀑布声和蟋蟀声
试探结果（已掌握目标）：

目　标	基线%	开始日期	达标日期	消退程序		
				维持阶段	自然环境开始日期	归档日期
1. 目标 1：						
2. 目标 2：						
3. 目标 1 和 2：随机转换						

4. 目标3：						
5. 目标4：						
6. 已达成的目标：随机转换						
7. 目标5：						
8. 目标6：						
9. 已达成的目标：随机转换						
10. 目标7：						
11. 目标8：						
12. 已达成的目标：随机转换						
13. 目标9：						
14. 目标10：						
15. 已达成的目标：随机转换						
16. 泛化到环境1：						
17. 泛化到环境2：						
18. 维持阶段：在不同环境下评估				2W 1W M		

进行该任务分析的具体建议：

- 确保已教授这项任务分析的预备技能。例如，能安坐，能对接受性指令作出一定反应。

命名熟悉的人物

等级：□1 □2 □3

S^D： 给受训者看一张熟悉人的照片，然后问“这是谁？”	**反应：** 受训者能够通过语言、PECS（Bondy and Frost 2002）或扩充辅具来标记图片
数据收集：技能习得	**目标标准：**2 个训练师连续 3 天都观察到 80% 或以上的正确回应
材料：受训者生活中熟悉人的照片和强化物	

消退程序

维持标准：2W = 连续 4 次 100% 完成；1W = 连续 4 次 100% 完成；M = 连续 3 次 100% 完成	**自然环境标准：**目标行为可在自然环境下泛化到 3 种新的自然发生的活动中	**归档标准：**目标、维持和自然环境标准全部达标

目标列表

对目标的建议和试探结果

对目标的建议：妈妈，爸爸，兄弟姐妹，奶奶，爷爷，姑姑/阿姨，舅舅/叔叔，训练师，老师，邻居和同伴
试探结果（已掌握目标）：

目标	基线%	开始日期	达标日期	消退程序		
				维持阶段	自然环境开始日期	归档日期
1. 目标 1：						
2. 目标 2：						
3. 目标 1 和 2：随机转换						

4. 目标 3：						
5. 目标 4：						
6. 已达成的目标：随机转换						
7. 目标 5：						
8. 目标 6：						
9. 已达成的目标：随机转换						
10. 目标 7：						
11. 目标 8：						
12. 已达成的目标：随机转换						
13. 目标 9：						
14. 目标 10：						
15. 已达成的目标：随机转换						
16. 泛化到环境 1：						
17. 泛化到环境 2：						
18. 维持阶段：在不同环境下评估				2W 1W M		

进行该任务分析的具体建议：

- 确保已教授这项任务分析的预备技能。例如，能安坐，能对接受性指令作出一定反应。

命名食物和饮料

等级：□1 □2 □3

S^D： 给受训者看一张食品或者饮料的图片，或者呈现一种食品/饮料，然后问"这是什么？"	**反应：** 受训者能够通过语言、PECS（Bondy and Frost 2002）或扩充辅具来标记图片或实物
数据收集：技能习得	**目标标准：**2 个训练师连续 3 天都观察到 80% 或以上的正确回应
材料：食品与饮料的图片，真实的食品与饮料，强化物（图片见附赠的 CD）	

消退程序

维持标准：2W＝连续 4 次 100% 完成；1W＝连续 4 次 100% 完成；M＝连续 3 次 100% 完成	**自然环境标准：**目标行为可在自然环境下泛化到 3 种新的自然发生的活动中	**归档标准：**目标、维持和自然环境标准全部达标

目标列表

对目标的建议和试探结果

对目标的建议：水，牛奶，果汁，薯条，披萨，椒盐脆饼干，胡萝卜，葡萄，苹果，香蕉，西瓜，面包，鸡蛋，薄脆饼干，爆米花，汉堡，热狗，意大利面，燕麦，葡萄干和糖果
试探结果（已掌握目标）：

目　标	基线%	开始日期	达标日期	消退程序		
				维持阶段	自然环境开始日期	归档日期
1. 目标 1：						
2. 目标 2：						
3. 目标 1 和 2：随机转换						

4. 目标 3：						
5. 目标 4：						
6. 已达成的目标：随机转换						
7. 目标 5：						
8. 目标 6：						
9. 已达成的目标：随机转换						
10. 目标 7：						
11. 目标 8：						
12. 已达成的目标：随机转换						
13. 目标 9：						
14. 目标 10：						
15. 已达成的目标：随机转换						
16. 泛化到环境 1：						
17. 泛化到环境 2：						
18. 维持阶段：在不同环境下评估				2W 1W M		

进行该任务分析的具体建议：

- 确保已教授这项任务分析的预备技能。例如，能安坐，能对接受性指令作出一定反应。

命名生活用品

等级：□1 □2 □3

S^D： 给受训者展示一个功能性的物体或者图片，然后问“这是什么？”	**反应：** 受训者能够通过语言、PECS（Bondy and Frost 2002）或扩充辅具来标记图片或物体
数据收集：技能习得	**目标标准：**2 个训练师连续 3 天都观察到 80% 或以上的正确回应
材料：常见功能性物品及其图片，强化物（图片见附赠的 CD）	

消退程序

维持标准：2W = 连续 4 次 100% 完成；1W = 连续 4 次 100% 完成；M = 连续 3 次 100% 完成	**自然环境标准：**目标行为可在自然环境下泛化到 3 种新的自然发生的活动中	**归档标准：**目标、维持和自然环境标准全部达标

目标列表

对目标的建议和试探结果

对目标的建议：厕所，厕纸，浴缸，香皂，梳子，牙刷，牙膏，电话，电脑，钟，餐巾，杯子，盘子，勺子，叉子，枕头和毯子
试探结果（已掌握目标）：

目　标	基线 %	开始日期	达标日期	消退程序		
				维持阶段	自然环境开始日期	归档日期
1. 目标 1：						
2. 目标 2：						
3. 目标 1 和 2：随机转换						

4. 目标 3：						
5. 目标 4：						
6. 已达成的目标：随机转换						
7. 目标 5：						
8. 目标 6：						
9. 已达成的目标：随机转换						
10. 目标 7：						
11. 目标 8：						
12. 已达成的目标：随机转换						
13. 目标 9：						
14. 目标 10：						
15. 已达成的目标：随机转换						
16. 泛化到环境 1：						
17. 泛化到环境 2：						
18. 维持阶段：在不同环境下评估				2W 1W M		

进行该任务分析的具体建议：

- 确保已教授这项任务分析的预备技能。例如，能安坐，能对接受性指令作出一定反应。

命名家具

等级：□1 □2 □3

S^D： 给受训者展示一个玩具家具或者家具的照片，然后问“这是什么？”	**反应：** 受训者能够通过语言、PECS（Bondy and Frost 2002）或扩充辅具来标记图片或实物
数据收集：技能习得	**目标标准：**2 个训练师连续 3 天都观察到 80% 或以上的正确回应
材料：家具图片或玩具型家具，强化物（图片见附赠的 CD）	

消退程序

维持标准：2W = 连续 4 次 100% 完成；1W = 连续 4 次 100% 完成；M = 连续 3 次 100% 完成	**自然环境标准：**目标行为可在自然环境下泛化到 3 种新的自然发生的活动中	**归档标准：**目标、维持和自然环境标准全部达标

目标列表

对目标的建议和试探结果

对目标的建议：沙发，椅子，桌子，床，梳妆台，冰箱，火炉，镜子，灯和电视
试探结果（已掌握目标）：

目　标	基线%	开始日期	达标日期	消退程序		
				维持阶段	自然环境开始日期	归档日期
1. 目标 1：						
2. 目标 2：						
3. 目标 1 和 2：随机转换						

4. 目标 3：						
5. 目标 4：						
6. 已达成的目标：随机转换						
7. 目标 5：						
8. 目标 6：						
9. 已达成的目标：随机转换						
10. 目标 7：						
11. 目标 8：						
12. 已达成的目标：随机转换						
13. 目标 9：						
14. 目标 10：						
15. 已达成的目标：随机转换						
16. 泛化到环境 1：						
17. 泛化到环境 2：						
18. 维持阶段：在不同环境下评估				2W 1W M		

进行该任务分析的具体建议：

- 确保已教授这项任务分析的预备技能。例如，能安坐，能对接受性指令作出一定反应。

命名休闲物品和活动

等级：□1 □2 □3

S^D： 给受训者展示一种娱乐物品或休闲器物和活动的图片，问"这是什么？"	**反应：** 受训者能够通过语言、PECS（Bondy and Frost 2002）或扩充辅具来标记图片或实物
数据收集：技能习得	**目标标准：**2 个训练师连续 3 天都观察到 80% 或以上的正确回应
材料：娱乐活动及设施的图片，娱乐物品，强化物（图片见附赠的 CD）	

消退程序

维持标准：2W = 连续 4 次 100% 完成；1W = 连续 4 次 100% 完成；M = 连续 3 次 100% 完成	**自然环境标准：**目标行为可在自然环境下泛化到 3 种新的自然发生的活动中	**归档标准：**目标、维持和自然环境标准全部达标

目标列表

对目标的建议和试探结果

对目标的建议：电脑，视频游戏，球类游戏，棋盘游戏，滑板，自行车，蹦床，手指插板（peg board），Lite-Brite 游戏机和 iPad
试探结果（已掌握目标）：

目　标	基线%	开始日期	达标日期	消退程序		
				维持阶段	自然环境开始日期	归档日期
1. 目标 1：						
2. 目标 2：						
3. 目标 1 和 2：随机转换						

4. 目标 3：						
5. 目标 4：						
6. 已达成的目标：随机转换						
7. 目标 5：						
8. 目标 6：						
9. 已达成的目标：随机转换						
10. 目标 7：						
11. 目标 8：						
12. 已达成的目标：随机转换						
13. 目标 9：						
14. 目标 10：						
15. 已达成的目标：随机转换						
16. 泛化到环境 1：						
17. 泛化到环境 2：						
18. 维持阶段：在不同环境下评估				2W 1W M		

进行该任务分析的具体建议：

- 确保已教授这项任务分析的预备技能。例如，能安坐，能对接受性指令作出一定反应。
- 选择受训者感兴趣的休闲项目，目标的设置要能增强受训者对活动的兴趣，并且是受训者能够参与的。

命名场所

等级：□1 □2 □3

S^D： 给受训者展示一张地点的图片，然后问“这是哪里？”	**反应：** 受训者能够通过语言、PECS（Bondy and Frost 2002）或扩充辅具来标记图片或实物
数据收集：技能习得	**目标标准：**2 个训练师连续 3 天都观察到 80% 或以上的正确回应
材料：常见地方的图片，强化物（图片见附赠的 CD）	

消退程序

维持标准：2W＝连续 4 次 100% 完成；1W＝连续 4 次 100% 完成；M＝连续 3 次 100% 完成	**自然环境标准：**目标行为可在自然环境下泛化到 3 种新的自然发生的活动中	**归档标准：**目标、维持和自然环境标准全部达标

目标列表

对目标的建议和试探结果

对目标的建议：家，动物园，学校，杂货店，机场，海滩，农场，餐厅，玩具店，医院，操场，教堂，犹太教会堂，儿童活动中心和城市
试探结果（已掌握目标）：

目　标	基线%	开始日期	达标日期	消退程序		
				维持阶段	自然环境开始日期	归档日期
1. 目标 1：						
2. 目标 2：						
3. 目标 1 和 2：随机转换						

4. 目标 3：						
5. 目标 4：						
6. 已达成的目标：随机转换						
7. 目标 5：						
8. 目标 6：						
9. 已达成的目标：随机转换						
10. 目标 7：						
11. 目标 8：						
12. 已达成的目标：随机转换						
13. 目标 9：						
14. 目标 10：						
15. 已达成的目标：随机转换						
16. 泛化到环境 1：						
17. 泛化到环境 2：						
18. 维持阶段：在不同环境下评估				2W 1W M		

进行该任务分析的具体建议：

- 确保已教授这项任务分析的预备技能。例如，能安坐，能对接受性指令作出一定反应。
- 选择命名的地点要从受训者熟悉和常去的地方开始。

命名方位介词

等级:□1 □2 □3

S^D: 给受训者展示一个可移动的物体(如积木)和一个参照物,然后问“可移动的物体在哪里?”例如把一个小球放到一个杯子上,然后问“球在哪里?”	**反应:** 受训者能够通过语言、PECS(Bondy and Frost 2002)或扩充辅具来标记物体位置的介词
数据收集:技能习得	**目标标准:**2 个训练师连续 3 天都观察到 80% 或以上的正确回应
材料:可移动物体及参照物,强化物(图片见附赠的 CD)	

消退程序

维持标准:2W = 连续 4 次 100% 完成;1W = 连续 4 次 100% 完成;M = 连续 3 次 100% 完成	**自然环境标准:**目标行为可在自然环境下泛化到 3 种新的自然发生的活动中	**归档标准:**目标、维持和自然环境标准全部达标

目标列表

对目标的建议和试探结果

对目标的建议:在……上面,在……里面,在……下面,邻近……,在……后面,在……前面,在……旁,在……和……中间,在……之上和在……之下

试探结果(已掌握目标):

目　标	基线%	开始日期	达标日期	消退程序		
				维持阶段	自然环境开始日期	归档日期
1. 目标 1:						
2. 目标 2:						
3. 目标 1 和 2:随机转换						

4. 目标 3：						
5. 目标 4：						
6. 已达成的目标：随机转换						
7. 目标 5：						
8. 目标 6：						
9. 已达成的目标：随机转换						
10. 目标 7：						
11. 目标 8：						
12. 已达成的目标：随机转换						
13. 目标 9：						
14. 目标 10：						
15. 已达成的目标：随机转换						
16. 泛化到环境 1：						
17. 泛化到环境 2：						
18. 维持阶段：在不同环境下评估				2W 1W M		

进行该任务分析的具体建议：

- 确保已教授这项任务分析的预备技能。例如，能安坐，能对接受性指令作出一定反应。

命名学习用品

等级：□1 □2 □3

S^D： 给受训者展示一个学习用品或其图片（如铅笔），然后问“这是什么？”	**反应：** 受训者能够通过语言、PECS（Bondy and Frost 2002）或扩充辅具来标记图片或实物
数据收集：技能习得	**目标标准：**2 个训练师连续 3 天都观察到 80% 或以上的正确回应
材料：常见的学习用品或其图片及强化物（图片见附赠的 CD）	

消退程序

维持标准：2W = 连续 4 次 100% 完成；1W = 连续 4 次 100% 完成；M = 连续 3 次 100% 完成	**自然环境标准：**目标行为可在自然环境下泛化到 3 种新的自然发生的活动中	**归档标准：**目标、维持和自然环境标准全部达标

目标列表

对目标的建议和试探结果

对目标的建议：铅笔，纸，橡皮，书，剪刀，书签，蜡笔，胶水，颜料和午餐盒
试探结果（已掌握目标）：

目　　标	基线 %	开始日期	达标日期	消退程序		
				维持阶段	自然环境开始日期	归档日期
1. 目标 1：						
2. 目标 2：						

3. 目标 1 和 2:随机转换						
4. 目标 3:						
5. 目标 4:						
6. 已达成的目标:随机转换						
7. 目标 5:						
8. 目标 6:						
9. 已达成的目标:随机转换						
10. 目标 7:						
11. 目标 8:						
12. 已达成的目标:随机转换						
13. 目标 9:						
14. 目标 10:						
15. 已达成的目标:随机转换						
16. 泛化到环境 1:						
17. 泛化到环境 2:						
18. 维持阶段:在不同环境下评估				2W 1W M		

进行该任务分析的具体建议:

- 确保已教授这项任务分析的预备技能。例如,能安坐,能对接受性指令作出一定反应。

命名运动器材

等级：□1 □2 □3

S^D： 给受训者看一种运动器材或运动/运动器材的图片，然后问“这是什么/这是干什么用的？”	**反应：** 受训者能够通过语言、PECS（Bondy and Frost 2002）或扩充辅具来标记图片或实物
数据收集：技能习得	**目标标准：**2 个训练师连续 3 天都观察到 80% 或以上的正确回应
材料：运动或运动器材的图片，强化物（图片见附赠的 CD）	

消退程序

维持标准：2W = 连续 4 次 100% 完成；1W = 连续 4 次 100% 完成；M = 连续 3 次 100% 完成	**自然环境标准：**目标行为可在自然环境下泛化到 3 种新的自然发生的活动中	**归档标准：**目标、维持和自然环境标准全部达标

目标列表

对目标的建议和试探结果

对目标的建议：美式足球，头盔，棒球，手套，球拍，篮球，篮筐，英式足球，球门和游泳
试探结果（已掌握目标）：

目　　标	基线%	开始日期	达标日期	消退程序		
				维持阶段	自然环境开始日期	归档日期
1. 目标 1：						

2. 目标 2：						
3. 目标 1 和 2：随机转换						
4. 目标 3：						
5. 目标 4：						
6. 已达成的目标：随机转换						
7. 目标 5：						
8. 目标 6：						
9. 已达成的目标：随机转换						
10. 目标 7：						
11. 目标 8：						
12. 已达成的目标：随机转换						
13. 目标 9：						
14. 目标 10：						
15. 已达成的目标：随机转换						
16. 泛化到环境 1：						
17. 泛化到环境 2：						
18. 维持阶段：在不同环境下评估				2W 1W M		

进行该任务分析的具体建议：

- 确保已教授这项任务分析的预备技能。例如，能安坐，能对接受性指令作出一定反应。

命名玩具

等级：□1 □2 □3

S^D： 给受训者看一个玩具或其照片，然后问“这是什么？”	**反应：** 受训者能够通过语言、PECS(Bondy and Frost 2002)或扩充辅具来标记图片或实物
数据收集：技能习得	**目标标准：**2 个训练师连续 3 天都观察到 80% 或以上的正确回应
材料：玩具、玩具图片，强化物(图片见附赠的 CD)	

消退程序

维持标准：2W = 连续 4 次 100% 完成；1W = 连续 4 次 100% 完成；M = 连续 3 次 100% 完成	**自然环境标准：**目标行为可在自然环境下泛化到 3 种新的自然发生的活动中	**归档标准：**目标、维持和自然环境标准全部达标

目标列表

对目标的建议和试探结果

对目标的建议：选择受训者家中已有的玩具，如鼓，布娃娃，填充动物，玩具车，玩具火车，拼图，球和培乐多彩泥
试探结果(已掌握目标)：

目　标	基线%	开始日期	达标日期	消退程序		
				维持阶段	自然环境开始日期	归档日期
1. 目标 1：						
2. 目标 2：						
3. 目标 1 和 2：随机转换						

4. 目标 3：						
5. 目标 4：						
6. 已达成的目标：随机转换						
7. 目标 5：						
8. 目标 6：						
9. 已达成的目标：随机转换						
10. 目标 7：						
11. 目标 8：						
12. 已达成的目标：随机转换						
13. 目标 9：						
14. 目标 10：						
15. 已达成的目标：随机转换						
16. 泛化到环境 1：						
17. 泛化到环境 2：						
18. 维持阶段：在不同环境下评估				2W 1W M		

进行该任务分析的具体建议：

- 确保已教授这项任务分析的预备技能。例如，能安坐，能对接受性指令作出一定反应。

命名交通工具

等级：□1 □2 □3

S^D： 给受训者展示一种玩具车辆或图片，然后问“这是什么？”	**反应：** 受训者能够通过语言、PECS（Bondy and Frost 2002）或扩充辅具来标记车辆或其图片
数据收集：技能习得	**目标标准：**2 个训练师连续 3 天都观察到 80% 或以上的正确回应
材料：车辆的图片，玩具车，强化物（图片见附赠的 CD）	

消退程序

维持标准：2W = 连续 4 次 100% 完成；1W = 连续 4 次 100% 完成；M = 连续 3 次 100% 完成	**自然环境标准：**目标行为可在自然环境下泛化到 3 种新的自然发生的活动中	**归档标准：**目标、维持和自然环境标准全部达标

目标列表

对目标的建议和试探结果

对目标的建议：卡车，小汽车，货车，船，火车，公共汽车，摩托车，飞机，火箭和自行车
试探结果（已掌握目标）：

目　标	基线%	开始日期	达标日期	消退程序		
				维持阶段	自然环境开始日期	归档日期
1. 目标 1：						
2. 目标 2：						
3. 目标 1 和 2：随机转换						

4. 目标3：						
5. 目标4：						
6. 已达成的目标：随机转换						
7. 目标5：						
8. 目标6：						
9. 已达成的目标：随机转换						
10. 目标7：						
11. 目标8：						
12. 已达成的目标：随机转换						
13. 目标9：						
14. 目标10：						
15. 已达成的目标：随机转换						
16. 泛化到环境1：						
17. 泛化到环境2：						
18. 维持阶段：在不同环境下评估				2W 1W M		

进行该任务分析的具体建议：

- 确保已教授这项任务分析的预备技能。例如，能安坐，能对接受性指令作出一定反应。

提出简单的要求

等级：□1 □2 □3

S^D： A. 给受训者呈现一个想要的东西，然后问“你想要什么？” B. 给受训者呈现一个想要的东西，然后藏起来，并问“你想要什么？”	**反应：** A. 受训者能够通过语言、PECS（Bondy and Frost 2002）或扩充辅具来标记想要的东西表示回应 B. 受训者会用一个或者更多的词汇来要这样东西，或者，他也可以用一个或更多的手语或者辅助沟通工具上的图标表达需求
数据收集：技能习得	**目标标准：**2 个训练师连续 3 天都观察到 80% 或以上的正确回应
材料：受训者想要的东西，强化物	

消退程序

维持标准：2W = 连续 4 次 100% 完成；1W = 连续 4 次 100% 完成；M = 连续 3 次 100% 完成	**自然环境标准：**目标行为可在自然环境下泛化到 3 种新的自然发生的活动中	**归档标准：**目标、维持和自然环境标准全部达标

目标列表

对目标的建议和调查结果

对目标的建议：受训者感兴趣或者想要的东西，小吃，食品，饮料，喜爱的玩具，运动或者令其愉悦的项目
试探结果（已掌握目标）：

目　标	基线%	开始日期	达标日期	消退程序		
				维持阶段	自然环境开始日期	归档日期
1. S^DA 目标 1：						

2. S^DA 目标 2：						
3. 已达成的目标：随机和转换						
4. S^DA 目标 3：						
5. S^DA 目标 4：						
6. 已达成的目标：随机转换						
7. S^DA 目标 5：						
8. S^DA 目标 6：						
9. 已达成的目标：随机转换						
10. S^DA 目标 7：						
11. S^DA 目标 8：						
12. 已达成的目标：随机转换						
13. S^DA 目标 9：						
14. S^DA 目标 10：						
15. 泛化到环境 1：						
16. 泛化到环境 2：						
17. S^DB 目标 1：						
18. S^DB 目标 2：						
19. 已达成的 S^DB 目标：随机转换						
20. S^DB 目标 3：						

21. S^DB 目标 4：						
22. 已达成的 S^DB 目标：随机转换						
23. S^DB 目标 5：						
24. S^DB 目标 6：						
25. 已达成的 S^DB 目标：随机转换						
26. S^DB 目标 7：						
27. S^DB 目标 8：						
28. 已达成的 S^DB 目标：随机转换						
29. S^DB 目标 9：						
30. S^DB 目标 10：						
31. 已达成的 S^DB 目标：随机转换						
32. 泛化到环境 1：						
33. 泛化到环境 2：						
34. 维持阶段：在不同环境下评估所有 S^DB				2W 1W M		

进行该任务分析的具体建议：

- S^DB 中物体藏起来的目的在于促进孩子对看不见的物体提出请求。
- 在教授这个项目时，也要在自然情景下进行教学。例如，在教授其他项目时，受训者要拿强化物或想要的事物，把该事物从受训者身边拿走，并教会他们表达请求。在社区游玩时，也可以用这样的方法，同时，教会家长或受训者生活中的其他成人采用自然情景教学来促使受训者表达请求。

回应打招呼和告别

等级：□1 □2 □3

S^D： A. “你好” B. “再见” C. “你好吗？”	**反应：** 受训者能够回应“你好”“再见”或“你好吗？”，与人打招呼
数据收集：技能习得	**目标标准**：2 个训练师连续 3 天都观察到 80% 或以上的正确回应
材料：强化物	

消退程序

维持标准：2W = 连续 4 次 100% 完成；1W = 连续 4 次 100% 完成；M = 连续 3 次 100% 完成	**自然环境标准**：目标行为可在自然环境下泛化到 3 种新的自然发生的活动中	**归档标准**：目标、维持和自然环境标准全部达标

目标列表

目　标	基线%	开始日期	达标日期	消退程序		
				维持阶段	自然环境开始日期	归档日期
1. S^DA：面对面而坐						
2. 泛化到环境 1：						
3. 泛化到环境 2：						
4. S^DA：有人进入房间时						
5. 泛化到环境 1：						

6. 泛化到环境 2：						
7. 维持阶段：在不同环境下评估				2W 1W M		
8. $S^D B$：有人走出房间时						
9. 泛化到环境 1：						
10. 泛化到环境 2：						
11. 维持阶段：在不同环境下评估				2W 1W M		
12. $S^D C$：面对面而坐						
13. 泛化到环境 1：						
14. 泛化到环境 2：						
15. $S^D C$：有人进入房间时						
16. 泛化到另一个环境 1：						
17. 泛化到另一个环境 2：						
18. 维持阶段：在不同环境下评估				2W 1W M		

进行该任务分析的具体建议：

- 确保已教授这项任务分析的预备技能，并为此阶段的学习做好了准备。例如，有语言的受训者能进行口语模仿，无语言的受训者能回应问候语告别的手势或运用其他替代性沟通辅具。
- 如果受训者没有语言，使用正确的手势作出回应（如挥手表示打招呼或告别），用手语来表达“我很好，你好吗？”或用书面语表达问好或告别，在其他替代性沟通辅具使用中，能按下相应的按钮来表达“你好”“再见”“你好吗？”都视为正确反应。

主动打招呼和告别

等级:□1 □2 □3

S^D: A. 有人进入房间或房子 B. 有人离开房间或房子	**反应:** 受训者主动问好,“你好”,或告别,“再见”
数据收集:技能习得	**目标标准:**2 个训练师连续 3 天都观察到 80% 或以上的正确回应
材料:强化物	

消退程序

维持标准:2W = 连续 4 次 100% 完成;1W = 连续 4 次 100% 完成;M = 连续 3 次 100% 完成	**自然环境标准:**目标行为可在自然环境下泛化到 3 种新的自然发生的活动中	**归档标准:**目标、维持和自然环境标准全部达标

目标列表

目　　标	基线%	开始日期	达标日期	消退程序		
				维持阶段	自然环境开始日期	归档日期
1. S^DA:有人进入房间或房子						
2. 泛化到环境 1:						
3. 泛化到环境 2:						
4. S^DB:有人离开房间或房子						
5. 泛化到环境 1:						
6. 泛化到环境 2:						
7. 维持阶段:在不同环境下评估				2W 1W M		

语言互动中穿插歌曲或游戏中配合动作

等级:□1 □2 □3

S^D: 给受训者唱首歌,并在任意地方停顿(如“公车上的轮子转啊转……”)	**反应:** 在3秒内,受训者会接下去唱(此时训练师和他一起唱下去)
数据收集:辅助数据(辅助次数与类型)	**目标标准:**2个训练师连续3天都观察到零辅助完成出正确反应
材料:歌词和强化物	

消退程序

维持标准:2W=连续4次100%完成;1W=连续4次100%完成;M=连续3次100%完成	**自然环境标准:**目标行为可在自然环境下泛化到3种新的自然发生的活动中	**归档标准:**目标、维持和自然环境标准全部达标

目标列表

对目标的建议和试探结果

对目标的建议:“公交车上的轮子”“王先生有块地”“如果感到幸福你就拍拍手”“小星星”“玛丽有只小羊羔”等
试探结果(已掌握目标):

目　标	基线:辅助次数与类型	开始日期	达标日期	消退程序		
				维持阶段	自然环境开始日期	归档日期
1. 目标1:						
2. 目标2:						
3. 目标1和2:随机转换						

4. 目标 3：						
5. 目标 4：						
6. 已达成的目标：随机转换						
7. 目标 5：						
8. 目标 6：						
9. 已达成的目标：随机转换						
10. 目标 7：						
11. 目标 8：						
12. 已达成的目标：随机转换						
13. 目标 9：						
14. 目标 10：						
15. 已达成的目标：随机转换						
16. 泛化到环境 1：						
17. 泛化到环境 2：						
18. 维持阶段：在不同环境下评估				2W 1W M		

进行该任务分析的具体建议：

- 确保已教授这项任务分析的预备技能，并为此阶段的学习做好了准备。例如，能够自如地加入活动中，可以用某种交流方式表达和请求基本需求。
- 如果受训者无法作口语回应，则在塑造语言反应时教授他们用手语表达。例如，训练师停顿后，等了 3 秒钟，受训者无回应，则辅助受训者用手部动作来表达相应的意义，并继续唱下去。

根据“动物”“物品”或“人物”回答简单的是/否问题

等级:□1 □2 □3

S^D: 给受训者看一张动物、物品或者人的图片,然后问“这是……(动物、物品或人的名字)吗?”(如“这是一头牛吗?”或“这是妈妈吗?”)	**反应:** 受训者能够正确回答是或否
数据收集:技能习得	**目标标准:**2 个训练师连续 3 天都观察到 80% 或以上的正确回应
材料:动物、物品和熟人的图片以及强化物(图片见附赠的 CD)	

消退程序

维持标准:2W = 连续 4 次 100% 完成;1W = 连续 4 次 100% 完成;M = 连续 4 次 100% 完成	**自然环境标准:**目标行为可在自然环境下泛化到 3 种新的自然发生的活动中	**归档标准:**目标、维持和自然环境标准全部达标

目标列表

对目标的建议和试探结果

对目标的建议:动物:牛,猫,狗,马和猴子。物品:床,椅子,枕头,牙刷和电话。人:妈妈,爸爸,兄弟姐妹,教师和爷爷奶奶
试探结果(已掌握目标):

目　　标	基线%	开始日期	达标日期	消退程序		
				维持阶段	自然环境开始日期	归档日期
对动物标签回答是/否						
1. 目标 1:(至少对 3 种动物作出肯定回答)						
2. 目标 2:(至少对 3 种动物作出否定回答)						

3. 符合标准的目标：随机转换						
对物品标签回答是/否						
4. 目标 1：（至少对 3 种物品作出肯定回答）						
5. 目标 2：（至少对 3 种物品作出否定回答）						
6. 符合标准的目标：随机转换						
对熟人标签回答是/否						
7. 目标 1：（至少对 3 个人作出肯定回答）						
8. 目标 2：（至少对 3 个人作出否定回答）						
9. 符合标准的目标：随机转换						
10. 泛化到环境 1：						
11. 泛化到环境 2：						
12. 维持阶段：在不同环境下评估				2W 1W M		

进行该任务分析的具体建议：

- 确保已教授这项任务分析的的技能。并为此阶段的学习做好了准备。例如，能命名动物、物品和人物。
- 对于无语言能力的受训者，用手势（点头或摇头）、书面回答、交流设备或者指示图标等方法来回答“是”或“否”也视为正确反应。
- 本任务的目的在于受训者回答“是/否”问句的能力（而不是识别动物、物品或人），所以要选择受训者已掌握的图片来巩固其对物品识别的能力。同时，受训者对身体部位、动作、衣物、车辆、玩具、学校用品、食物和饮料、地点等接受性指令已掌握，因此可以用这些类别来替换动物、物品和人。注意：要选择能够激发受训者动机的类别进行教学。

对想要的物品和玩具回答简单的是/否问题

等级：□1 □2 □3

S^D： A. 给受训者呈现一个他想要的或者不想要的物体，然后问“你想要玩（物体名字）吗？” B. 给受训者呈现一个他想要的或者不想要的玩具，然后问“你想要玩（玩具名字）吗？”	**反应：** 受训者会正确回答“是”与“否”
数据收集：技能习得	**目标标准：**2 个训练师连续 3 天都观察到 80% 或以上的正确回应
材料：想要的与不想要的物体和玩具及强化物	

消退程序

维持标准：2W＝连续 4 次 100% 完成；1W＝连续 4 次 100% 完成；M＝连续 3 次 100% 完成	**自然环境标准：**目标行为可在自然环境下转移到 3 种新的自然发生的活动中	**归档标准：**目标、维持和自然环境标准全部达标

目标列表

对目标的建议和试探结果

对目标的建议：想要的物体或玩具：一些功能性的强化物或受训者喜好的强化物（如喜爱的零食、毯子和游戏等）。不想要的物体或玩具：一些非功能性的刺激物（如塑料碗、旧的鞋子、帽子或餐巾）
试探结果（已掌握目标）：

目　　标	基线%	开始日期	达标日期	消退程序		
				维持阶段	自然环境开始日期	归档日期
1. S^DA：目标 1（至少对 3 种不想要的物品作出否定回答）						

2. S^DA：目标 2（至少对 3 种想要的物品作出肯定回答）						
3. 符合标准的目标：随机转换						
4. 泛化到环境 1：						
5. 泛化到环境 2：						
6. S^DB：目标 1（至少对 3 种不想要的物品作出否定回答）						
7. S^DB：目标 2（至少对 3 种想要的物品作出肯定回答）						
8. 符合标准的目标：随机转换						
9. 泛化到环境 1：						
10. 泛化到环境 2：						
11. 维持阶段：在不同环境下评估				2W 1W M		

进行该任务分析的具体建议：

- 确保已教授这项任务分析的预备技能，并为此阶段的学习做好了准备。例如，选择的物品和玩具是受训者能执行接受性指令的物品。
- 对于无语言能力的受训者，可以用手势（点头或摇头）、书面回答、交流设备或者指示图标等方法来表示“是”或“否”，也视为正确反应。
- 在进行目标随机转换时，确保受训者想要和不想要的物品是随机呈现，而无规律可循。例如，问题回答的顺序可以是“是、否、否、是、是、否、是、否、否”。

回答简单的社交问题

等级：□1 □2 □3

S^D： 提问各种社交问题（如，你叫什么名字？）	**反应：** 受训者能够通过语言、PECS（Bondy and Frost 2002）或手语对简单的社交问题作出正确的回答
数据收集：技能习得	**目标标准：**2个训练师连续3天都观察到80%或以上的正确回应
材料：强化物	

消退程序

维持标准：2W＝连续4次100%完成；1W＝连续4次100%完成；M＝连续4次100%完成	**自然环境标准：**目标行为可在自然环境下泛化到3种新的自然发生的活动中	**归档标准：**目标、维持和自然环境标准全部达标

目标列表

对目标的建议和试探结果

对目标的建议：你叫什么名字？你几岁了？你的生日是什么时候？你的哥哥/姐姐的名字是什么？你住在哪里？你和谁一起住？你的电话号码是多少？你喜欢吃什么？你想玩什么玩具？你在哪里上学
试探结果（已掌握目标）：

目　　标	基线%	开始日期	达标日期	消退程序		
				维持阶段	自然环境开始日期	归档日期
1. 目标1：						
2. 目标2：						
3. 已达成的目标：随机转换						

4. 目标 3：						
5. 目标 4：						
6. 已达成的目标：随机转换						
7. 目标 5：						
8. 目标 6：						
9. 已达成的目标：随机转换						
10. 目标 7：						
11. 目标 8：						
12. 已达成的目标：随机转换						
13. 目标 9：						
14. 目标 10：						
15. 已达成的目标：随机转换						
16. 泛化到环境 1：						
17. 泛化到环境 2：						
18. 维持阶段：在不同环境下评估				2W 1W M		

进行该任务分析的具体建议：

- 确保已教授这项任务分析的预备技能。并为此阶段的学习做好了准备。例如，能够进行口头模仿和命名表达；无语言的受训者能通过手势或在替代性的沟通设备上点按相应的图标或按钮来回答。
- 对于无语言的受训者，用手势（点头或摇头）、书面回答、交流设备或者指示图标等方法来回答社交问题也视为正确反应。

第 14 章　学业技能的任务分析

- 涂颜色
- 物体永久性（寻找藏起来的物品）
- 遵照时间表依序执行任务
- 听指令找到相应的颜色
- 听指令找到相应的字母
- 听指令找到相应的数字（1～10 以内）
- 听指令找到相应的形状或形状图片
- 命名物品或图片的颜色
- 命名字母
- 命名数字
- 命名形状
- 写字前具备的技能
- 数数
- 描摹

涂颜色

等级：□1 □2 □3

S^D： 向受训者出示简单图形纸，并说“把它涂上颜色”	**反应：** 受训者可以对一个简单图形 75% 的界面进行涂色（涂出线也可）
数据收集：辅助数据（辅助次数与类型）	**目标标准：**2 个训练师连续 3 天都观察到零辅助完成
材料：蜡笔简单图形纸（2.5～7.6 厘米）和强化物	

消退程序

维持标准：2W＝连续 4 次零辅助完成；1W＝连续 4 次零辅助完成；M＝连续 3 次零辅助完成	**自然环境标准：**目标行为可在自然环境下泛化到 3 种新的自然发生的活动中	**归档标准：**目标、维持和自然环境标准全部达标

目标列表

目　标	基线：辅助次数与类型	开始日期	达标日期	消退程序		
				维持阶段	自然环境开始日期	归档日期
1. 可在纸上涂鸦 5 秒						
2. 可在纸上涂鸦 10 秒						
3. 2.5 厘米的简单图形可至少涂色 75%						
4. 5.0 厘米的简单图形可至少涂色 75%						
5. 7.6 厘米的简单图形可至少涂色 75%						
6. 泛化到环境 1：						
7. 泛化到环境 2：						
8. 维持阶段：在不同环境下评估				2W 1W M		

进行该任务分析的具体建议：

- 从涂色书中选择受训者家中可见的形状，训练师也可以自己画简单图形让受训者涂色，如三角形、圆形。
- 为了帮助受训者的手指抓握，使用小尺寸的蜡笔（5 厘米）涂色。

物体永久性(寻找藏起来的物品)

等级:□1 □2 □3

S^D: 向受训者展示一个强化物,接着将它藏在遮挡物后(有一定的透光性)后面。说"找出X"	**反应:** 受训者可以将目光定位在视线外的物品上
数据收集:技能习得	**目标标准:**2个训练师连续3天都观察到80%或以上的正确回应
材料:强化物品,3个遮挡物,强化物	

消退程序

维持标准:2W=连续4次零辅助完成;1W=连续4次零辅助完成;M=连续3次零辅助完成	**自然环境标准:**目标行为可在自然环境下泛化到3种新的自然发生的活动中	**归档标准:**目标、维持和自然环境标准全部达标

目标列表

目　　标	基线:辅助次数与类型	开始日期	达标日期	消退程序		
				维持阶段	自然环境开始日期	归档日期
1. 目标1:用1个遮挡物:受训者可以找到部分物品						
2. 目标2:用1个遮挡物:受训者看着训练师藏物品,然后找到物品						
3. 目标3:用2个遮挡物:受训者看着训练师藏物品,然后找到物品						
4. 目标4:用3个遮挡物:受训者看着训练师藏物品,然后找到物品						

5. 目标5:用2个遮挡物:受训者不看训练师藏物品,然后找到物品						
6. 目标6:用3个遮挡物:受训者不看训练师藏物品,然后找到物品						
7. 目标7:用3个遮挡物:受训者不看训练师藏物品,并延迟10秒后,受训者找到物品						
8. 目标8:在游戏中,受训者使用1个用于游戏的物品,训练师将该物品藏于受训者视线之外,之后,受训者找到物品						
9. 泛化到环境1:						
10. 泛化到环境2:						
11. 维持阶段:在不同环境下评估				2W 1W M		

进行该任务分析的具体建议:

- 在任务开始前,确保受训者已经完成了前期技能学习,例如,视觉追踪和安坐。
- 当使用多个遮挡物的时候,遮挡物应该最多有3个遮挡面。遮挡物应该有一定的透光性。必要时,增加遮挡物的数量以避免受训者可以直接看到物品,受训者需要找到多个遮挡物后面的物品。

遵照时间表依序执行任务

等级：□1 □2 □3

S^D： 向受训者呈现用图片或图标表示活动先后顺序的任务，说“请先做 X，再做 X”。如：“先写名字再拿薯片”，或“先数数再拿平板电脑”	**反应：** 受训者可以按照指令顺序完成计划表中的活动
数据收集：技能习得	**目标标准：**2 个训练师连续 3 天都观察到 80% 或以上的正确回应
材料：先后顺序任务表，代表工作活动的卡片和用于鼓励活动的强化活动或物品，参与活动所需的材料及强化物	

消退程序

维持标准：2W = 连续 4 次 100% 完成；1W = 连续 4 次 100% 完成；M = 连续 3 次 100% 完成	**自然环境标准：**目标行为可在自然环境下泛化到 3 种新的自然发生的活动中	**归档标准：**目标、维持和自然环境标准全部达标

目标列表

目　　标	基线%	开始日期	达标日期	消退程序		
				维持阶段	自然环境开始日期	归档日期
1. 展示受训者非常喜欢的活动要求先完成，用时____，展示受训者非常喜欢的活动或物品要求后完成，用时____。时间比 1 : 2						
2. 展示受训者非常喜欢的活动要求先完成，用时____，展示受训者非常喜欢的活动或物品要求后完成，用时____。时间比 1 : 1						

3. 展示受训者一般喜欢的活动要求先完成，用时____，展示受训者非常喜欢的活动或物品要求后完成，用时____。时间比 1∶2							
4. 展示受训者一般喜欢的活动要求先完成，用时____，展示受训者非常喜欢的活动或物品要求后完成，用时____。时间比 1∶1							
5. 展示受训者不喜欢的活动要求先完成，用时____，展示受训者非常喜欢的活动或物品要求后完成，用时____。时间比 1∶3							
6. 展示受训者不喜欢的活动要求先完成，用时____，展示受训者非常喜欢的活动或物品要求后完成，用时____。时间比 1∶2							
7. 展示受训者不喜欢的活动要求先完成，用时____，展示受训者非常喜欢的活动或物品要求后完成，用时____。时间比 1∶1							
8. 展示受训者不喜欢的活动要求先完成，用时____，展示受训者非常喜欢的活动或物品要求后完成，用时____。时间比 2∶1							
9. 展示受训者不喜欢的活动要求先完成，用时____，展示受训者非常喜欢的活动或物品要求后完成，用时____。时间比 3∶1							
10. 展示受训者不喜欢的活动要求先完成，用时____，展示受训者非常喜欢的活动或物品要求后完成，用时____。时间比 4∶1							

11. 展示受训者不喜欢的活动要求先完成，用时____，展示受训者非常喜欢的活动或物品要求后完成，用时____。时间比 5∶1						
12. 泛化到环境 1：						
13. 泛化到环境 2：						
14. 维持阶段：在不同环境下评估				2W 1W M		

进行该任务分析的具体建议：

- 当进行该项分析时，确保相关技能已经习得或正在介绍。例如，必要技能包括等待、图片与物体配对、接受日程表上标记活动的图片、能够遵从基本的一步指令。
- 在决定活动持续时间时，可参考受训者分别完成非常喜欢的、一般喜欢的、不喜欢的活动所需的时间。然后根据用时比例决定接下来活动的时间。例如，首先完成一项不喜欢的活动需要 15 秒，则“后完成的喜欢的活动”可以安排 45 秒。目的是系统地增加首选活动的时间而减少后续活动时间。
- 在进行这项活动前，应该先进行强化物评估，以找出受训者非常喜欢、一般喜欢和不喜欢的活动。
- 当实施此项目习得技能时，较喜欢的活动是已能达到维持标准的项目（在此项目中受训者已达标并能保持技能），一般喜欢的活动可以包括受训者能准确回应 50% ~70% 的项目；不喜欢的活动是受训者准确回应 0 ~40% 的项目。
- 当和辅助项目结合，受训者可独立完成的项目可作为非常喜欢的项目，辅助减少到基线 50% 的项目可以作为一般喜欢的项目，完全需要身体辅助或刚开始学习的项目可作为不喜欢的项目。
- 对于每一个新的目标，先完成的活动持续时间要不断增加（即，刚开始先完成任务是 1 分钟，后完成的任务是 3 分钟，慢慢地就要分别变成 5 分钟和 1 分钟）。

听指令找到相应的颜色

等级：□1 □2 □3

S^D： 向受训者展示 1 ~3 张卡片或 1 ~3 个物体，并说"摸一摸[X]色""给我[X]色""找出[X]色""指一指[X]色"	**反应：** 受训者可以触摸、给予、找到或者指向特定颜色的卡片或物体
数据收集：技能习得	**目标标准：**2 个训练师连续 3 天都观察到 80% 或以上的正确回应
材料：颜色图片，不同颜色的相同物体（如不同颜色的积木）和强化物（图片见附赠的 CD）	

消退程序

维持标准：2W = 连续 4 次 100% 完成；1W = 连续 4 次 100% 完成；M = 连续 3 次 100% 完成	**自然环境标准：**目标行为可在自然环境下泛化到 3 种新的自然发生的活动中	**归档标准：**目标、维持和自然环境条标准全部达标

目标列表

对目标的建议和试探结果

对目标的建议：红色，蓝色，黄色，绿色，黑色，紫色，橙色，白色，褐色和粉色
试探结果（已掌握目标）：

目标	基线%	开始日期	达标日期	消退程序		
				维持阶段	自然环境开始日期	归档日期
1. 目标 1（独立项）：						
2. 目标 1（FO2/目标项和 1 个干扰项）：						

3. 目标 1(FO3/目标项和 2 个干扰项):						
4. 目标 2(独立项):						
5. 目标 2(FO2/目标项和 1 个干扰项):						
6. 目标 2(FO3/目标项和 2 个干扰项):						
7. 已达成的目标:随机转换						
8. 目标 3(独立项):						
9. 目标 3(FO2/目标项和 1 个干扰项):						
10. 目标 3(FO3/目标项和 2 个干扰项):						
11. 目标 4(独立项):						
12. 目标 4(FO2/目标项和 1 个干扰项):						
13. 目标 4(FO3/目标项和 2 个干扰项):						
14. 已达成的目标:随机转换						
15. 目标 5(独立项):						
16. 目标 5(FO2/目标项和 1 个干扰项):						
17. 目标 5(FO3/目标项和 2 个干扰项):						
18. 目标 6(独立项):						
19. 目标 6(FO2/目标项和 1 个干扰项):						
20. 目标 6(FO3/目标项和 2 个干扰项):						

21. 已达成的目标:随机转换						
22. 目标 7(独立项):						
23. 目标 7(FO2/目标项和 1 个干扰项):						
24. 目标 7(FO3/目标项和 2 个干扰项):						
25. 目标 8(独立项):						
26. 目标 8(FO2/目标项和 1 个干扰项):						
27. 目标 8(FO3/目标项和 2 个干扰项):						
28. 已达成的目标:随机转换						
29. 目标 9(独立项):						
30. 目标 9(FO2/目标项和 1 个干扰项):						
31. 目标 9(FO3/目标项和 2 个干扰项):						
32. 目标 10(独立项):						
33. 目标 10(FO2/目标项和 1 个干扰项):						
34. 目标 10(FO3/目标项和 2 个干扰项):						
35. 已达成的目标:随机转换						
36. 泛化到环境 1:						
37. 泛化到环境 2:						
38. 维持阶段:在不同环境下评估				2W 1W M		

听指令找到相应的字母

等级：□1 □2 □3

S^D： 向受训者展示 1～3 个字母，并说“触碰[X]”“给我[X]”“找出[X]”“指向[X]”等	**反应：** 受训者可以触摸、给予，找到或者指向特定的字母
数据收集：技能习得	**目标标准：**2 个训练师连续 3 天都观察到 80% 或以上的正确回应
材料：字母图片，三维字母模型（塑料字母或字母拼图卡片）和强化物（图片见附赠的 CD）	

消退程序

维持标准：2W＝连续 4 次 100% 完成；1W＝连续 4 次 100% 完成；M＝连续 3 次 100% 完成	**自然环境标准：**目标行为可在自然环境下泛化到 3 种新的自然发生的活动中	**归档标准：**目标、维持和自然环境标准全部达标

目标列表

对目标的建议和试探结果

对目标的建议：字母表中的所有字母
试探结果（已掌握目标）：

目　标	基线%	开始日期	达标日期	消退程序		
				维持阶段	自然环境开始日期	归档日期
1. 目标 1（独立项）：						
2. 目标 1（FO2/目标项和 1 个干扰项）：						
3. 目标 1（FO3/目标项和 2 个干扰项）：						

4. 目标2(独立项):						
5. 目标2(FO2/目标项和1个干扰项):						
6. 目标2(FO3/目标项和2个干扰项):						
7. 已达成的目标:随机转换						
8. 目标3(独立项):						
9. 目标3(FO2/目标项和1个干扰项):						
10. 目标3(FO3/目标项和2个干扰项):						
11. 目标4(独立项):						
12. 目标4(FO2/目标项和1个干扰项):						
13. 目标4(FO3/目标项和2个干扰项):						
14. 已达成的目标:随机转换						
15. 目标5(独立项):						
16. 目标5(FO2/目标项和1个干扰项):						
17. 目标5(FO3/目标项和2个干扰项):						
18. 目标6(独立项):						
19. 目标6(FO2/目标项和1个干扰项):						
20. 目标6(FO3/目标项和2个干扰项):						
21. 已达成的目标:随机转换						
22. 目标7(独立项):						
23. 目标7(FO2/目标项和1个干扰项):						
24. 目标7(FO3/目标项和2个干扰项):						
25. 目标8(独立项):						
26. 目标8(FO2/目标项和1个干扰项):						

27. 目标 8（FO3/目标项和 2 个干扰项）：						
28. 已达成的目标：随机转换						
29. 目标 9（独立项）：						
30. 目标 9（FO2/目标项和 1 个干扰项）：						
31. 目标 9（FO3/目标项和 2 个干扰项）：						
32. 目标 10（独立项）：						
33. 目标 10（FO2/目标项和 1 个干扰项）：						
34. 目标 10（FO3/目标项和 2 个干扰项）：						
35. 已达成的目标：随机转换						
36. 目标 11（独立项）：						
37. 目标 11（FO2/目标项和 1 个干扰项）：						
38. 目标 11（FO3/目标项和 2 个干扰项）：						
39. 目标 12（独立项）：						
40. 目标 12（FO2/目标项和 1 个干扰项）：						
41. 目标 12（FO3/目标项和 2 个干扰项）：						
42. 已达成的目标：随机转换						
43. 目标 13（独立项）：						
44. 目标 13（FO2/目标项和 1 个干扰项）：						
45. 目标 13（FO3/目标项和 2 个干扰项）：						
46. 目标 14（独立项）：						
47. 目标 14（FO2/目标项和 1 个干扰项）：						
48. 目标 14（FO3/目标项和 2 个干扰项）：						
49. 已达成的目标：随机转换						

50. 目标15(独立项):						
51. 目标15(FO2/目标项和1个干扰项):						
52. 目标15(FO3/目标项和2个干扰项):						
53. 目标16(独立项):						
54. 目标16(FO2/目标项和1个干扰项):						
55. 目标16(FO3/目标项和2个干扰项):						
56. 已达成的目标:随机转换						
57. 目标17(独立项):						
58. 目标17(FO2/目标项和1个干扰项):						
59. 目标17(FO3/目标项和2个干扰项):						
60. 目标18(独立项):						
61. 目标18(FO2/目标项和1个干扰项):						
62. 目标18(FO3/目标项和2个干扰项):						
63. 已达成的目标:随机转换						
64. 目标19(独立项):						
65. 目标19(FO2/目标项和1个干扰项):						
66. 目标19(FO3/目标项和2个干扰项):						
67. 目标20(独立项):						
68. 目标20(FO2/目标项和1个干扰项):						
69. 目标20(FO3/目标项和2个干扰项):						
70. 已达成的目标:随机转换						
71. 目标21(独立项):						
72. 目标21(FO2/目标项和1个干扰项):						

73. 目标 21(FO3/目标项和 2 个干扰项):						
74. 目标 22(独立项):						
75. 目标 22(FO2/目标项和 1 个干扰项):						
76. 目标 22(FO3/目标项和 2 个干扰项):						
77. 已达成的目标:随机转换						
78. 目标 23(独立项):						
79. 目标 23(FO2/目标项和 1 个干扰项):						
80. 目标 23(FO3/目标项和 2 个干扰项):						
81. 目标 24(独立项):						
82. 目标 24(FO2/目标项和 1 个干扰项):						
83. 目标 24(FO3/目标项和 2 个干扰项):						
84. 已达成的目标:随机转换						
85. 目标 25(独立项):						
86. 目标 25(FO2/目标项和 1 个干扰项):						
87. 目标 25(FO3/目标项和 2 个干扰项):						
88. 目标 26(独立项):						
89. 目标 26(FO2/目标项和 1 个干扰项):						
90. 目标 26(FO3/目标项和 2 个干扰项):						
91. 已达成的目标:随机转换						
92. 泛化到环境 1:						
93. 泛化到环境 2:						
94. 维持阶段:在不同环境下评估				2W 1W M		

听指令找到相应的数字(1～10以内)

等级:□1 □2 □3

S^D: 向受训者展示1～3个数字,并说"触碰[X]""给我[X]""找出[X]""指向[X]"等	**反应:** 受训者可以触摸、给予、找到或者指向特定的数字
数据收集:技能习得	**目标标准:**2个训练师连续3天都观察到80%或以上的正确回应
材料:数字卡片,三维数字模型(塑料数字或数字拼图)及强化物(图片见附赠的CD)	

消退程序

维持标准:2W=连续4次100%完成;1W=连续4次100%完成;M=连续3次100%完成	**自然环境标准:**目标行为可在自然环境下泛化到3种新的自然发生的活动中	**归档标准:**目标、维持和自然环境标准全部达标

目标列表

对目标的建议和试探结果

对目标的建议:数字1～10
试探结果(已掌握目标):

目　　标	基线%	开始日期	达标日期	消退程序		
				维持阶段	自然环境开始日期	归档日期
1. 目标1(独立项):						
2. 目标1(FO2/目标项和1个干扰项):						
3. 目标1(FO3/目标项和2个干扰项):						

4. 目标 2（独立项）：						
5. 目标 2（FO2/目标项和 1 个干扰项）：						
6. 目标 2（FO3/目标项和 2 个干扰项）：						
7. 已达成的目标：随机转换						
8. 目标 3（独立项）：						
9. 目标 3（FO2/目标项和 1 个干扰项）：						
10. 目标 3（FO3/目标项和 2 个干扰项）：						
11. 目标 4（独立项）：						
12. 目标 4（FO2/目标项和 1 个干扰项）：						
13. 目标 4（FO3/目标项和 2 个干扰项）：						
14. 已达成的目标：随机转换						
15. 目标 5（独立项）：						
16. 目标 5（FO2/目标项和 1 个干扰项）：						
17. 目标 5（FO3/目标项和 2 个干扰项）：						
18. 目标 6（独立项）：						
19. 目标 6（FO2/目标项和 1 个干扰项）：						
20. 目标 6（FO3/目标项和 2 个干扰项）：						
21. 已达成的目标：随机转换						
22. 目标 7（独立项）：						

23. 目标 7（FO2/目标项和 1 个干扰项）：						
24. 目标 7（FO3/目标项和 2 个干扰项）：						
25. 目标 8（独立项）：						
26. 目标 8（FO2/目标项和 1 个干扰项）：						
27. 目标 8（FO3/目标项和 2 个干扰项）：						
28. 已达成的目标：随机转换						
29. 目标 9（独立项）：						
30. 目标 9（FO2/目标项和 1 个干扰项）：						
31. 目标 9（FO3/目标项和 2 个干扰项）：						
32. 目标 10（独立项）：						
33. 目标 10（FO2/目标项和 1 个干扰项）：						
34. 目标 10（FO3/目标项和 2 个干扰项）：						
35. 已达成的目标：随机转换						
36. 泛化到环境 1：						
37. 泛化到环境 2：						
38. 维持阶段：在不同环境下评估				2W 1W M		

听指令找到相应的形状或形状图片

等级:□1 □2 □3

S^D: 向受训者展示 1 ~ 3 种形状的卡片或三维模型,并说"触碰[X]""给我[X]""找出[X]""指向[X]"	**反应:** 受训者可以触摸、给予、找到或者指向特定的图形
数据收集:技能习得	**目标标准:**2 个训练师连续 3 天都观察到 80% 或以上的正确回应
材料:图形卡片或者三维图形及强化物(图片见附赠的 CD)	

消退程序

维持标准:2W = 连续 4 次 100% 完成;1W = 连续 4 次 100% 完成;M = 连续 3 次 100% 完成	**自然环境标准:**目标行为可在自然环境下泛化到 3 种新的自然发生的活动中	**归档标准:**目标、维持和自然环境标准全部达标

目标列表

对目标的建议和试探结果

对目标的建议:圆形,正方形,三角形,星形,菱形,心形,矩形和椭圆形
试探结果(已掌握目标):

目　　标	基线%	开始日期	达标日期	消退程序		
				维持阶段	自然环境开始日期	归档日期
1. 目标 1(独立项):						
2. 目标 1(FO2/目标项和 1 个干扰项):						

3. 目标1(FO3/目标项和2个干扰项):						
4. 目标2(独立项):						
5. 目标2(FO2/目标项和1个干扰项):						
6. 目标2(FO3/目标项和2个干扰项):						
7. 已达成的目标:随机转换						
8. 目标3(独立项):						
9. 目标3(FO2/目标项和1个干扰项):						
10. 目标3(FO3/目标项和2个干扰项):						
11. 目标4(独立项):						
12. 目标4(FO2/目标项和1个干扰项):						
13. 目标4(FO3/目标项和2个干扰项):						
14. 已达成的目标:随机转换						
15. 目标5(独立项):						
16. 目标5(FO2/目标项和1个干扰项):						
17. 目标5(FO3/目标项和2个干扰项):						
18. 目标6(独立项):						
19. 目标6(FO2/目标项和1个干扰项):						
20. 目标6(FO3/目标项和2个干扰项):						
21. 已达成的目标:随机转换						

22. 目标 7(独立项)：						
23. 目标 7(FO2/目标项和 1 个干扰项)：						
24. 目标 7(FO3/目标项和 2 个干扰项)：						
25. 目标 8(独立项)：						
26. 目标 8(FO2/目标项和 1 个干扰项)：						
27. 目标 8(FO3/目标项和 2 个干扰项)：						
28. 已达成的目标:随机转换						
29. 泛化到环境 1：						
30. 泛化到环境 2：						
31. 维持阶段:在不同环境下评估				2W 1W M		

命名物品或图片的颜色

等级：□1 □2 □3

S^D： 向受训者展示一张颜色卡或者单一颜色的物体，然后说“这是什么颜色？”	**反应：** 受训者可以命名特定物体或卡片的颜色
数据收集：技能习得	**目标标准：**2 个训练师连续 3 天都观察到 80% 或以上的正确回应
材料：不同颜色的卡片、单色物体、强化物（图片见附赠的 CD）	

消退程序

维持标准：2W = 连续 4 次 100% 完成；1W = 连续 4 次 100% 完成；M = 连续 3 次 100% 完成	**自然环境标准：**目标行为可在自然环境下泛化到 3 种新的自然发生的活动中	**归档标准：**目标、维持和自然环境标准全部达标

目标列表

对目标的建议和试探结果

对目标的建议：红色，蓝色，黄色，绿色，黑色，紫色，橘色，白色，棕色和粉色
试探结果（已掌握目标）：

目　　标	基线%	开始日期	达标日期	消退程序		
				维持阶段	自然环境开始日期	归档日期
1. 目标 1：						
2. 目标 2：						
3. 目标 1 和 2：随机转换						

4. 目标 3：						
5. 目标 4：						
6. 已达成的目标：随机转换						
7. 目标 5：						
8. 目标 6：						
9. 已达成的目标：随机转换						
10. 目标 7：						
11. 目标 8：						
12. 已达成的目标：随机转换						
13. 目标 9：						
14. 目标 10：						
15. 已达成的目标：随机转换						
16. 泛化到环境 1：						
17. 泛化到环境 2：						
18. 维持阶段：在不同环境下评估				2W 1W M		

进行该任务分析的具体建议：

- 确保关于此任务分析的必要技能已经提前教授。例如，安坐和接受性指令等技能。
- 如果受训者无语言，应首先考虑实施言语模仿项目。
- 如果受训者无法掌握语言能力，训练师应该决定教授时机，并采取替代性沟通方法或辅助技能，例如，手语、PECS（Bondy and Frost 2002）或沟通设备。

命名字母

等级:□1 □2 □3

S^D: 向受训者展示字母卡片,并问“这是什么字母?”	**反应:** 受训者可以命名指定的字母
数据收集:技能习得	**目标标准:**2 个训练师连续 3 天都观察到 80% 或以上的正确回应
材料:字母卡片或者三维字母(塑料字母或字母拼图),以及强化物(图片见附赠的 CD)	

消退程序

维持标准:2W = 连续 4 次 100% 完成;1W = 连续 4 次 100% 完成;M = 连续 3 次 100% 完成	**自然环境标准:**目标行为可在自然环境下泛化到 3 种新的自然发生的活动中	**归档标准:**目标、维持和自然环境标准全部达标

目标列表

对目标的建议和试探结果

对目标的建议:字母表的所有字母
试探结果(已掌握目标):

目　　标	基线%	开始日期	达标日期	消退程序		
				维持阶段	自然环境开始日期	归档日期
1. 目标 1:						
2. 目标 2:						
3. 目标 1 和 2:随机转换						

4. 目标 3：						
5. 目标 4：						
6. 已达成的目标:随机转换						
7. 目标 5：						
8. 目标 6：						
9. 已达成的目标:随机转换						
10. 目标 7：						
11. 目标 8：						
12. 已达成的目标:随机转换						
13. 目标 9：						
14. 目标 10：						
15. 已达成的目标:随机转换						
16. 目标 11：						
17. 目标 12：						
18. 已达成的目标:随机转换						
19. 目标 13：						
20. 目标 14：						
21. 已达成的目标:随机转换						
22. 目标 15：						
23. 目标 16：						
24. 已达成的目标:随机转换						
25. 目标 17：						

26. 目标 18：						
27. 已达成的目标：随机转换						
28. 目标 19：						
29. 目标 20：						
30. 已达成的目标：随机转换						
31. 目标 21：						
32. 目标 22：						
33. 已达成的目标：随机转换						
34. 目标 23：						
35. 目标 24：						
36. 已达成的目标：随机转换						
37. 目标 25：						
38. 目标 26：						
39. 已达成的目标：随机转换						
40. 泛化到环境 1：						
41. 泛化到环境 2：						
42. 维持阶段：在不同环境下评估				2W 1W M		

进行该任务分析的具体建议：

- 确保此前的必要技能已经提前教授。例如，安坐技能，接受性指令（包括接受性字母指令）。
- 如果受训者无语言，应首先考虑实施言语模仿项目。
- 如果受训者无法掌握语言技能，训练师应该决定教授时机，并采取替代性沟通方法或辅助技能，例如，手语、PECS（Bondy and Frost 2002）或沟通设备。

命名数字

等级：□1 □2 □3

S^D： 向受训者展示一个数字，并问“这是什么数字？”	**反应：** 受训者可以命名指定的数字
数据收集：技能习得	**目标标准：**2 个训练师连续 3 天都观察到 80% 及以上的正确回应
材料：数字卡片或三维数字（塑料字母或字母拼图），以及强化物（图片见附赠的 CD）	

消退程序

维持标准：2W = 连续 4 次 100% 完成；1W = 连续 4 次 100% 完成；M = 连续 3 次 100% 完成	**自然环境标准：**目标行为可在自然环境下泛化到 3 种新的自然发生的活动中	**归档标准：**目标、维持和自然环境标准全部达标

目标列表

对目标的建议和试探结果

对目标的建议：数字 1 ~ 10
试探结果（已掌握目标）：

目　标	基线%	开始日期	达标日期	消退程序		
				维持阶段	自然环境开始日期	归档日期
1. 目标 1：						
2. 目标 2：						
3. 目标 1 和 2：随机转换						

4. 目标 3：						
5. 目标 4：						
6. 已达成的目标：随机转换						
7. 目标 5：						
8. 目标 6：						
9. 已达成的目标：随机转换						
10. 目标 7：						
11. 目标 8：						
12. 已达成的目标：随机转换						
13. 目标 9：						
14. 目标 10：						
15. 已达成的目标：随机转换						
16. 泛化到环境 1：						
17. 泛化到环境 2：						
18. 维持阶段：在不同环境下评估				2W 1W M		

进行该任务分析的具体建议：

- 确保此前的必要技能已经提前教授。例如，安坐技能，接受性指令。
- 如果受训者无语言，应首先考虑实施言语模仿项目。
- 如果受训者无法掌握语言技能，训练师应该决定教授时机，并采取替代性沟通方法或辅助技能，例如，手语、PECS（Bondy and Frost 2002）或沟通设备。

命名形状

等级：□1 □2 □3

S^D： 向受训者展示三维立体图形或图形卡片，然后说“这是什么形状？”	**反应：** 受训者可以正确命名特定的三维立体形状或卡片
数据收集：技能习得	**目标标准：**2 个训练师连续 3 天都观察到 80% 及以上的正确回应
材料：三维立体形状，或不同形状的图形卡片（图片见附赠的 CD）	

消退程序

维持标准：2W = 连续 4 次 100% 完成；1W = 连续 4 次 100% 完成；M = 连续 3 次 100% 完成	**自然环境标准：**目标行为可在自然环境下泛化到 3 种新的自然发生的活动中	**归档标准：**目标、维持和自然环境标准全部达标

目标列表

对目标的建议和试探结果

对目标的建议：圆形，正方形，三角形，星形，菱形，心形，矩形和椭圆形
试探结果（已掌握目标）：

目　标	基线%	开始日期	达标日期	消退程序		
				维持阶段	自然环境开始日期	归档日期
1. 目标 1：						
2. 目标 2：						
3. 目标 1 和 2：随机转换						

4. 目标 3：						
5. 目标 4：						
6. 已达成的目标：随机转换						
7. 目标 5：						
8. 目标 6：						
9. 已达成的目标：随机转换						
10. 目标 7：						
11. 目标 8：						
12. 已达成的目标：随机转换						
13. 泛化到环境 1：						
14. 泛化到环境 2：						
15. 维持阶段：在不同环境下评估				2W 1W M		

进行该任务分析的具体建议：

- 确保此前的必要技能已经提前教授。例如，安坐技能，接受性指令。

写字前具备的技能

等级:□1 □2 □3

S^D: 把纸和书写工具摆放在测试者前面,一边演示书写动作,一边说“这样做”	**反应:** 受训者可以模仿书写基本动作
数据收集:技能习得	**目标标准:**2 个训练师连续 3 天都观察到 80% 及以上的正确回应
材料:纸,书写工具(如,铅笔、蜡笔、记号笔),强化物	

消退程序

维持标准:2W = 连续 4 次 100% 完成;1W = 连续 4 次 100% 完成;M = 连续 3 次 100% 完成	**自然环境标准:**目标行为可在自然环境下泛化到 3 种新的自然发生的活动中	**归档标准:**目标、维持和自然环境标准全部达标

目标列表

对目标的建议和试探结果

对目标的建议:乱涂,垂线,横线,圆,加号,曲线,右斜线(\),左斜线(/),直角
试探结果(已掌握目标):

目　　标	基线%	开始日期	达标日期	消退程序		
				维持阶段	自然环境开始日期	归档日期
1. 目标 1:						
2. 目标 2:						
3. 目标 1 和 2:随机转换						

4. 目标 3：						
5. 目标 4：						
6. 已达成的目标：随机转换						
7. 目标 5：						
8. 目标 6：						
9. 已达成的目标：随机转换						
10. 目标 7：						
11. 目标 8：						
12. 已达成的目标：随机转换						
13. 目标 9：						
14. 目标 10：						
15. 已达成的目标：随机转换						
16. 泛化到环境 1：						
17. 泛化到环境 2：						
18. 维持阶段：在不同环境下评估				2W 1W M		

数数

等级：□1 □2 □3

S^D： A. “自然数数” B. “数到指定的数字”	**反应：** A. 受训者至少可以数到 10 B. 受训者可以数到指定的数并停下
数据收集：技能习得	**目标标准：**2 个训练师连续 3 天都观察到 80% 及以上的正确回应
材料：强化物	

消退程序

维持标准：2W = 连续 4 次 100% 完成；1W = 连续 4 次 100% 完成；M = 连续 3 次 100% 完成	**自然环境标准：**目标行为可在自然环境下泛化到 3 种新的自然发生的活动中	**归档标准：**目标、维持和自然环境标准全部达标

目标列表

对目标的建议和试探结果

对目标的建议：数字 1 ~ 10
试探结果（已掌握目标）：

目　标	基线%	开始日期	达标日期	消退程序		
				维持阶段	自然环境开始日期	归档日期
1. S^DA：目标 1						
2. 泛化到环境 1：						
3. 泛化到环境 2：						

4. 维持阶段:在不同环境下评估				2W 1W M		
5. S^DB:目标 1						
6. S^DB:目标 2						
7. 目标 1 和 2:随机转换						
8. S^DB:目标 3						
9. S^DB:目标 4						
10. 已达成的目标:随机转换						
11. S^DB:目标 5						
12. S^DB:目标 6						
13. 已达成的目标:随机转换						
14. S^DB:目标 7						
15. S^DB:目标 8						
16. 已达成的目标:随机转换						
17. S^DB:目标 9						
18. S^DB:目标 10						
19. 已达成的目标:随机转换						
20. 泛化到环境 1:						
21. 泛化到环境 2:						
22. 维持阶段:在不同环境下评估				2W 1W M		

进行该任务分析的具体建议:

- 在实施这个项目时,可以利用视觉辅助(数轴、数字卡片等)来帮助测试者数到指定的数字。
- 另一个可能有帮助的教学策略是使用粗大动作(鼓掌、跳跃或拍球)来控制测试者在数数时的节奏。

描摹

等级：□1 □2 □3

S^D： 描摹和指出被描摹的物体	**反应：** 受训者能够描摹指定的物体
数据收集：技能习得	**目标标准：**2 个训练师连续 3 天都观察到 80% 及以上的正确回应
材料：被描摹的物体，书写工具（如，铅笔、蜡笔、记号笔），以及强化物	

消退程序

维持标准：2W = 连续 4 次 100% 完成；1W = 连续 4 次 100% 完成；M = 连续 3 次 100% 完成	**自然环境标准：**目标行为可在自然环境下泛化到 3 种新的自然发生的活动中	**归档标准：**目标、维持和自然环境标准全部达标

目标列表

对目标的建议和试探结果

对目标的建议：图形，字母，数字，斜线，符号，图片
试探结果（已掌握目标）：

目　标	基线%	开始日期	达标日期	消退程序		
				维持阶段	自然环境开始日期	归档日期
1. 目标 1：						
2. 目标 2：						
3. 目标 1 和 2：随机转换						

4. 目标3：						
5. 目标4：						
6. 已达成的目标：随机转换						
7. 目标5：						
8. 目标6：						
9. 已达成的目标：随机转换						
10. 目标7：						
11. 目标8：						
12. 已达成的目标：随机转换						
13. 目标9：						
14. 目标10：						
15. 已达成的目标：随机转换						
16. 泛化到环境1：						
17. 泛化到环境2：						
18. 维持阶段：在不同环境下评估				2W 1W M		

进行该任务分析的具体建议：

- 开始教授此项技能时，先使用较大的图进行描线。

第 15 章　游戏技能和社交技能的任务分析

- ▶ 友善地与幼儿兄弟姐妹游戏或接触
- ▶ 玩球
- ▶ 基本的假装游戏(单一动作)
- ▶ 吹物体
- ▶ 用积木搭高楼
- ▶ 玩封闭式逻辑类玩具
- ▶ 玩封闭式粗大动作类玩具
- ▶ 玩封闭式电动/电子玩具
- ▶ 物品的功能性使用
- ▶ 把物品交给指定的人
- ▶ 按照游戏时间计划表独立地玩游戏
- ▶ 共同注意力
- ▶ 玩开放式逻辑类玩具
- ▶ 玩开放式粗大动作类玩具
- ▶ 玩开放式电动/电子玩具
- ▶ 平行游戏
- ▶ 听音乐做游戏或在游戏中做相应的动作
- ▶ 参与“如果感到幸福你就拍拍手”这首歌做相应的动作
- ▶ 参与“可爱的小蜘蛛”这首歌做相应的动作
- ▶ 参与“公车上的轮子”这首歌做相应的动作
- ▶ 沙盘游戏
- ▶ 玩橡皮泥
- ▶ 将液体从一个容器倒入另一个容器

友善地与幼儿兄弟姐妹游戏或接触

等级：□1 □2 □3

S^D： A. 给受训者玩偶娃娃，并说"和宝宝好好玩吧" B. 说"和娃娃分享"，促使受训者把玩具递给玩偶娃娃	**反应：** A. 受训者会恰当地抚摸娃娃或和娃娃玩耍，并会泛化到适当地和幼儿伙伴触摸或玩耍 B. 受训者可以恰当地和娃娃分享玩具或把玩具递给娃娃，并会泛化到和幼儿伙伴分享
数据收集：辅助数据（辅助次数与类型）	**目标标准：**2 个训练师连续 3 天都观察到零辅助完成
材料：玩具娃娃和强化物	

消退程序

维持标准：2W＝连续 4 次零辅助完成；1W＝连续 4 次零辅助完成；M＝连续 3 次零辅助完成	**自然环境标准：**目标行为可在自然环境下泛化到 3 种新的自然发生的活动中	**归档标准：**目标、维持和自然环境标准全部达标

目标列表

对目标的建议和试探结果

对目标的建议：S^DA：跟玩偶娃娃好好玩：躲猫猫，帕蒂蛋糕（如果玩伴成年），做鬼脸并对宝宝唱歌。S^DB：和宝宝分享：抚摸，给安抚奶嘴和毛绒玩偶
试探结果（已掌握目标）：

目　　标	基线:辅助次数与类型	开始日期	达标日期	消退程序		
				维持阶段	自然环境开始日期	归档日期
1. S^DA:幼儿兄弟姐妹在 3 米处						
2. S^DA:幼儿兄弟姐妹在 1.5 米处						
3. S^DA:幼儿兄弟姐妹在 0.9 米处						
4. S^DA:幼儿兄弟姐妹在 0.3 米处						
5. S^DA:泛化到幼儿兄弟姐妹,10 秒						
6. S^DA:泛化到幼儿兄弟姐妹中,1 分钟						
7. S^DA:泛化到幼儿兄弟姐妹中,90 秒						
8. S^DA:泛化到幼儿兄弟姐妹中,2 分钟						
9. S^DA:泛化到幼儿兄弟姐妹中,3 分钟						
10. 泛化到环境 1:						
11. 泛化到环境 2:						
12. 维持阶段:在不同环境下评估				2W 1W M		
13. S^DB:幼儿兄弟姐妹在 0.9 米处						
14. S^DB:幼儿兄弟姐妹在 0.3 米处						
15. S^DB:泛化到幼儿兄弟姐妹,10 秒						
16. S^DB:泛化到幼儿兄弟姐妹,1 分钟						
17. S^DB:泛化到幼儿兄弟姐妹,90 秒						
18. S^DB:泛化到幼儿兄弟姐妹,2 分钟						

19. S^DB：泛化到幼儿兄弟姐妹，3 分钟						
20. 泛化到环境 1：						
21. 泛化到环境 2：						
22. 维持阶段：在不同环境下评估				2W 1W M		

进行该任务分析的具体建议：

- 此项目中，要想进入到下一阶段目标，必须掌握两个技能。第一，受训者能够独立地与玩具娃娃互动（零辅助）。第二，对房间内幼儿兄弟姐妹无攻击性行为。当这两条都满足时，可以进入下一阶段。
- 进行该项目时，需要另外一名训练师在场，以便在受训者变得具有攻击性时抱走幼儿兄弟姐妹。
- 由于存在着对幼儿进行攻击的危险，我们要格外地注意。
- 在教受训者把玩具递给玩具娃娃或幼儿时，备一个可以发玩具的箱子，里面应装有尺寸合适且柔软的玩具。教给受训者只有这些玩具才可以使用（防止受训者试图把大且硬的玩具递给幼儿时意外受伤）。
- 随着幼儿的长大，可能需要加入合适的游戏，如，轮流、分享等。
- 对于自然环境标准的目标，我们要考虑减少受训者挫折，以便受训者在这些情况下（如当幼儿哭闹时）继续学习如何适当地接触。例如，幼儿哭闹时，受训者会变得心烦意乱（这可能是攻击的先兆），可以考虑录下幼儿的哭声。当受训者与玩偶娃娃游戏时播放此录音。训练师可以慢慢延长录音的播放时间来帮助受训者增强对录音的耐受性，进而泛化到幼儿伙伴。

玩球

等级:□1 □2 □3

S^D: 向受训者呈现一个球并说“X 球”(如“滚球”“踢球”等)	**反应:** 受训者会滚球、踢球、拍球或者扔球,并和同伴或者训练师持续互动玩球 3 分钟
数据收集:技能习得(目标 1 ~ 7);辅助数据(目标 8 ~ 10)	**目标标准:**2 个训练师连续 3 天都观察到 80% 或以上的正确回应(目标 1 ~ 7);2 个训练师连续 3 天都观察到零辅助完成(目标 8 ~ 10)
材料:球和强化物	

消退程序

维持标准:2W = 连续 4 次零辅助 100% 完成;1W = 连续 4 次零辅助 100% 完成;M = 连续 3 次零辅助 100% 完成	**自然环境标准:**目标行为可在自然环境下泛化到 3 种新的自然发生的活动中	**归档标准:**目标、维持和自然环境标准全部达标

目标列表

目　　标	基线:% 或辅助的次数与类型	开始日期	达标日期	消退程序		
				维持阶段	自然环境开始日期	归档日期
1. 目标 1:滚球						
2. 目标 2:踢球						
3. 目标 3:拍球						
4. 目标 4:手不过肩投球						
5. 目标 5:举手过肩投球						

6. 目标 6：给出接球的指令后，受训者进入准备状态（胳膊前伸，站定，注视扔球的人）。受训者可以在 0.6 米处接住中等大小的在操场上用的球						
7. 目标 7：受训者可以在 0.9 米处接住中等大小的在操场上用的球						
8. 目标 8：受训者可以和同伴或训练师互动玩球 1 分钟（模仿同伴或者训练师踢球、滚球等）						
9. 目标 9：互动玩球 2 分钟						
10. 目标 10：互动玩球 3 分钟						
11. 泛化到环境 1：						
12. 泛化到环境 2：						
13. 维持阶段：在不同环境下评估				2W 1W M		

进行该任务分析的具体建议：

- 确保该任务分析所需的预备技能都已教授。例如，掌握良好的运动模仿能力和粗大动作模仿项目。

基本的假装游戏(单一动作)

等级:□1 □2 □3

S^D: A. 用物体示范假装动作,并说“做这个” B. 用物体示范假装动作,并说“假装(动作+物体)” (例如“假装喂泰迪”或“假装放飞小鸟”) C. 不示范,直接说“假装(动作+物体)”	**反应:** A. 受训者用物体正确模仿假装动作 B. 受训者用物体正确模仿假装动作 C. 受训者正确做出假装游戏动作
数据收集:技能习得	**目标标准:**2 个训练师连续 3 天都观察到 80% 或以上的正确回应
材料:2 套用于模仿游戏的玩具和道具(如泰迪熊和杯子)及强化物	

消退程序

维持标准:2W = 连续 4 次 100% 完成;1W = 连续 4 次 100% 完成;M = 连续 3 次 100% 完成	**自然环境标准:**目标行为可在自然环境下泛化到 3 种新的自然发生的活动中	**归档标准:**目标、维持和自然环境标准全部达标

目标列表

对目标的建议和试探结果

对目标的建议:假装游戏的动作:喂泰迪熊吃东西,给泰迪熊喝水,安排小熊就寝,假装吃玩具食物,假装从玩具杯子里喝水,摇晃玩具娃娃,轻拍玩具娃娃,用玩具电话假装打电话,假装放飞一只小鸟,假装把玩具小车推下斜坡
试探结果(已掌握目标):

目　　标	基线%	开始日期	达标日期	消退程序		
				维持阶段	自然环境开始日期	归档日期
1. S^DA:目标 1						

2. $S^D B$：目标 1						
3. $S^D C$：目标 1						
4. $S^D A$：目标 2						
5. $S^D B$：目标 2						
6. $S^D C$：目标 2						
7. 目标 1 和 2：随机转换						
8. $S^D A$：目标 3						
9. $S^D B$：目标 3						
10. $S^D C$：目标 3						
11. $S^D A$：目标 4						
12. $S^D B$：目标 4						
13. $S^D C$：目标 4						
14. 已达成的目标：随机转换						
15. $S^D A$：目标 5						
16. $S^D B$：目标 5						
17. $S^D C$：目标 5						
18. $S^D A$：目标 6						
19. $S^D B$：目标 6						
20. $S^D C$：目标 6						
21. 已达成的目标：随机转换						
22. $S^D A$：目标 7						
23. $S^D B$：目标 7						

24. S^DC：目标 7						
25. S^DA：目标 8						
26. S^DB：目标 8						
27. S^DC：目标 8						
28. 已达成的目标：随机转换						
29. S^DA：目标 9						
30. S^DB：目标 9						
31. S^DC：目标 9						
32. S^DA：目标 10						
33. S^DB：目标 10						
34. S^DC：目标 10						
35. 已达成的目标：随机转换						
36. 泛化到环境 1：						
37. 泛化到环境 2：						
38. 维持阶段：随机转换所有 S^DC 目标，在不同环境下评估				2W 1W M		

进行该任务分析的具体建议：

- 确保该任务的预备技能都已教授。例如，参与技巧和使用物品进行物体模仿的技能，受训者应该在接受性命名中取得进步，并已了解接受性指导程序。
- 随后的任务分析包括假装游戏的连锁行为（任务分析可在本系列图书的第二册中找到）。如果受训者很快地完成了这个项目，就可以开始连贯动作的假装游戏了。如果受训者在这个项目的学习上出现困难，最好继续学习接受性命名，接受性指令，玩玩具（开放式或封闭式）方面继续练习，并取得进步。

吹物体

等级：□1 □2 □3

S^D： 呈现以下目标物品并说“吹”	**反应：** 受训者会用嘴吹物体，使物体移动特定的距离
数据收集：技能习得	**目标标准：**2 个训练师连续 3 天都观察到 80% 或以上的正确回应
材料：不同长度和直径的吸管，棉球，绉纸，泡泡，喇叭，噪声发生器和强化物	

消退程序

维持标准：2W = 连续 4 次 100% 完成；1W = 连续 4 次 100% 完成；M = 连续 3 次 100% 完成	**自然环境标准：**目标行为可在自然环境下泛化到 3 种新的自然发生的活动中	**归档标准：**目标、维持和自然环境标准全部达标

目标列表

对目标的建议和试探结果

对目标的建议：用长吸管吹绉纸、五彩纸屑和棉花球；用短吸管吹绉纸、五彩纸屑和棉花球；吹绉纸；吹五彩纸屑；吹棉花球；吹气泡；吹喇叭；吹发声玩具；吹蜡烛
试探结果（已掌握目标）：

目　标	基线%	开始日期	达标日期	消退程序		
				维持阶段	自然环境开始日期	归档日期
1. 目标 1：						
2. 目标 2：						
3. 目标 1 与 2：随机转换						

4. 目标 3：						
5. 目标 4：						
6. 已达成的目标：随机转换						
7. 目标 5：						
8. 目标 6：						
9. 已达成的目标：随机转换						
10. 目标 7：						
11. 目标 8：						
12. 已达成的目标：随机转换						
13. 目标 9：						
14. 目标 10：						
15. 已达成的目标：随机转换						
16. 泛化到环境 1：						
17. 泛化到环境 2：						
18. 维持阶段：在不同环境下评估				2W 1W M		

进行该任务分析的具体建议：

- 确保该任务分析所需的预备技能都已教授。例如安坐，粗大动作、精细动作及口腔动作的模仿。

用积木搭高楼

等级：□1 □2 □3

S^D： 向受训者展示一套积木并说“搭一座楼”	**反应：** 受训者会搭一座楼
数据收集：技能习得	**目标标准：**2 个训练师连续 3 天都观察到 80% 或以上的正确回应
材料：积木和强化物	

消退程序

维持标准：2W = 连续 4 次 100% 完成；1W = 连续 4 次 100% 完成；M = 连续 3 次 100% 完成	**自然环境标准：**目标行为可在自然环境下泛化到 3 种新的自然发生的活动中	**归档标准：**目标、维持和自然环境标准全部达标

目标列表

目　标	基线%	开始日期	达标日期	消退程序		
				维持阶段	自然环境开始日期	归档日期
1. 目标 1：2 块积木搭成楼						
2. 目标 2：3 块积木搭成楼						
3. 目标 3：4 块积木搭成楼						
4. 目标 4：5 块积木搭成楼						
5. 目标 5：6 块积木搭成楼						
6. 目标 6：7 块积木搭成楼						

7. 目标 7:8 块积木搭成楼						
8. 泛化到环境 1:						
9. 泛化到环境 2:						
10. 维持阶段:在不同环境下评估				2W 1W M		

进行该任务分析的具体建议:

- 确保这项任务分析的预备技能都已教授。例如,掌握精细动作的模仿和粗大动作的模仿。
- 受训者理解了如何使用积木后,言语部分的 S^D 就可以消退。

玩封闭式逻辑类玩具

等级：□1 □2 □3

S^D： 向受训者展示有逻辑关系类玩具并说“玩吧”	**反应：** 受训者会玩逻辑关系类玩具游戏
数据收集：辅助数据（辅助的次数与类型）	**目标标准：**2 个训练师连续 3 天都观察到零辅助完成
材料：有逻辑关系的玩具和强化物	

消退程序

维持标准：2W＝连续 4 次零辅助完成；1W＝连续 4 次零辅助完成；M＝连续 3 次零辅助完成	**自然环境标准：**目标行为可在自然环境下泛化到 3 种新的自然发生的活动中	**归档标准：**目标、维持和自然环境标准全部达标

目标列表

对目标的建议和试探结果

对目标的建议：有声拼图，齿轮玩具，弹出玩具，音乐玩具，电动玩具，玩具电话，玩具笔记本电脑，魔方，带按钮的玩具，Lite-Brite 游戏机和祖玛球
试探结果（已掌握目标）：

目　标	基线：辅助次数与类型	开始日期	达标日期	消退程序		
				维持阶段	自然环境开始日期	归档日期
1. 目标 1：						
2. 目标 2：						
3. 目标 3：						

4. 目标 4：						
5. 目标 5：						
6. 目标 6：						
7. 目标 7：						
8. 目标 8：						
9. 目标 9：						
10. 目标 10：						
11. 泛化到环境 1：						
12. 泛化到环境 2：						
13. 维持阶段：在不同环境下评估				2W 1W M		

进行该任务分析的具体建议：

- 封闭式和开放式玩具游戏的区别在于封闭式玩具游戏具有一个明确的结果，而开放式玩具游戏则没有。例如，一个弹出式的玩具就是封闭式玩具。一旦受训者弹出了玩具上的所有按键，这个游戏就结束了。而玩小车则是一个开放式的玩具游戏。这个游戏没有一个确定的结果。
- 确保这项任务分析的预备技能都已教授。例如，掌握精细和粗大动作模仿项目。
- 一旦受训者理解了如何玩玩具，语言部分的 S^D 就可以消退到只展示玩具。

玩封闭式粗大动作类玩具

等级：□1 □2 □3

S^D： 向受训者展示粗大动作类玩具并说“玩吧”	**反应：** 受训者学会玩粗大动作类玩具
数据收集：辅助数据（辅助的次数与类型）	**目标标准：**2 个训练师连续 3 天都观察到零辅助完成
材料：粗大动作类玩具和强化物	

消退程序

维持标准：2W＝连续 4 次零辅助完成；1W＝连续 4 次零辅助完成；M＝连续 3 次零辅助完成	**自然环境标准：**目标行为可在自然环境下泛化到 3 种新的自然发生的活动中	**归档标准：**目标、维持和自然环境标准全部达标

目标列表

对目标的建议和试探结果

对目标的建议：玩隧道，滑滑梯，投沙包，玩保龄球，爬绳梯，玩玩具火箭，投掷水球，走平衡木，走音乐台阶和吊单杠
试探结果（已掌握目标）：

目　标	基线：辅助次数与类型	开始日期	达标日期	消退程序		
				维持阶段	自然环境开始日期	归档日期
1. 目标 1：						
2. 目标 2：						
3. 目标 3：						

4. 目标 4：						
5. 目标 5：						
6. 目标 6：						
7. 目标 7：						
8. 目标 8：						
9. 目标 9：						
10. 目标 10：						
11. 泛化到环境 1：						
12. 泛化到环境 2：						
13. 维持阶段：在不同环境下评估				2W 1W M		

进行该任务分析的具体建议：

- 封闭式玩具游戏和开放式玩具游戏的区别在于封闭式玩具游戏具有一个明确的结果，而开放式玩具游戏则没有。例如，一次滑滑梯就是封闭式玩具游戏。一旦受训者从滑梯上滑下来，这个游戏就结束了。蹦跳床则是一个开放式游戏，这个游戏没有一个确定的结果，属于开放式玩具游戏。
- 确保这项任务分析的预备的技能都已教授。例如，精细和粗大动作模仿项目。
- 一旦受训者理解了如何玩玩具，语言部分的 S^D 就可以消退到只展示玩具。

玩封闭式电动/电子玩具

等级：□1 □2 □3

S^D： 向受训者展示电动或电子玩具并说“玩吧”	**反应：** 受训者可以完成电动或电子玩具游戏
数据收集：辅助数据（辅助的次数与类型）	**目标标准：**2 个训练师连续 3 天都观察到零辅助完成
材料：电动/电子玩具和强化物	

消退程序

维持标准：2W＝连续 4 次零辅助完成；1W＝连续 4 次零辅助完成；M＝连续 3 次零辅助完成	**自然环境标准：**目标行为可在自然环境下泛化到 3 种新的自然发生的活动中	**归档标准：**目标、维持和自然环境标准全部达标

目标列表

对目标的建议和试探结果

对目标的建议：玩偶盒，玩具齿轮，有声拼图，电子飞镖（飞镖是塑料的）和自动计数存钱罐
试探结果（已掌握目标）：

目　标	基线：辅助次数与类型	开始日期	达标日期	消退程序		
				维持阶段	自然环境开始日期	归档日期
1. 目标 1：						
2. 目标 2：						
3. 目标 3：						

4. 目标 4：						
5. 目标 5：						
6. 目标 6：						
7. 目标 7：						
8. 目标 8：						
9. 目标 9：						
10. 目标 10：						
11. 泛化到环境 1：						
12. 泛化到环境 2：						
13. 维持阶段：在不同环境下评估				2W 1W M		

进行该任务分析的具体建议：

- 封闭式游戏和开放式玩具游戏的区别在于封闭式玩具游戏具有一个明确的结果，而开放式玩具游戏则没有。例如，有声拼图就是封闭式玩具游戏。一旦拼出了拼图，这个游戏就结束了。而照相机则是一个开放式的玩具游戏。这个游戏没有一个确定的结果。
- 确保这项任务分析前期的技能都已教授。例如，精细动作和粗大动作的模仿项目。
- 一旦受训者理解了如何玩，语言部分的 S^D 就可以消退到只展示玩具。

物品的功能性使用

等级：□1 □2 □3

S^D： 给受训者物体（无语言指令）	**反应：** 受训者会正确使用物体
数据收集：技能习得	**目标标准：**2 个训练师连续 3 天都观察到 80% 或以上的正确回应
材料：一般功能性物体和强化物	

消退程序

维持标准：2W = 连续 4 次 100% 完成；1W = 连续 4 次 100% 完成；M = 连续 3 次 100% 完成	**自然环境标准：**目标行为可在自然环境下泛化到 3 种新的自然发生的活动中	**归档标准：**目标、维持和自然环境标准全部达标

目标列表

对目标的建议和试探结果

对目标的建议：选择受训者家里的功能性物体：积木和容器，敲鼓，打铃，摇沙锤或其他发声物体，用玩具锤子敲击，把人偶放进汽车并推动汽车，把人偶放进飞机并让飞机飞，喂玩具娃娃或小动物吃东西，拿玩具电话贴近耳朵，用杯子喝水，梳头发，让小车行驶，堆积木
试探结果（已掌握目标）：

目　标	基线%	开始日期	达标日期	消退程序		
				维持阶段	自然环境开始日期	归档日期
1. 目标 1：						
2. 目标 2：						

3. 目标 1 与 2:随机转换						
4. 目标 3:						
5. 目标 4:						
6. 已达成的目标:随机转换						
7. 目标 5:						
8. 目标 6:						
9. 已达成的目标:随机转换						
10. 目标 7:						
11. 目标 8:						
12. 已达成的目标:随机转换						
13. 目标 9:						
14. 目标 10:						
15. 已达成的目标:随机转换						
16. 泛化到环境 1:						
17. 泛化到环境 2:						
18. 维持阶段:在不同环境下评估				2W 1W M		

把物品交给指定的人

等级：□1 □2 □3

S^D： 当受训者手上有多个物体时，说“把[X]给[某人]”	**反应：** 受训者会把物品给特定的人
数据收集：技能习得	**目标标准：**2 个训练师连续 3 天都观察到 80% 或以上的正确回应
材料：另一个人，熟悉的物品和强化物	

消退程序

维持标准：2W = 连续 4 次 100% 完成；1W = 连续 4 次 100% 完成；M = 连续 3 次 100% 完成	**自然环境标准：**目标行为可在自然环境下泛化到 3 种新的自然发生的活动中	**归档标准：**目标、维持和自然环境标准全部达标

目标列表

对目标的建议和试探结果

对目标的建议：把一个一般喜欢的物品给受训者旁边的人，把一般喜欢的物品给距离受训者 60 厘米远的人，把一个受训者不喜欢的物品给旁边的人，把受训者不喜欢的物品给距离 60 厘米远的人，把一个受训者喜欢的物品给旁边的人，把受训者喜欢的物品给距离 60 厘米远的人
试探结果（已掌握的目标）：

目　标	基线%	开始日期	达标日期	消退程序		
				维持阶段	自然环境开始日期	归档日期
1. 目标 1：						
2. 目标 2：						

3. 目标 1 与 2:随机转换						
4. 目标 3:						
5. 目标 4:						
6. 已达成的目标:随机转换						
7. 目标 5:						
8. 目标 6:						
9. 已达成的目标:随机转换						
10. 目标 7:						
11. 目标 8:						
12. 已达成的目标:随机转换						
13. 目标 9:						
14. 目标 10:						
15. 已达成的目标:随机转换						
16. 泛化到环境 1:						
17. 泛化到环境 2:						
18. 维持阶段:在不同环境下评估				2W 1W M		

进行该任务分析的具体建议:

- 确保这项任务分析的预备技能都已教授。例如,掌握人和功能性物体/玩具的接受性及表达性命名,并且听从一步指令。
- 受训者要知道另一个人的名字和要给出的物品的名字。
- 该任务分析先从受训者熟悉的成人开始,然后泛化到他/她的同伴。

按照游戏时间计划表独立地玩游戏

等级：□1 □2 □3

S^D： A. 向受训者展示制作游戏时间表的材料并且说“制作你的游戏时间表” B. 向受训者展示他们制作的游戏时间表并说“去玩吧”	**反应：** A. 受训者会制作游戏时间表 B. 受训者会独立完成游戏时间表上的游戏活动
数据收集：辅助数据（辅助的次数与类型）	**目标标准：**2 个训练师连续 3 天都观察到零辅助完成
材料：贴玩具图片的箱子，魔术贴，颜色编码时间游戏表（见具体建议），受训者熟悉的玩具和强化物	

消退程序

维持标准：2W＝连续 4 次零辅助完成；1W＝连续 4 次零辅助完成；M＝连续 3 次零辅助完成	**自然环境标准：**目标行为可在自然环境下泛化到 3 种新的自然发生的活动中	**归档标准：**目标、维持和自然环境标准全部达标

目标列表

目　标	基线：辅助次数与类型	开始日期	达标日期	消退程序		
				维持阶段	自然环境开始日期	归档日期
1. S^DA：目标 1：受训者选择玩具并且制订游戏时间表						
正向链接程序						
2. S^DB：目标 1：受训者能找到并移出游戏计划表上的第 1 个图片或图标						
3. S^DB：目标 2：受训者将图标和箱子上的图标进行配对						

4. S^DB：目标 3：受训者取回玩具并带回游戏区域						
5. S^DB：目标 4：受训者完成游戏或至少持续玩 3 分钟						
6. S^DB：目标 5：受训者整理并把玩具放回原位						
7. S^DB：目标 6：受训者回到游戏时间表处						
8. S^DB：目标 7：受训者找到并移出游戏时间表上的第 2 个图片或图标						
9. S^DB：目标 8：受训者把这个图标/图片和箱子上的图标/图片匹配						
10. S^DB：目标 9：受训者拿回玩具并带到游戏区域						
11. S^DB：目标 10：受训者完成游戏或至少持续玩 3 分钟						
12. S^DB：目标 11：受训者整理并把玩具放回原位						
13. S^DB：目标 12：受训者回到游戏时间表处						
14. S^DB：目标 13：受训者找到并移出游戏计划表上的第 3 个图片或图标						
15. S^DB：目标 14：受训者把这个图标/图片和箱子上的图标/图片匹配						
16. S^DB：目标 15：受训者拿回玩具并带到游戏区域						
17. S^DB：目标 16：受训者完成游戏或至少持续玩 3 分钟						

18. S^DB：目标 17：受训者整理后把玩具放回原处						
19. S^DB：目标 18：受训者完成这个游戏时间表的内容（训练师距受训者 30 厘米远）						
20. S^DB：目标 19：受训者完成这个游戏时间表的内容（训练师距受训者 90 厘米远）						
21. S^DB：目标 20：受训者完成这个游戏时间表的内容（训练师在门口）						
22. S^DB：目标 20：受训者完成游戏时间表的内容（训练师在房间外）						
23. 泛化到环境 1：						
24. 泛化到环境 2：						
25. 维持阶段：在不同环境下评估				2W 1W M		

进行该任务分析的具体建议：

- 确保这项任务分析所需的预备技能都已教授。包括掌握配对项目和独立玩开放式和封闭式玩具游戏。
- 选择受训者可以操作和独立玩的玩具。
- 在制订游戏时间表时，用 3 种不同的颜色（如，绿色、蓝色、黄色）进行颜色编码，当受训者制订自己的游戏时间表时，他们可以从蓝色部分选取一个图片/图标，从绿色部分选取一个图片/图标等等。直到完成一个游戏计划表。
- 在下达指令时，可以搭配使用计时器，这样受训者知道他们需要玩多长时间。
- 游戏时间表上最后一个玩具应该具有最高强化性。可以是一个受训者知道怎样长时间玩耍的开放式游戏玩具（如，贴纸书，看图说话，插销玩具等）。
- 设计这个项目的目的是教受训者使用可视化时间表独立游戏。这项任务分析采用了正向连锁程序，按照事情自然发生的顺序进行直到所有步骤都独立完成。这样对于目标 1 来说，受训者表现出了目标行为，然后被辅助完成后续步骤。对于目标 2 来说，除了目标 1，其他的步骤都会被辅助。对于目标 3 来说，除了目标 1 和 2，所有的步骤都会被辅助。继续执行这个程序直到受训者独立掌握整个目标程序。
- 这项任务的下一步是逐步减少对游戏时间表的需求。用指令“去玩吧”，受训者就可以自己在没有游戏时间表的情况下持续玩几分钟，然后逐步延长游戏时间。

共同注意力

等级：□1 □2 □3

S^D：	反应：
A. 指向物体并说“看” B. 指的同时，说“X 在哪儿？” C. 把要强化的物体给受训者 D. 说“把 X 给某人” E. 把强化物体给受训者，并说“把 X 给某人看”	A. 受训者会顺着你指的方向看物体 B. 受训者指向特定物体的方向 C. 受训者接过物体，观察并返还物体给教师 D. 受训者走向目标人并把物体交给他，和目标人眼神接触然后看物体 E. 受训者拿着物体向目标人物展示，目光从物体转移到对方，然后再移回物体
数据收集：技能习得	**目标标准：**2 个训练师连续 3 天都观察到 80% 或以上的正确回应
材料：物体和强化物	

消退程序

维持标准：2W＝连续 4 次 100% 完成；1W＝连续 4 次 100% 完成；M＝连续 3 次 100% 完成	**自然环境标准：**目标行为可在自然环境下泛化到 3 种新的自然发生的活动中	**归档标准：**目标、维持和自然环境标准全部达标

目标列表

目　标	基线%	开始日期	达标日期	消退程序		
				维持阶段	自然环境开始日期	归档日期
1. S^DA：目标 1						
2. S^DA：目标 2						
3. 维持阶段：在不同环境下评估				2W 1W M		
4. S^DB：目标 1						

5. S^DB：目标 2						
6. 目标 1 和 2：随机转换						
7. 维持阶段：在不同环境下评估				2W 1W M		
8. S^DC：目标 1						
9. S^DC：目标 2						
10. S^DD：目标 1						
11. S^DD：目标 2						
12. 已达成的目标：随机转换						
13. 维持阶段：在不同环境下评估				2W 1W M		
14. S^DE：目标 1						
15. S^DE：目标 2						
16. 已达成的目标：随机转换						
17. 泛化到环境 1：						
18. 泛化到环境 2：						
19. 维持阶段：在不同环境下评估				2W 1W M		

进行该任务分析的具体建议：

- 确保这项任务分析的预备技能都已教授。例如，掌握粗大动作的模仿和取得接受指令方面取得进步。
- 为了促进这个项目的成功，使用有高强化作用的物体。例如，当说“看”并指向的时候，确保你正指着一个可以让受训者觉得有强化作用的物体。

玩开放式逻辑类玩具

等级：□1 □2 □3

S^D： 向受训者展示一组逻辑关系玩具，一个计时器，并说“玩吧”	**反应：** 受训者玩有逻辑关系的玩具（时间不断延长）
数据收集：辅助数据（辅助的次数与类型）	**目标标准：**2个训练师连续3天都观察到零辅助完成
材料：有逻辑关系的玩具和强化物	

消退程序

维持标准：2W＝连续4次零辅助完成；1W＝连续4次零辅助完成；M＝连续3次零辅助完成	**自然环境标准：**目标行为可在自然环境下泛化到3种新的自然发生的活动中	**归档标准：**目标、维持和自然环境标准全部达标

目标列表

对目标的建议和试探结果

对目标的建议：音乐桌，乐器，绕珠箱，音乐积木，塔形敲击台，荧光棒，摇摇车，弹子和通道玩具，看说玩具/游戏
试探结果（已掌握目标）：

目　标	基线：辅助次数与类型	开始日期	达标日期	消退程序		
				维持阶段	自然环境开始日期	归档日期
1. 目标1：						
2. 目标2：						
3. 目标3：						

4. 目标 4：						
5. 目标 5：						
6. 目标 6：						
7. 目标 7：						
8. 目标 8：						
9. 目标 9：						
10. 目标 10：						
11. 泛化到环境 1：						
12. 泛化到环境 2：						
13. 维持阶段：在不同环境下评估				2W 1W M		

进行该任务分析的具体建议：

- 封闭式和开放式玩具的区别在于封闭式玩具游戏有确定的结果，而开放式玩具游戏则没有。例如，弹出式玩具是封闭式玩具。一旦受训者弹出玩具上所有的按钮，游戏结束。开放式玩具游戏包括音乐游戏台，这个游戏没有固定的结果。
- 确保这项任务分析所需预备技能已经教授。包括掌握精细动作和粗大动作的模仿能力。
- 预期的反应是受训者能玩的时间越来越长。目标 1 受训者可持续玩 30 秒，而目标 2 可持续 60 秒，而目标 3 可持续 2 分钟等等。
- 一旦受训者理解了用玩具干什么，言语部分的 S^D 就可以消退到只展示玩具。

玩开放式粗大动作类玩具

等级：□1 □2 □3

S^D： 向受训者展示一个粗大动作类玩具，一个计时器，并说“玩吧”	**反应：** 受训者用粗大动作玩具做游戏的时间不断增加
数据收集：辅助数据（辅助的次数与类型）	**目标标准：**2 个训练师连续 3 天都观察到零辅助完成
材料：粗大动作玩具和强化物	

消退程序

维持标准：2W＝连续 4 次零辅助完成；1W＝连续 4 次零辅助完成；M＝连续 3 次零辅助完成	**自然环境标准：**目标行为可在自然环境下泛化到 3 种新的自然发生的活动中	**归档标准：**目标、维持和自然环境条标准全部达标

目标列表

对目标的建议和试探结果

对目标的建议：呼拉圈，蹦床，三轮车，大转盘，推/拉玩具割草机/货车/波波球，秋千，篮球，滑板车，球池，放风筝，弹力玩具和玩具工作台
试探结果（已掌握目标）：

目　标	基线：辅助次数与类型	开始日期	达标日期	消退程序		
				维持阶段	自然环境开始日期	归档日期
1. 目标 1：						
2. 目标 2：						
3. 目标 3：						

4. 目标 4：						
5. 目标 5：						
6. 目标 6：						
7. 目标 7：						
8. 目标 8：						
9. 目标 9：						
10. 目标 10：						
11. 泛化到环境 1：						
12. 泛化到环境 2：						
13. 维持阶段：在不同环境下评估				2W 1W M		

进行该任务分析的具体建议：

- 封闭式游戏与开放式游戏的不同之处在于封闭式游戏有确定的结果而开放式游戏没有。例如，滑滑梯是封闭式游戏，一旦受训者从滑梯上滑下来，游戏结束。蹦蹦床游戏是开放式游戏，这个游戏没有确定的结果。
- 确保这项任务分析必备的预备技能已教授。例如，掌握精细动作和粗大动作的模仿。
- 我们期望受训者玩玩具的时间越来越长。目标 1 的时间可能是 30 秒，而目标 2 的时间增加到 60 秒，目标 3 的时间为 2 分钟等等。
- 一旦受训者理解了如何玩玩具，言语部分的 S^D 就可以消退到仅向受训者呈现玩具。

玩开放式电动/电子玩具

等级：□1 □2 □3

S^D： 向受训者呈现一个机械或电子玩具，一个计时器，并说“玩吧”	**反应：** 受训者玩机械/电子玩具的时间不断延长
数据收集：辅助数据（辅助的次数与类型）	**目标标准：**2 个训练师连续 3 天都观察到零辅助完成
材料：粗大动作玩具和强化物	

消退程序

维持标准：2W＝连续 4 次零辅助完成；1W＝连续 4 次零辅助完成；M＝连续 3 次零辅助完成	**自然环境标准：**目标行为可在自然环境下泛化到 3 种新的自然发生的活动中	**归档标准：**目标、维持和自然环境标准全部达标

目标列表

对目标的建议和试探结果

对目标的建议：遥控车/飞机/船，机器人，说话的玩具，电脑，iPad，弹簧玩具，电子学习游戏，相机，卡拉 ok 机，对讲机和视频游戏
试探结果（已掌握目标）：

目　标	基线：辅助次数与类型	开始日期	达标日期	消退程序		
				维持阶段	自然环境开始日期	归档日期
1. 目标 1：						
2. 目标 2：						
3. 目标 3：						

4. 目标 4：						
5. 目标 5：						
6. 目标 6：						
7. 目标 7：						
8. 目标 8：						
9. 目标 9：						
10. 目标 10：						
11. 泛化到环境 1：						
12. 泛化到环境 2：						
13. 维持阶段：在不同环境下评估				2W 1W M		

进行该任务分析的具体建议：

- 封闭式游戏与开放式游戏的不同之处在于封闭式游戏有确定的结果而开放结果游戏没有。例如，滑滑梯是封闭式游戏，一旦受训者从滑梯上滑下来，游戏结束。蹦蹦床游戏是开放式游戏，这个游戏则没有结果。
- 确保这项任务分析必备的前期技能已教授。包括具有精细动作和粗大动作的模仿。
- 我们期望受训者玩玩具的时间越来越长。目标 1 的时间可能是 30 秒，而目标 2 的时间增加到 60 秒，目标 3 的时间为 2 分钟等等。
- 一旦受训者理解了如何玩玩具，言语部分的 S^D 就可以消退到仅向受训者呈现玩具。

平行游戏

等级：□1 □2 □3

S^D： 向受训者呈现和同伴手中相似的玩具，并说“去玩吧”	**反应：** 受训者距同伴不到 90 厘米，与同伴玩玩具达到 5 分钟
数据收集：辅助数据（辅助的次数与类型）	**目标标准：**2 个训练师连续 3 天都观察到 80% 或以上的正确回应
材料：玩具，同伴和强化物	

消退程序

维持标准：2W＝连续 4 次零辅助完成；1W＝连续 4 次零辅助完成；M＝连续 3 次零辅助完成	**自然环境标准：**目标行为可在自然环境下泛化到 3 种新的自然发生的活动中	**归档标准：**目标、维持和自然环境标准全部达标

目标列表

对目标的建议和试探结果

对目标的建议：小路或坡道上的汽车，轨道上的火车，积木，玩具食物/厨房，木偶和乐器
试探结果（已掌握目标）：

目　　标	基线：辅助次数与类型	开始日期	达标日期	消退程序		
				维持阶段	自然环境开始日期	归档日期
1. 目标 1：和同伴相似地玩 3 个不同的玩具持续 1 分钟						

2. 目标 2：和同伴相似地玩 3 个不同的玩具持续 2 分钟						
3. 目标 3：和同伴相似地玩 3 个不同的玩具持续 3 分钟						
4. 目标 4：和同伴相似地玩 3 个不同的玩具持续 4 分钟						
5. 目标 5：和同伴相似地玩 3 个不同的玩具持续 5 分钟						
6. 泛化到环境 1：						
7. 泛化到环境 2：						
8. 维持阶段：在不同环境下评估				2W 1W M		

进行该任务分析的具体建议：

- 确保这项任务分析必备的预备技能已教授。包括独自做游戏（封闭式和开放式），和在平行游戏中要用到的功能性物品。
- 接受在同伴身边做游戏和与同伴做平行游戏是不同的。接受同伴在身边做游戏的意思是两名受训者近距离地独立玩不同的玩具，而平行游戏是受训者与同伴相距很近地玩相同的玩具（如一起玩火车轨道或积木），但相互之间没有互动。因此，进行这项任务分析时，建立足够两人用的放物品的环境将有助于游戏的进行。例如，可以搭建一个火车轨道，让同伴玩轨道，将火车递给受训者并下指令“去玩吧”。

听音乐做游戏或在游戏中做相应的动作

等级：□1 □2 □3

S^D： 一边唱歌一边做动作（如，“公车上的轮子”）或向受训者发出简单的带动作的游戏（如躲猫猫）。辅助受训者完成歌曲或游戏动作	**反应：** 受训者与训练师一边唱歌或做游戏一边做动作（如，手部运动）
数据收集：辅助数据（辅助的次数与类型）	**目标标准：**2 个训练师连续 3 天都观察到零辅助完成
材料：玩具，强化物	

消退程序

维持标准：2W = 连续 4 次零辅助完成；1W = 连续 4 次零辅助完成；M = 连续 3 次零辅助完成	**自然环境标准：**目标行为可在自然环境下泛化到 3 种新的自然发生的活动中	**归档标准：**目标、维持和自然环境标准全部达标

目标列表

对目标的建议和试探结果

对目标的建议：“小蜘蛛爬啊爬”“公车上的轮子”“躲猫猫”“头，肩膀，膝盖和脚趾”“拍手帮腔”“围着劳西绕圈圈”“划呀划，划大船”“如果感到幸福你就拍拍手”
试探结果（已掌握目标）：

目　　标	基线：辅助次数与类型	开始日期	达标日期	消退程序		
				维持阶段	自然环境开始日期	归档日期
1. 目标 1：						
2. 目标 2：						
3. 已达成的目标：随机转换						

4. 目标 3：						
5. 目标 4：						
6. 已达成的目标：随机转换						
7. 目标 5：						
8. 目标 6：						
9. 已达成的目标：随机转换						
10. 目标 7：						
11. 目标 8：						
12. 已达成的目标：随机转换						
13. 目标 9：						
14. 目标 10：						
15. 已达成的目标：随机转换						
16. 泛化到环境 1：						
17. 泛化到环境 2：						
18. 维持阶段：在不同环境下评估				2W 1W M		

进行该任务分析的具体建议：

- 确保这项任务分析必备的预备技能已教授。包括掌握模仿技能和在接受指令及独自玩玩具方面取得进步。
- 这个项目的重点是参与歌曲，而不是完美的唱出一首歌。因此，正确回应包括唱歌时手部动作及参与行为（如哼唱、唱一段歌词等等）。另外，配合做出的手部动作不必精确。如果受训者试着做出相似的手部动作，这应被视为正确的反应。训练师应使用塑造程序。
- 为了帮助受训者提高表达时的互动语言能力，在受训者快要达到目标行为时，试试如下方法：唱歌时，词和词之间短暂停顿 1 ~ 2 秒，看受训者是否能够主动补充歌词。例如，唱到“划啊划，划大——”，暂停 1 ~ 2 秒。如果受训者补充上“船”这个词了，继续一起唱；如果他们没有补充，训练师简单地补充上，然后继续唱这首歌。

参与“如果感到幸福你就拍拍手”这首歌做相应的动作

等级：□1 □2 □3

S^D： 说“让我们一起唱‘幸福拍手歌’”	**反应：** 受训者会跟着唱“幸福拍手歌”并伴有动作
数据收集：辅助数据（辅助的次数与类型）	**目标标准：**2 个训练师连续 3 天都观察到零辅助完成
材料：强化物	

消退程序

维持标准：2W＝连续 4 次零辅助完成；1W＝连续 4 次零辅助完成；M＝连续 3 次零辅助完成	**自然环境标准：**目标行为可在自然环境下泛化到 3 种新的自然发生的活动中	**归档标准：**目标、维持和自然环境标准全部达标

目标列表

目　　标	基线：辅助次数与类型	开始日期	达标日期	消退程序		
				维持阶段	自然环境开始日期	归档日期
1. 目标 1：“如果感到幸福你就拍拍手”，拍两次手						
2. 目标 2：“如果感到幸福你就拍拍手”，拍两次手						
3. 目标 3：“如果感到幸福你就笑一笑”，两只手摸脸颊						

4. 目标4:“如果感到幸福你就拍拍手”,拍两次手						
5. 目标5:“如果感到幸福你就跺跺脚”,两只脚各跺一次						
6. 目标6:“如果你感到幸福你就跺跺脚”,两只脚各跺一次						
7. 目标7:“如果感到幸福你就笑一笑”,两只手摸脸颊						
8. 目标8:“如果感到幸福你就跺跺脚”,两只脚各跺一次						
9. 目标:9:“如果感到幸福你就喊万岁”,抬起胳膊喊万岁						
10. 目标10:“如果感到幸福你就喊万岁”,抬起胳膊喊万岁						
11. 目标11:“如果感到幸福你就笑一笑”,两只手摸脸颊						
12. 目标12:“如果感到幸福你就喊万岁”,抬起胳膊喊万岁						
13. 目标13:“如果感到幸福就做三个动作”,拍两次手,每只脚跺一次并抬起胳膊喊万岁						

14. 目标 14:“如果感到幸福就做三个动作”,拍两次手,每只脚跺一次并抬起胳膊喊万岁						
15. 目标 15:“如果感到幸福你就笑一笑”,两只手摸脸颊						
16. 目标 16:“如果感到幸福就做三个动作”,拍两次手,每只脚跺一次并抬起胳膊喊万岁						
17. 泛化到环境 1:						
18. 泛化到环境 2:						
19. 维持阶段:在不同环境下评估				2W 1W M		

进行该任务分析的具体建议:

- 确保这项任务分析的预备技能已教授。“幸福拍手歌”必备的前期技能包括掌握精细和粗大动作的模仿及命名动作。
- 一些受训者在参与唱歌或游戏中时接受速度很快。针对这样的受训者,可在歌曲/游戏做动作的活动中使用任务分析法。如果受训者接受速度很慢或者该受训者在歌曲的学习或歌曲配套的动作学习方面有困难,可以使用任务分析将歌曲分部分连接起来,就能确定受训者在歌曲哪部分上学习有困难,并运用辅助程序去教这一部分。

参与“可爱的小蜘蛛”这首歌做相应的动作

等级：□1 □2 □3

S^D： 说“让我们一起唱‘小蜘蛛爬啊爬’”	**反应：** 受训者会跟着唱“可爱小蜘蛛”并伴着动作
数据收集：辅助数据（辅助的次数与类型）	**目标标准：**2 个训练师连续 3 天都观察到零辅助完成
材料：强化物	

消退程序

维持标准：2W＝连续 4 次零辅助完成；1W＝连续 4 次零辅助完成；M＝连续 3 次零辅助完成	**自然环境标准：**目标行为可在自然环境下泛化到 3 种新的自然发生的活动中	**归档标准：**目标、维持和自然环境标准全部达标

目标列表

目　标	基线：辅助次数与类型	开始日期	达标日期	消退程序		
				维持阶段	自然环境开始日期	归档日期
1. 目标 1：“小蜘蛛顺着水管往上爬”，向上举起胳膊的同时所有手指一起扭动						
2. 目标 2：“下雨了”手张开放下到腰间						
3. 目标 3：“蜘蛛被冲下来”手从中间向两侧移动（掌心向下）						
4. 目标 4：“太阳出来了”，手触摸头顶						

5. 目标5："蜘蛛身上水干了"，把手放回身体两侧						
6. 目标6："小蜘蛛再次顺着水管往上爬"举起胳膊的同时所有手指一起扭动						
7. 泛化到环境1：						
8. 泛化到环境2：						
9. 维持阶段：在不同环境下评估				2W 1W M		

进行该任务分析的具体建议：

- 确保这项任务分析的预备技能已经教授。包括掌握精细动作和粗大动作的模仿，命名活动和物体。
- 一些受训者参与唱歌或游戏时接受速度很快，针对这样的受训者，可以将任务分析法运用到用动作唱歌游戏的活动中。如果受训者学习速度很慢或该受训者在歌曲的学习或歌曲的配套的动作学习方面有困难，可以使用任务分析将歌曲分段链接起来，就能确定受训者在歌曲的哪部分上学习有困难，并运用辅助程序去教这一部分。

参与“公车上的轮子”这首歌做相应的动作

等级:□1 □2 □3

S^D: “让我们一起唱‘公车上的轮子’”	**反应:** 受训者会跟着唱“公车上的轮子”并伴着动作
数据收集:辅助数据(辅助的次数与类型)	**目标标准:**2 个训练师连续 3 天都观察到零辅助完成
材料:强化物	

消退程序

维持标准:2W=连续 4 次零辅助完成;1W=连续 4 次零辅助完成;M=连续 3 次零辅助完成	**自然环境标准:**目标行为可在自然环境下泛化到 3 种新的自然发生的活动中	**归档标准:**目标、维持和自然环境标准全部达标

目标列表

目　　标	基线:辅助次数与类型	开始日期	达标日期	消退程序		
				维持阶段	自然环境开始日期	归档日期
1. 目标 1:“公车上的轮子转呀转”,胳膊划圈						
2. 目标 2:“公车上的门开开关关”,在“关”时一起拍手						
3. 目标 3:“公车上的雨刷刷刷刷”,像雨刷一样前后一起摆动手臂						

4. 目标4:“公车上的喇叭嘟嘟嘟”,假装手在方向盘上按喇叭						
5. 目标5:“公车上的人们上上下下”,站直和蹲下						
6. 目标6:“公车上的宝宝哇哇哭”,把手握成拳头放在眼睛旁,假装哭的样子						
7. 目标7:“公车上的司机说嘘嘘嘘”,把手指竖放在嘴中间模仿“嘘”的动作						
8. 目标8:“公车上的妈妈说我爱你”,交叉双臂抱在胸前						
9. 泛化到环境1:						
10. 泛化到环境2:						
11. 维持阶段:在不同环境下评估				2W 1W M		

进行该任务分析的具体建议:

- 确保这项任务分析的预备技能已教授。包括掌握精细动作和组大动作的模仿,命名活动和物体。
- 一些受训者参与唱歌或游戏时接受速度很快,针对这样的受训者,可以将任务分析法运用到用动作唱歌游戏的活动中。如果受训者学习速度很慢或该受训者在歌曲的学习或歌曲的配套动作学习方面有困难,可以使用任务分析将歌曲分段链接起来,就能确定受训者在歌曲的哪部分上学习有困难,并运用辅助程序去教这一部分。

沙盘游戏

等级：□1 □2 □3

S^D： A. 使用一个沙盘玩具示范动作，并说，"这样做" B. 在一个沙箱/沙盘附近摆放各种沙盘玩具	**反应：** A. 受训者用沙盘玩具模仿肌肉动作 B. 受训者玩沙盘游戏并保持一段时间
数据收集：技能习得；辅助数据（辅助的次数与类型）	**目标标准：**S^DA：2 个训练师连续 3 天都观察到 80% 或以上的正确回应；S^DB：2 个训练师连续 3 天都观察到零辅助完成
材料：沙，两套铲子，沙漏，耙，桶，沙旋转玩具，洒水壶，各种沙模具，以及强化物	

消退程序

维持标准：2W＝连续 4 次零辅助完成；1W＝连续 4 次零辅助完成；M＝连续 3 次零辅助完成	**自然环境标准：**目标行为可在自然环境下泛化到 3 种新的自然发生的活动中	**归档标准：**目标、维持和自然环境标准全部达标

目标列表

对目标的建议：用铲子挖或倒，在沙中推动卡车，使用耙，把洒水壶倒空，装满或清空沙模具，在旋转玩具上倒空沙，使用筛子
试探结果（已掌握目标）：

目　标	基线：%或辅助次数与类型	开始日期	达标日期	消退程序		
				维持阶段	自然环境开始日期	归档日期
1. S^DA：目标 1						
2. S^DA：目标 2						
3. 已达成的目标：随机轮换						
4. S^DA：目标 3						

5. S^DA：目标 4						
6. 已达成的目标：随机轮换						
7. S^DA：目标 5						
8. S^DA：目标 6						
9. 已达成的目标：随机轮换						
10. S^DA：目标 7						
11. S^DA：目标 8						
12. 已达成的目标：随机轮换						
13. S^DA：目标 9						
14. S^DA：目标 10						
15. 已达成的目标：随机轮换						
16. S^DB：目标 1：1 分钟						
17. S^DB：目标 2：2 分钟						
18. S^DB：目标 3：3 分钟						
19. S^DB：目标 4：4 分钟						
20. S^DB：目标 5：5 分钟						
21. 泛化到环境 1：						
22. 泛化到环境 2：						
23. 维持阶段：在不同环境下评估				2W 1W M		

进行该任务分析的具体建议：

- 确保这项任务分析的预备技能已教授。包括掌握精细动作和粗大动作的模仿，遵从一步指令。
- 这项技能同样适用于各种感知类游戏（豆子、大米、水等）。

玩橡皮泥

等级:□1 □2 □3

S^D: A. 用彩泥展示一个动作,并说"做这个" B. 展示培乐多彩泥,并说"做一条蛇""做一个球""做一个薄煎饼"等	**反应:** A. 受训者用彩泥模仿动作作出回应 B. 受训者可以跟随指令
数据收集:技能习得	**目标标准:**2 个训练师连续 3 天都观察到 80% 或以上的正确回应
材料:彩泥,2 套饼干成型刀,彩泥剪刀,擀面杖和强化物	

消退程序

维持标准:2W = 连续 4 次零辅助完成;1W = 连续 4 次零辅助完成;M = 连续 3 次零辅助完成	**自然环境标准:**目标行为可在自然环境下泛化到 3 种新的自然发生的活动中	**归档标准:**目标、维持和自然环境标准全部达标

目标列表

目　标	基线:辅助次数与类型	开始日期	达标日期	消退程序		
				维持阶段	自然环境开始日期	归档日期
1. S^DA:目标 1:小球						
2. S^DA:目标 2:做一个薄煎饼						
3. S^DA:目标 3:用模具做一个饼干						
4. S^DA:目标 4:做一条蛇						
5. S^DA:目标 5:用剪刀剪蛇						
6. S^DA:目标 6:使用彩泥刀具						

7. S^DA:目标 7:使用彩泥擀面杖						
8. S^DA:目标 8:使用彩泥挤压机						
9. S^DA:目标 9:使用彩泥印章						
10. S^DB:目标 10:小球						
11. S^DB:目标 11:做一个薄煎饼						
12. S^DB:目标 12:用煎饼模具做一个薄煎饼						
13. S^DB:目标 13:做一条蛇						
14. S^DB:目标 14:用剪刀剪蛇						
15. S^DB:目标 15:使用彩泥刀具						
16. S^DB:目标 16:使用彩泥擀面杖						
17. S^DB:目标 17:使用彩泥挤压机						
18. S^DB:目标 18:使用彩泥印章						
19. 泛化到环境 1:						
20. 泛化到环境 2:						
21. 维持阶段:在不同环境下评估				2W 1W M		

进行该任务分析的具体建议:

- 确保这项任务分析的预备技能已教授。包括掌握精细动作和粗大动作的模仿及接受指令。
- 为了帮助泛化这项技能到自然环境中,游戏时配套使用垫子。

将液体从一个容器倒入另一个容器

等级：□1 □2 □3

S^D： 说“倒吧”	**反应：** 受训者将液体从一个容器倒入另一个容器中
数据收集：辅助数据（辅助的次数与类型）	**目标标准：**2 个训练师连续 3 天都观察到零辅助完成
材料：不同大小的杯子，容器，液体和强化物	

消退程序

维持标准：2W＝连续 4 次零辅助完成；1W＝连续 4 次零辅助完成；M＝连续 3 次零辅助完成	**自然环境标准：**目标行为可在自然环境下泛化到 3 种新的自然发生的活动中	**归档标准：**目标、维持和自然环境标准全部达标

目标列表

目　　标	基线：辅助次数与类型	开始日期	达标日期	消退程序		
				维持阶段	自然环境开始日期	归档日期
1. 目标 1：受训者将所有（28～56 毫升）液体从带盖子的容器中倒入杯子中						
2. 目标 2：受训者将所有（84～112 毫升）液体从带盖子的容器中倒入杯子中						
3. 目标 3：受训者将所有（140～168 毫升）液体从带盖子的容器中倒入杯子中						

4. 目标4:受训者将所有(196～224毫升)液体从带盖子的容器中倒入杯子中						
5. 目标5:受训者将所有(196～224毫升)液体从容器倒入杯子中						
6. 目标6:受训者把液体从容器倒回来,再把液体倒回另一个容器中						
7. 目标7:受训者能泛化到不同尺寸的杯子和液体量						
8. 泛化到环境1:						
9. 泛化到环境2:						
10. 维持阶段:各种环境下的评估				2W 1W M		

进行该任务分析的具体建议:

- 确保这项任务分析的预备技能已教授。包括掌握精细和粗大动作的模仿及物品的操作能力。
- 最初的步骤中使用盖子可以确保倾倒成功,减少液体的倾洒。在初始步骤中,教受训者使用未被占用的手扶着倒入液体的杯子。
- 教受训者用单手拿不太重的容器。
- 这是游戏发展早期习得的游戏技能,可以用大箱盛水,或在洗澡时玩,或在水池里玩,或在室外用软管玩等方法来增加游戏的趣味性。

第 16 章　适应性技能的任务分析

- ▶ 使用杯子（有辅助和无辅助）
- ▶ 使用带盖的儿童杯（有辅助和无辅助）
- ▶ 穿脱衣物（穿脱外套）
- ▶ 穿戴衣物（摘戴帽子）
- ▶ 穿脱衣物（穿脱裤子）
- ▶ 穿脱衣物（穿脱衬衣）
- ▶ 穿脱衣物（穿脱袜子和鞋）
- ▶ 穿脱衣物（穿脱内衣）
- ▶ 使用吸管喝东西
- ▶ 使用叉子和勺子吃饭
- ▶ 基于 ABLLS-R 的精细动作技能
- ▶ 基于 ABLLS-R 的粗大动作技能
- ▶ 使用指尖抓握小的物体
- ▶ 使用纸巾
- ▶ 洗脸和擦脸
- ▶ 洗手和擦手
- ▶ 去厕所小便(2 小时内不能尿裤子)
- ▶ 大便后擦拭干净
- ▶ 小便后擦拭干净

使用杯子(有辅助和无辅助)

等级:□1 □2 □3

S^D: A. 不发指令,给受训者呈现一个杯子 B. 不发指令,给受训者呈现一个杯子	**反应:** A. 受训者在其他人辅助的情况下能从杯中喝东西而不洒 B. 受训者能够独立从杯中喝东西
数据收集:辅助数据(辅助的次数与类型)	**目标标准:**2 个训练师连续 3 天都观察到零辅助完成
材料:受训者喜欢的饮料,杯子和强化物	

消退程序

维持标准:2W=连续4 天零辅助完成;1W=连续4 天零辅助完成;M=连续 3 天零辅助完成	**自然环境标准:**目标行为可在自然环境下泛化到 3 种新的自然发生的活动中	**归档标准:**目标、维持和自然环境标准全部达标

目标列表

目　　标	基线:辅助次数与类型	开始日期	达标日期	消退程序		
				维持阶段	自然环境开始日期	归档日期
辅助情况下使用杯子:喝一小口杯子里面的水						
1. 目标 1:环节的最后一步:在部分身体辅助的情况下把杯子放到桌上						
2. 目标 2:环节中的第三步:在部分身体辅助的情况下喝一口饮料并且咽下						
3. 目标 3:环节中的第二步:在部分身体辅助的情况下把水杯拿到嘴边						

4. 目标 4:环节中的第一步:在部分身体辅助的情况下抓住水杯						
5. 目标 5:在部分身体辅助的情况下,受训者能够完成整套动作						
辅助情况下使用杯子:喝多于两口杯子里面的水						
6. 目标 1:环节的最后一步:在部分身体辅助的情况下把杯子放到桌子上						
7. 目标 2:环节中的第三步:在部分身体辅助的情况下喝一口水并且咽下						
8. 目标 3:环节中的第二步:在部分身体辅助的情况下把水杯拿到嘴边						
9. 目标 4:环节中的第一步:在部分身体辅助的情况下抓住水杯						
10. 目标 5:在部分身体辅助的情况下,受训者能够完成整套动作						
11. 泛化到环境 1:						
12. 泛化到环境 2:						
独立使用水杯						
13. 目标 1:环节的最后一步:把杯子放到桌子上						
14. 目标 2:环节中的第三步:喝饮料并咽下						
15. 目标 3:环节中的第二步:把水杯拿到嘴边						
16. 目标 4:环节中的第一步:抓住水杯						

17. 目标5:受训者能够独立完成整套动作						
18. 泛化到环境1:						
19. 泛化到环境2:						
20. 维持阶段:不同环境下评估				2W 1W M		

进行该任务分析的具体建议:

- 确保在进行该任务分析之前已教授了相关的预备技能,例如,使用杯子的预备技能包括:模仿技能,完成抓握和使用水杯的精细动作技能,以及接受指令(一步指令)的能力。
- 这个项目的目的是通过逆向链接程序让受训者学会使用水杯,即教学的顺序是反向的(最后一步最先教),直到受训者能独立完成任务中的每一步。因此,对于目标1,除了最后一步,其余的所有步骤都要辅助。对于目标2,除了最后一步和第三步,其余的所有步骤都有辅助,以此类推。
- 在进行这个项目时,使用受训者喜欢的饮料。不要用受训者没喝过的、可能引起受训者拒绝的、有某些特殊口感的饮料。
- 在这个任务分析中有需要辅助的部分,如果受训者能够在较少的辅助(如手势辅助)下完成这个步骤,也可以算作正确反应。

使用带盖的儿童杯(有辅助和无辅助)

等级:□1 □2 □3

S^D: A. 将一个带盖子的杯子呈现在受训者面前 B. 将一个带盖子的杯子呈现在受训者面前	**反应:** A. 受训者在其他人协助的情况下能够从杯子中喝饮料且不洒 B. 受训者能够独立从受训者杯里喝饮料
数据收集:辅助数据(辅助的次数与类型)	**目标标准:**在 2 个不同的环境下连续 3 天零辅助完成
材料:受训者喜欢的饮料,受训者杯(带盖),强化物	

消退程序

维持标准:2W = 连续 4 次零辅助完成;1W = 连续 4 次零辅助完成;M = 连续 3 次零辅助完成	**自然环境标准:**目标行为可泛在自然环境下泛化到 3 种新的自然发生的活动中	**归档标准:**目标、维持和自然环境标准全部达标

目标列表

目标	基线:辅助次数与类型	开始日期	达标日期	消退程序		
				维持阶段	自然环境开始日期	归档日期
辅助情况下使用杯子						
1. 目标 1:环节的最后一步:在部分身体辅助的情况下把杯子放到桌子上						
2. 目标 2:环节中的第三步:在部分身体辅助的情况下喝一口饮料并且咽下						
3. 目标 3:环节中的第二步:在部分身体辅助的情况下把水杯拿到嘴边						

4. 目标 4:环节中的第一步:在部分身体辅助的情况下抓住水杯						
独立使用杯子						
5. 目标 1:环节的最后一步:把杯子放在桌子上						
6. 目标 2:环节的第三步:喝饮料并咽下						
7. 目标 3:环节的第二步:端起杯子放到嘴边						
8. 目标 4:环节的第一步:握杯						
9. 泛化到环境 1:						
10. 泛化到环境 2:						
11. 维持阶段:在不同环境下评估				2W 1W M		

进行该任务分析的具体建议:

- 确保在进行该任务分析之前已教授相关的预备技能,例如,使用杯子的预备技能包括:模仿技能,完成抓握和使用水杯的精细动作技能,以及接受指令(一步指令)的能力。
- 这个项目的目的是通过逆向链接程序让受训者学会使用水杯,即教学的顺序是反向的(最后一步最先教),直到受训者能独立完成任务中的每一步。因此,对于目标 1,除了最后一步,其余的所有步骤都要辅助。对于目标 2,除了最后一步和第三步,其余的所有步骤都有辅助,以此类推。
- 在进行这个项目时,使用受训者喜欢的饮料。不要用受训者没喝过的、可能引起受训者拒绝的、有某些特殊口感的饮料。
- 在这个任务分析中有需要辅助的部分,如果受训者能够在较少的辅助(如手势辅助)下完成这个步骤,也可以算作正确反应。

穿脱衣物(穿脱外套)

等级:□1 □2 □3

S^D: A. 告诉受训者“脱下你的外套” B. 将受训者的外套呈现在他们面前并说“穿上你的外套”	**反应:** 受训者可以独立穿/脱他们的外套
数据收集:辅助数据(辅助的次数与类型)	**目标标准:**2 个训练师连续 3 天都观察到零辅助完成
材料:外套,强化物	

消退程序

维持标准:2W=连续 4 次零辅助完成;1W=连续 4 次零辅助完成;M=连续 3 次零辅助完成	**自然环境标准:**目标行为可在自然环境下泛化到 3 种新的自然发生的活动中	**归档标准:**目标、维持和自然环境标准全部达标

目标列表

目　　标	基线:辅助次数与类型	开始日期	达标日期	消退程序		
				维持阶段	自然环境开始日期	归档日期
脱下外套						
1. S^DA:目标 1:环节的最后一步:受训者把外套放下或者挂起来						
2. S^DA:目标 2:环节中的第三步:受训者把第二条胳膊从外套袖子中抽出来						
3. S^DA:目标 3:环节中的第二步:受训者把一条胳膊从外套袖子中抽出来						
4. S^DA:目标 4:环节中的第一步:受训者拉开拉链或解开扣子						

5. 泛化到环境 1:						
6. 泛化到环境 2:						
7. 维持阶段:在不同环境下评估				2W 1W M		
穿上外套						
8. S^DB:目标 1:环节的最后一步:受训者缩身将衣服穿上						
9. S^DB:目标 2:环节中的第三步:受训者能够把第二条胳膊伸到袖子中						
10. S^DB:目标 3:环节中的第二步:受训者能够把胳膊伸到一个袖子中						
11. S^DB:目标 4:环节中的第一步:受训者用手抓起外套	。					
12. 泛化到环境 1:						
13. 泛化到环境 2:						
14. 维持阶段:在不同环境下评估				2W 1W M		

进行该任务分析的具体建议:

- 确保在进行该任务分析之前已教授相关的预备技能,例如穿/脱外套的预备技能包括:模仿技能,完成拿住、穿上\脱下外套的精细动作能力,以及接受指令(一步指令)的能力。
- 这个项目的目的是通过逆向链接程序让受训者学会穿/脱外套,即教学的顺序是反向的(最后一步最先教),直到受训者能够独立完成任务中的每一步。因此,对于目标 1,除了最后一步,其余所有的步骤都需要辅助。对于目标 2,除最后一步和第三步外,其余都需要辅助。对于目标 3,除最后一步、第二步、第三步外都需要辅助,按这种程序继续进行直到受训者独立掌握所有环节。
- 一般来说,相对于穿衣服,受训者更容易学会脱衣服。因此,在这个任务分析中先提到的是脱外套的学习步骤,后是穿外套。或者可以同时教两项技能,但是要确保用两种不同的表格记录数据。
- 确保使用不同类型的外套(冬天的棉服、春天的外套、雨衣和带拉链的运动衫)进行泛化。
- 最好在自然发生的时候练习这项技能(在离开家/学校或要出门)。

穿戴衣物(摘戴帽子)

等级:□1 □2 □3

S^D: A. 告诉受训者“脱掉帽子” B. 把帽子呈现给受训者,并说“戴上你的帽子”	**反应:** 受训者会戴上或脱下他们的帽子
数据收集:辅助数据(辅助的次数与类型)	**目标标准:**2 个训练师连续 3 天无辅助完成
材料:帽子,强化物	

消退程序

维持标准:2W = 连续 4 次 100% 完成;1W = 连续 4 次 100% 完成;M = 连续 3 次 100% 完成	**自然环境标准:**目标行为可在自然环境下泛化到 3 种新的自然发生的活动中	**归档标准:**目标、维持和自然环境标准全部达标

目标列表

目　　标	基线:辅助次数与类型	开始日期	达标日期	消退程序		
				维持阶段	自然环境开始日期	归档日期
脱下帽子						
1. S^DA:目标 1:环节的最后一步:受训者放好帽子						
2. S^DA:目标 2:环节中的第二步:举帽过头						
3. S^DA:目标 3:环节中的第一步:受训者拿起帽子						
戴上帽子						

4. S^DB：目标 1：环节的最后一步：戴好帽子						
5. S^DB：目标 4：环节中的第二步：戴上帽子并下拉						
6. S^DB：目标 3：环节中的第三步：举帽过头						
7. S^DB：目标 4：环节中的第四步：用双手撑开帽子						
8. S^DB：目标 5：环节中的第一步：拿起帽子						
9. 泛化到环境 1：						
10. 泛化到环境 2：						
11. 维持阶段：在不同环境下评估				2W 1W M		

进行该任务分析的具体建议：

- 确保在进行该任务分析之前已教授相关的预备技能，例如，脱/戴帽子的预备技能包括：模仿技能，完成拿起、戴上、脱下帽子的精细动作能力，以及完成接受性指令（一步指令）的能力。
- 这个项目的目的是让受训者通过逆向链接程序学会脱/戴帽子，即教学的顺序是反向的（最后一步最先教），直到受训者能够独立完成所有步骤。因此，对于目标 1，除了最后一步，其余所有的步骤都需要辅助。对于目标 2，除最后一步外，都需要辅助。对于目标 3，除最后一步和第二步外都需要辅助。
- 一般来说，相对于戴上帽子，受训者更容易脱掉帽子。因此，在这个任务分析中，先学习脱下帽子，后学习戴上帽子。或者可以同时教两项技能，但是要确保用两个不同的表格记录数据。
- 确保使用不同类型的帽子（冬天的帽子、棒球帽等等）进行泛化。
- 最好在活动自然发生的时候练习这项技能（在离开家/学校时或要出门时）。

穿脱衣物(穿脱裤子)

等级:□1 □2 □3

S^D: A. 告诉受训者脱掉裤子 B. 将受训者的裤子呈现在他们面前,并说“穿上裤子”	**反应:** 受训者能够独立穿/脱裤子
数据收集:辅助数据(辅助的次数与类型)	**目标标准:**2 个训练师连续 3 天都观察到零辅助完成
材料:裤子,强化物	

消退程序

维持标准:2W=连续 4 次零辅助完成;1W=连续 4 次零辅助完成;M=连续 3 次零辅助完成	**自然环境标准:**目标行为可在自然环境下泛化到 3 个新的自然发生的活动中	**归档标准:**目标、维持和自然环境标准全部达标

目标列表

目　　标	基线:辅助次数与类型	开始日期	达标日期	消退程序		
				维持阶段	自然环境开始日期	归档日期
脱下裤子						
1. S^DA:目标 1:环节的最后一步:受训者能够把裤子放在收纳盒里						
2. S^DA:目标 2:环节中的第四步:受训者把第二条腿从裤腿中退出来						
3. S^DA:目标 3:环节中的第四步:受训者把一条腿从裤腿中退出来						

4. S^DA:目标4:环节中的第三步:受训者把裤子从腰上退下来						
5. S^DA:目标5:环节中的第二步:受训者把裤子的拉链(如果有拉链的话)拉开						
6. S^DA:目标6:环节中的第一步:受训者能够把裤子的摁扣(如果有纽扣的话)解开						
7. 泛化到环境1:						
8. 泛化到环境2:						
9. 维持阶段:在不同环境下评估				2W 1W M		
穿上裤子						
10. S^DB:目标1:环节的最后一步:受训者能够调整好裤子						
11. S^DB:目标2:环节中的第四步:受训者能够将裤子提上去						
12. S^DB:目标3:环节中的第三步:受训者能把腿伸到第二条裤腿里面						
13. S^DB:目标4:环节中的第二步:受训者把腿伸到第一条裤腿里面						
14. S^DB:目标5:环节中的第一步:受训者把裤子用手撑开						
15. 泛化到环境1:						
16. 泛化到环境2:						
17. 维持阶段:在不同环境下评估				2W 1W M		

进行该任务分析的具体建议：

- 确保在进行该任务分析之前已教授相关的预备技能，例如，穿/脱裤子的预备技能包括：模仿技能，完成拿着、穿上、脱下裤子的精细动作能力，以及接受性指令（一步指令）的能力。
- 这个项目的目的是通过逆向链接程序让受训者学会穿/脱裤子，即教学的顺序是反向的（最后一步最先教），直到受训者能够独自完成任务中的每一步。因此，对于目标1，除了最后一步，其余所有的步骤都有辅助。对于目标2，除最后一步和第五步外，其余都需要辅助。对于目标3，除最后一步、第四、第五步外都要辅助，按这种程序继续进行直到受训者独立掌握所有环节。
- 针对这个项目，两个动作最好同时教授，以防受训者无意间随便乱脱衣服，但是要确保用两种不同的表格记录数据。
- 最好使用宽松和容易穿脱的裤子（如运动裤）。
- 确保受训者能将这个技能泛化到穿/脱不同类型的裤子。

穿脱衣物(穿脱衬衣)

等级:□1 □2 □3

S^D: A. 告诉受训者脱掉衬衫 B. 将受训者的衬衫呈现在他们面前,并说"穿上衬衫"	**反应:** 受训者能够独立穿/脱衬衫
数据收集:辅助数据(辅助的次数与类型)	**目标标准:**2 个训练师连续 3 天都观察到零辅助完成
材料:衬衫,强化物	

消退程序

维持标准:2W=连续 4 次零辅助完成;1W=连续 4 次零辅助完成;M=连续 3 次零辅助完成	**自然环境标准:**目标行为可在自然环境下泛化到 3 种新的自然发生的活动中	**归档标准:**目标、维持和自然环境标准全部达标

目标列表

目　标	基线:辅助次数与类型	开始日期	达标日期	消退程序		
				维持阶段	自然环境开始日期	归档日期
脱下衬衣						
1. S^DA:目标 1:环节的最后一步:受训者把衬衣放在收纳盒子里						
2. S^DA:目标 2:环节中的第四步:受训者把第二只胳膊从衬衣袖子中退出来						

3. S^DA：目标 3：环节中的第三步：受训者把一只胳膊从衬衣袖子中退出来						
4. S^DA：目标 4：环节中的第二步：受训者把衬衣翻过来举过头顶						
5. S^DA：目标 5：环节中的第一步：受训者把衬衣翻过来向上拉到靠近头部						
6. 泛化到环境 1：						
7. 泛化到环境 2：						
8. 维持阶段：在不同环境下评估				2W 1W M		
穿上衬衣						
9. S^DB：目标 1：环节的最后一步：受训者将衬衣拉到腰部						
10. S^DB：目标 2：环节中的第四步：受训者把第二只胳膊伸进袖子中						
11. S^DB：目标 3：环节中的第三步：受训者把第一个胳膊伸进袖子中						
12. S^DB：目标 4：环节中的第二步：受训者把衬衣举过头部						
13. S^DB：目标 5：环节中的第一步：受训者撑开领口准备套在头上						
14. 泛化到环境 1：						
15. 泛化到环境 2：						
16. 维持阶段：在不同环境下评估				2W 1W M		

进行该任务分析的具体建议：

- 确保在进行该任务分析之前已教授相关的预备技能，例如，脱/穿衬衣的预备技能包括：模仿技能，完成拿着、穿上、脱下衬衣的精细动作能力，以及完成接受性指令（一步指令）的能力。
- 这个项目的目的是通过逆向链接程序让受训者学会穿/脱衬衣，即教学的顺序是反向的（最后一步最先教），直到受训者能够独自完成任务中的每一步。因此，对于目标1，除了最后一步，其余所有的步骤都有辅助。对于目标2，除最后一步和第四步外，其余都要需辅助。对于目标3，除最后一步、第三、第四步外都需要辅助，按这种程序继续进行直到受训者独立掌握所有环节。
- 针对这项任务分析，两项技能最好同时教授，以防受训者无意间随便脱衣服，但要确保用两个不同的表格记录数据。
- 最好使用宽松或很容易穿脱的衬衣。
- 确保受训者能够将这个技能泛化到穿/脱不同类型的衬衣（如T恤、运动衫）。

穿脱衣物（穿脱袜子和鞋）

等级：□1 □2 □3

S^D： A. 告诉受训者脱掉袜子和鞋 B. 将受训者的袜子和鞋呈现在他们面前，并说“穿上袜子和鞋”	**反应：** 受训者能够独立穿/脱袜子和鞋
数据收集：辅助数据（辅助的次数与类型）	**目标标准：**2 个训练师连续 3 天都观察到零辅助完成
材料：袜子和鞋，强化物	

消退程序

维持标准：2W＝连续 4 次零辅助完成；1W＝连续 4 次零辅助完成；M＝连续 3 次零辅助完成	**自然环境标准：**目标行为可在自然环境下泛化到 3 种新的自然发生的活动中	**归档标准：**目标、维持和自然环境条标准全部达标

目标列表

目　标	基线：辅助次数与类型	开始日期	达标日期	消退程序		
				维持阶段	自然环境开始日期	归档日期
脱下袜子和鞋						
1. S^DA：目标 1：环节的最后一步：受训者把脚趾从第二只袜子里面抽出来						
2. S^DA：目标 2：环节中的第十五步：受训者把脚后跟从第二只袜子里面抽出来						
3. S^DA：目标 3：环节中的第十四步：受训者脱掉第二只袜子的袜筒						

4. S^DA：目标 4：环节中的第十三步：受训者抓住第二只袜子						
5. S^DA：目标 5：环节中的第十二步：受训者把脚趾从第一只袜子里面抽出来						
6. S^DA：目标 6：环节中的第十一步：受训者把脚后跟从第一只袜子里面抽出来						
7. S^DA：目标 7：环节中的第十步：受训者脱下第一只袜子的袜筒						
8. S^DA：目标 8：环节中的第九步：受训者抓住第一只袜子						
9. S^DA：目标 9：环节中的第八步：受训者把脚尖从第二只鞋子里面抽出来						
10. S^DA：目标 10：环节中的第七步：受训者把脚后跟从第二只鞋子里面抽出来						
11. S^DA：目标 11：环节中的第六步：受训者松开第二只鞋子						
12. S^DA：目标 12：环节中的第五步：受训者解开第二只鞋子						
13. S^DA：目标 13：环节中的第四步：受训者把脚尖从第一只鞋子里面抽出来						
14. S^DA：目标 14：环节中的第三步：受训者把脚后跟从第一只鞋子里面抽出来						
15. S^DA：目标 15：环节中的第二步：受训者松开第一只鞋子						

16. S^DA:目标 16:环节中的第一步:受训者解开第一只鞋子						
17. 泛化到环境 1:						
18. 泛化到环境 2:						
19. 维持阶段:在不同环境下评估				2W 1W M		
穿上袜子和鞋						
20. S^DB:目标 1:环节的最后一步:受训者把脚后跟伸进第二只鞋子里面						
21. S^DB:目标 2:环节中的第十三步:受训者把脚尖伸进第二只鞋子里面						
22. S^DB:目标 3:环节中的第十二步:受训者把第二只鞋子撑开						
23. S^DB:目标 4:环节中的第十一步:受训者把脚后跟伸进第一只鞋子里面						
24. S^DB:目标 5:环节中的第十步:受训者把脚尖伸进第一只鞋子里面						
25. S^DB:目标 6:环节中的第九步:受训者把第一只鞋子撑开						
26. S^DB:目标 7:环节中的第八步:受训者把第二只袜子拉到脚踝处						
27. S^DB:目标 8:环节中的第七步:受训者把脚后跟伸进第二只袜子里面						
28. S^DB:目标 9:环节中的第六步:受训者把脚尖伸进第二只袜子里面						

29. $S^D B$：目标 10：环节中的第五步：受训者把第二只袜子打开						
30. $S^D B$：目标 11：环节中的第四步：受训者把第一只袜子拉到脚踝处						
31. $S^D B$：目标 12：环节中的第三步：受训者把脚后跟伸进第一只袜子里面						
32. $S^D B$：目标 13：环节中的第二步：受训者把脚尖伸进第一只袜子里面						
33. $S^D B$：目标 14：环节中的第一步：受训者把第一只袜子打开						
34. 泛化到环境 1：						
35. 泛化到环境 2：						
36. 维持阶段：在不同环境下评估				2W 1W M		

进行该任务分析的具体建议：

- 确保在进行该任务分析之前已教授相关的预备技能，例如，穿/脱袜子和鞋的预备技能包括：模仿技能，完成拿着、穿上、脱下袜子和鞋的精细动作能力，以及完成接受性指令（一步指令）的能力。
  - 这个项目的目的是通过逆向链接程序让受训者学会穿/脱袜子和鞋，即教学的顺序是反向的（最后一步最先教）直到受训者能够独自完成任务中的每一步。因此，对于 $S^D A$ 目标 1，除了最后一步，其余所有的步骤都有辅助。对于 $S^D A$ 目标 2，除最后一步和第十五步外，其余都需要辅助。对于 $S^D A$ 目标 3，除最后一步、第十五步和第十四步外都需要辅助，按这种程序继续进行直到受训者独立掌握所有环节。
  - 最好在自然发生时练习这项技能，如离家或离校时等。
  - 能将此技能泛化到其他类型的鞋是非常重要的（如凉鞋、皮鞋、靴子等）。

穿脱衣物(穿脱内衣)

等级:□1 □2 □3

S^D: A. 对受训者说:“脱掉你的内衣” B. 将受训者的内衣呈现在他们面前,并说“穿上你的内衣”	**反应:** 受训者能够独立穿/脱内衣
数据收集: 辅助数据(辅助的次数与类型)	**目标标准:** 2 个训练师连续 3 天都观察到零辅助完成
材料: 内衣和强化物	

消退程序

维持标准: 2W = 连续 4 次零辅助完成;1W = 连续 4 次零辅助完成;M = 连续 3 次零辅助完成	**自然环境标准:** 目标行为可在自然环境下泛化到 3 个新的自然发生的活动中	**归档标准:** 目标、维持和环境标准同时达到

目标列表

目　标	基线:辅助次数与类型	开始日期	达标日期	消退程序		
				维持阶段	自然环境开始日期	归档日期
脱下内衣						
1. S^DA:目标 1:环节的最后一步:受训者能够把内裤放在收纳盒子里						
2. S^DA:目标 2:环节中的第三步:受训者能够从内裤中把第二条腿拿出来						
3. S^DA:目标 3:环节中的第二步:受训者能够从内裤中把第一条腿拿出来						
4. S^DA:目标 4:环节中的第一步:受训者能够把内裤脱到脚踝处						

5. 泛化到环境 1：						
6. 泛化到环境 2：						
7. 维持阶段：在不同环境下评估				2W 1W M		
穿上内衣						
8. S^DB：目标 1：环节的最后一步：受训者将内裤从膝盖处上提到臀部并穿舒适						
9. S^DB：目标 2：环节中的第四步：受训者把内裤从脚踝处提到膝盖处						
10. S^DB：目标 3：环节中的第三步：受训者把第二条腿伸到内裤里面						
11. S^DB：目标 4：环节中的第二步：受训者把第一条腿伸到内裤里面						
12. S^DB：目标 5：环节中的第一步：受训者撑开内裤						
13. 泛化到环境 1：						
14. 泛化到环境 2：						
15. 维持阶段：在不同环境下评估				2W 1W M		

进行该任务分析的具体建议：

- 确保在进行该任务分析之前已教授相关的预备技能，例如，穿/脱内衣的预备技能包括：模仿技能，完成拿着、穿上、脱下内衣的精细动作能力，以及完成接受性指令（一步指令）的能力。
- 这个项目的目的是让受训者通过逆向链接程序来学会穿/脱内衣，即教学的顺序是反向的（最后一步最先教），直到受训者能够独自完成所有步骤。因此，对于 S^DA 的目标 1，除了最后一步，环节中所有的步骤都需要辅助。对于目标 2，除最后一步和第三步外，都需要辅助。对于目标 3，除最后一步、第二、第三步外都需要辅助，以此类推，直到受训者独立掌握所有步骤。
- 针对这个项目，两个动作最好同时教授，以防受训者无意间随意脱衣服，教两个程序性步骤要确保用两个不同的表格记录数据。
- 最好使用稍宽松或很容易穿脱的内衣。

使用吸管喝东西

等级：□1 □2 □3

S^D： 将受训者喜欢的饮料插入吸管放在他面前，说“喝吧”	**反应：** 受训者用吸管喝饮料
数据收集：辅助数据（辅助的次数与类型）	**目标标准：**2 个训练师连续 3 天都观察到零辅助完成
材料：不同型号的吸管，容器，受训者喜欢的饮料和强化物	

消退程序

维持标准：2W＝连续 4 次零辅助完成；1W＝连续 4 次零辅助完成；M＝连续 3 次零辅助完成	**自然环境标准：**目标行为可在自然环境下泛化到 3 种新的自然发生的活动中	**归档标准：**目标、维持和自然环境标准全部达标

目标列表

目　　标	基线：辅助次数与类型	开始日期	达标日期	消退程序		
				维持阶段	自然环境开始日期	归档日期
1. 目标 1：把常规尺寸的吸管一切为二。把吸管放到盛有稀薄的饮料杯子里面。受训者从吸管里面喝饮料						
2. 目标 2：把常规尺寸的吸管放到盛有稀薄的饮料杯子里面。受训者从吸管里面喝饮料						
3. 目标 3：把常规尺寸的吸管放到盛有浓稠的饮料杯子里面。受训者用吸管喝饮料						
4. 目标 4：把常规尺寸的吸管放到酸奶状的饮料杯子里面。受训者用吸管喝饮料						

5. 目标 5：把常规尺寸的吸管放到杯子里，杯子里的饮料稠度和布丁一样。受训者用吸管喝饮料						
6. 目标 7：泛化到各种类型的吸管和不同稠度的饮料						
7. 泛化到环境 1：						
8. 泛化到环境 2：						
9. 维持阶段：在不同环境下评估				2W 1W M		

进行该任务分析的具体建议：

- 确保在进行这项任务分析之前已教授相关的预备技能。例如，精细动作、口腔和粗大动作的模仿能力和物体操作的能力。
- 短而粗的吸管对受训者更容易，所以针对这项任务分析，可以先从这些吸管开始去获取更大的成功率。
- 液体浓度越稀，越容易用吸管吸出来。
- 另一个替代策略是教给受训者吸管的用途。训练师可以用手把吸管末端堵住并插入到受训者喜欢的饮料里。另一端放入受训者的嘴里，只有在受训者做吸的动作时松开堵着的末端。
- 要用受训者喜欢的饮料，以保证他们有动力来完成任务，同时建立无意识的强化。

使用叉子和勺子吃饭

等级：□1 □2 □3

S^D： 给受训者食物和餐具，并说："我们吃饭吧"	**反应：** 受训者使用正确的餐具吃饭
数据收集：辅助数据（辅助的次数与类型）	**目标标准：**2 个训练师连续 3 天都观察到零辅助完成
材料：食物，叉子，勺子和强化物	

消退程序

维持标准：2W＝连续 4 次零辅助完成；1W＝连续 4 次零辅助完成；M＝连续 3 次零辅助完成	**自然环境标准：**目标行为可在自然环境下泛化到 3 种新的自然发生的活动中	**归档标准：**目标、维持和自然环境标准全部达标

目标列表

目　标	基线：辅助次数与类型	开始日期	达标日期	消退程序		
				维持阶段	自然环境开始日期	归档日期
用勺子吃东西						
1. 目标 1：环节的最后一步：把勺子放在桌上或盘子上						
2. 目标 2：环节的第六步：把勺子从嘴里拿出来						
3. 目标 3：环节的第五步：把勺子里的食物倒进嘴里						
4. 目标 4：环节的第四步：把勺子放进嘴里						

5. 目标5:环节的第三步:把勺子送往嘴边						
6. 目标6:环节的第二步:用勺子舀起食物						
7. 目标7:环节的第一步:拿好餐具						
8. 泛化到环境2:						
9. 维持阶段:在不同环境下评估				2W 1W M		
用叉子吃东西						
10. 目标1:环节的最后一步:把叉子放在桌上或盘子上						
11. 目标2:环节的第六步:把叉子从嘴里拿出来						
12. 目标3:环节的第五步:把叉子上的食物放进嘴里						
13. 目标4:环节的第四步:把叉子放进嘴里						
14. 目标5:环节的第三步:把叉子送到嘴边						
15. 目标6:环节的第二步:用叉子叉起食物						
16. 目标7:环节的第一步:拿好餐具						
17. 目标8:受训者独立完成所有步骤						
18. 泛化到环境1:						
19. 泛化到环境2:						
20. 维持阶段:在不同环境下评估				2W 1W M		

进行该任务分析的具体建议：

- 确保在进行该任务分析之前已教授相关的预备技能，例如，用叉子和勺子的预备技能包括掌握：模仿技能，抓起和使用勺子、叉子的精细动作能力，以及接受指令（一步指令）的能力。
- 这个项目的目的是让受训者通过逆向链接程序来学会使用餐具，即任务分析教学的顺序是反向的（最后一步先教），直到受训者独立完成所有的步骤。因此，对于目标1，除了最后一步，其余所有的步骤都需辅助。对于目标2，除最后一步和第六步外，都要辅助完成。对于目标3，除最后一步，第六步和第五步外，其余步骤都需辅助。以此类推，直至受训者掌握所有步骤。
- 在进行这个项目时，使用受训者喜爱的食物。不要用他们不熟悉的食物，或者某些他们可能拒绝的、具有特殊口感的食物。
- 对于大部分受训者来说，用勺子会更容易些，所以建议在教使用叉子之前先学会使用勺子。

基于 ABLLS-R 的精细动作技能

等级：□1 □2 □3

S^D： 根据 ABLLS-R 的精细运动目标指导受训者进行精细动作的训练（例如，给包拉拉链，涂色或裁剪等）	**反应：** 完成精细动作的训练
数据收集：技能习得	**目标标准：**2 个训练师连续 3 天都观察到 80% 或以上的正确回应
材料：完成指定目标所需的材料（如蜡笔、拼图、密封袋等）和强化物	

消退程序

维持标准：2W = 连续 4 次 100% 完成；1W = 连续的 4 次 100% 完成；M = 连续 3 次 100% 完成	**自然环境标准：**目标行为可在自然环境下泛化到 3 种新的自然发生的活动中	**归档标准：**目标、维持和自然环境标准全部达标

目标列表

对目标的建议和试探结果

对目标的建议：用蜡笔在纸上做标记，把物体放在分隔的盒子里，拼图（单块，嵌入式，方形边框），根据图纸搭积木，把物体转换到另一只手，把木钉插入钉板，一页一页翻书，将衣夹夹到一根绳上，在边框内着色，打开密封塑料袋，用剪刀剪东西，堆积木，串珠子，将广口瓶盖子拿下或盖上，用手指描摹轮廓，挤胶水，拆掉包装，粗略仿画图形、图案，在图上粘帖对应形状，折纸，剪图形，用衣夹夹物，用食指和大拇指拿东西，仿画图形，拼图
试探结果（已掌握目标）：

目　　标	基线%	开始日期	达标日期	消退程序		
				维持阶段	自然环境开始日期	归档日期
1. 目标 1：						

2. 目标 2：						
3. 已达成的目标：随机转换						
4. 目标 3：						
5. 目标 4：						
6. 已达成的目标：随机转换						
7. 目标 5：						
8. 目标：6：						
9. 已达成的目标：随机转换						
10. 目标 7：						
11. 目标 8：						
12. 已达成的目标：随机转换						
13. 目标 9：						
14. 目标 10：						
15. 已达成的目标：随机转换						
16. 泛化到环境 1：						
17. 泛化到环境 2：						
18. 维持阶段：在不同环境下评估				2W 1W M		

基于 ABLLS-R 的粗大动作技能

等级：□1 □2 □3

S^D： 根据 ABLLS-R 的粗大动作目标指导受训者进行精细动作的训练（如“跳”或“倒着走”）	**反应：** 完成肢体粗大动作
数据收集：技能习得	**目标标准：**2 个训练师连续 3 天都观察到 80% 或以上的正确回应
材料：完成指定目标所需的材料（如球、梯子等）和强化物	

消退程序

维持标准：2W = 连续 4 次 100% 完成；1W = 连续 4 次 100% 完成；M = 连续 3 次 100% 完成	**自然环境标准：**目标行为可在自然环境下泛化到 3 种新的自然发生的活动中	**归档标准：**目标、维持和自然环境标准全部达标

目标列表

对目标的建议和试探结果

对目标的建议：向前走/倒着走/侧着走，跪下，稳当地跑，爬行，侧翻，向前/后/下方跳，单/双脚跳，抛球/投球，滚球，接球，爬梯子，匍匐前进，蹲下，走平衡木，骑三轮车，快速跑，单脚站稳，开合跳，踢滚动的球，拍球，抛接球，连续荡秋千，走平衡木，跳绳，骑自行车
试探结果（已掌握目标）：

目　标	基线%	开始日期	达标日期	消退程序		
				维持阶段	自然环境开始日期	归档日期
1. 目标 1：						
2. 目标 2：						

3. 已达成的目标:随机转换						
4. 目标 3:						
5. 目标 4:						
6. 已达成的目标:随机转换						
7. 目标 5:						
8. 目标:6:						
9. 已达成的目标:随机转换						
10. 目标 7:						
11. 目标 8:						
12. 已达成的目标:随机转换						
13. 目标 9:						
14. 目标 10:						
15. 已达成的目标:随机转换						
16. 泛化到环境 1:						
17. 泛化到环境 2:						
18. 维持阶段:在不同环境下评估				2W 1W M		

使用指尖抓握小的物体

等级：□1 □2 □3

S^D： 设置一个要用到小物品的活动，让受训者用指尖抓握小物品	**反应：** 受训者使用拇指和食指捡起小物品
数据收集：辅助数据（辅助的次数与类型）	**目标标准：**2 个训练师连续 3 天都观察到零辅助完成
材料：小物品（参照建议目标列表）和强化物	

消退程序

维持标准：2W＝连续 4 次零辅助完成；1W＝连续 4 次零辅助完成；M＝连续 3 次零辅助完成	**自然环境标准：**目标行为可在自然环境下泛化到 3 种新的自然发生的活动中	**归档标准：**目标、维持和自然环境标准全部达标

目标列表

对目标的建议和试探结果

对目标的建议：硬币放入存钱罐，在棋盘上放棋子，把灯放到 Light-Brite 灯座上，串珠子，合上密封塑料袋，在纸上写名字，用镊子/钳子捡起/分类小物件（如珠子、棉球、绒球）
试探结果（已掌握目标）：

目　标	基线：辅助次数与类型	开始日期	达标日期	消退程序		
				维持阶段	自然环境开始日期	归档日期
1. 目标 1：						
2. 目标 2：						
3. 已达成的目标：随机转换						

4. 目标 3：						
5. 目标 4：						
6. 已达成的目标：随机转换						
7. 目标 5：						
8. 目标 6：						
9. 已达成的目标：随机转换						
10. 目标 7：						
11. 目标 8：						
12. 已达成的目标：随机转换						
13. 目标 9：						
14. 目标 10：						
15. 已达成的目标：随机转换						
16. 泛化到环境 1：						
17. 泛化到环境 2：						
18. 维持阶段：在不同环境下评估				2W 1W M		

进行该任务分析的具体建议：

- 确保受训者在进行这项任务分析之前，已教授相关的预备技能。例如，钳取的预备技能，包括掌握精细动作、粗大动作的模仿以及物品操控能力。
- 根据受训者的理解水平，训练师必要时可下达一些指令，如，“将非优势手放在桌子上”或轻轻握住受训者的非优势手来迫使他们使用自己的优势手或让受训者用非优势手拿着其他东西。

使用纸巾

等级:□1 □2 □3

S^D: 把一盒纸巾放在受训者面前,说"擤鼻涕"	**反应:** 受训者可以独立擤鼻子和擦鼻子
数据收集:辅助数据(辅助的次数与类型)	**目标标准:**2 个训练师连续 3 天都观察到零辅助完成
材料:纸巾,垃圾桶和强化物	

消退程序

维持标准:2W=连续 4 次零辅助完成;1W=连续 4 次零辅助完成;M=连续 3 次零辅助完成	**自然环境标准:**目标行为可在自然环境下泛化到 3 种新的自然发生的活动中	**归档标准:**目标、维持和自然环境标准全部达标

目标列表

目　标	基线:辅助次数与类型	开始日期	达标日期	消退程序		
				维持阶段	自然环境开始日期	归档日期
正向链接程序						
1. 目标 1:受训者从盒子里拿出纸巾						
2. 目标 2:受训者打开纸巾用优势手捏住纸巾						
3. 目标 3:受训者用纸巾包住鼻子						
4. 目标 4:受训者闭上嘴,擤鼻涕						
5. 目标 5:受训者捏住鼻子沿鼻翼下滑						

6. 目标 6:受训者用纸巾来回擦鼻子						
7. 目标 7:受训者将纸巾扔进垃圾筒						
8. 目标 8:受训者再从盒子里拿张纸巾						
9. 目标 9:受训者用纸巾包住鼻子						
10. 目标 10:受训者用纸巾来回擦鼻子						
11. 目标 11:受训者将纸巾扔进垃圾筒						
12. 泛化到环境 1:						
13. 泛化到环境 2:						
14. 维持阶段:在不同环境下评估				2W 1W M		

进行该任务分析的具体建议:

- 确保在进行该任务分析之前已教授相关的预备技能,例如,用纸巾的预备技能包括;拿住纸巾的精细动作能力,及接受指令(一步指令)的能力。
- 这项任务是让受训者通过正向链接,即是教学的顺序正向的,直至受训者掌握所有步骤。因此,对于目标 1,除了受训者做出目标行为,训练者需辅助完成剩下的步骤,对于目标 2,除了第 1 步外,辅助完成所有步骤,对于目标 3,除了步骤 1 和 2 外,其他步骤都要辅助完成。
- 在进行这个项目时,最好是在这些活动自然发生的时候,(如孩子流鼻涕的时候)。

洗脸和擦脸

等级：□1 □2 □3

S^D： 站在洗漱池前并说“洗洗脸”	**反应：** 受训者可以独立洗脸并擦脸
数据收集：辅助数据（辅助的次数与类型）	**目标标准：**2 个训练师连续 3 天都观察到零辅助完成
材料：洗漱池，肥皂，水，毛巾，毛巾架和强化物（其他可替代性的教学材料：湿纸巾、视觉程序表和计时器）	

消退程序

维持标准：2W＝连续 4 次零辅助完成；1W＝连续 4 次零辅助完成；M＝连续 3 次零辅助完成	**自然环境标准：**目标行为可在自然环境下泛化到 3 种新的自然发生的活动中	**归档标准：**目标、维持和自然环境标准全部达标

目标列表

目　　标	基线：辅助次数与类型	开始日期	达标日期	消退程序		
				维持阶段	自然环境开始日期	归档日期
逆向链接程序						
1. 目标 1：最后一步：把毛巾放回原处						
2. 目标 2：第十五步：用毛巾擦嘴和下巴						
3. 目标 3：第十四步：用毛巾擦干另一边的脸，从鼻子擦向脸颊						
4. 目标 4：第十三步：用毛巾擦干一边的脸，从鼻子擦向脸颊						
5. 目标 5：第十二步：用毛巾擦干额头						
6. 目标 6：第十一步：拿起毛巾						

7. 目标 7:第十步:关水						
8. 目标 8:第九步:用湿手擦脸						
9. 目标 9:第八步:在水下冲洗双手						
10. 目标 10:第七步:用打了肥皂的手搓洗嘴和下巴						
11. 目标 11:第六步:用沾肥皂的手搓另一边的脸,从鼻子擦向脸颊						
12. 目标 12:第五步:用沾肥皂的手搓一边的脸,从鼻子擦向脸颊						
13. 目标 13:第四步:用沾肥皂的手搓洗前额						
14. 目标 14:第三步:用双手搓肥皂						
15. 目标 15:第二步:拿肥皂						
16. 目标 16:第一步:打开水龙头						
17. 泛化到环境 1:						
18. 泛化到环境 2:						
19. 维持阶段:在不同环境下评估				2W 1W M		

进行该任务分析的具体建议:

- 这个项目的目的是让受训者通过逆向链接程序来学洗脸、擦脸,即这项任务分析是反向教学(最后一步最先教),直至受训者掌握所有步骤。因此,对于目标 1,除了最后一步,其余步骤都有辅助。对于目标 2,除了最后一步和第十五步,其余步骤都有辅助。对于目标 3,除最后一步、第十五步和第十四步外,其余步骤都有辅助。以此类推,直到受训者完成所有步骤。
- 也可以用湿纸巾并跳过第十四步。
- 有些受训者不喜欢水溅到打了肥皂的脸上,对这些受训者而言,可以考虑减少一些步骤,教他们拿来毛巾,将毛巾打湿,用湿毛巾来擦掉脸上的肥皂。

洗手和擦手

等级：□1 □2 □3

S^D： 站在洗漱池前，并说“洗洗手”	**反应：** 受训者可以独立洗手
数据收集：辅助数据（辅助的次数与类型）	**目标标准：**2 个训练师连续 3 天都观察到零辅助完成
材料：洗漱池，肥皂，水，纸或毛巾，垃圾筒或毛巾架和强化物	

消退程序

维持标准：2W＝连续 4 次零辅助完成；1W＝连续 4 次零辅助完成；M＝连续 3 次零辅助完成	**自然环境标准：**目标行为可在自然环境下泛化到 3 种新的自然发生的活动中	**归档标准：**目标、维持和自然环境标准全部达标

目标列表

目　　标	基线：辅助次数与类型	开始日期	达标日期	消退程序		
				维持阶段	自然环境开始日期	归档日期
1. 目标 1：最后一步：扔掉纸或将毛巾放回原处						
2. 目标 2：第七步：用毛巾或纸擦干手						
3. 目标 3：第六步：拿起纸或毛巾						
4. 目标 4：第五步：关掉水龙头						
5. 目标 5：第四步：在水下冲洗双手						
6. 目标 6：第三步：在手上打肥皂						

7. 目标 7:第二步:拿起肥皂						
8. 目标 8:第一步:打开水龙头						
9. 泛化到环境 1:						
10. 泛化到环境 2:						
11. 维持阶段:在不同环境下评估				2W 1W M		

进行该任务分析的具体建议:

- 这项任务是用反向排序法教受训者洗手、擦手,即这项任务分析是反向教学的(最后一步最先教),直至受训者掌握所有步骤。因此,对于目标 1,除了最后一步,其余步骤都有辅助。对于目标 2,除了最后一步和第七步,其余步骤都有辅助。对于目标 3,除最后一步、第七步和第六步外,其余步骤都有辅助。以此类推,直到受训者完成所有步骤。
- 这项任务分析可以选用纸巾进行教学,并要求受训者扔掉纸巾,也可以用毛巾教学,并在完成后把毛巾挂起来。训练师可以选择其中一种方式。在自然环境教学时,选择另外一种方式,以确保受训者能够将技能泛化至不同的刺激物。
- 建议训练师逐渐弱化“洗洗手”的 S^D。这样受训者才不会对言语 S^D 产生依赖。

去厕所小便（2 小时内不能尿裤子）

等级：□1 □2 □3

S^D： 根据下面目标中的时间表设定计时器，说“到上厕所的时间了”或“去厕所”	**反应：** 受训者在厕所尿尿且保持 2 小时之内不尿裤子
数据收集：在训练期或一天内成功小便和尿裤子的次数	**目标标准：**目标 1 标准：受训者连续 3 天不抗拒坐在马桶上。剩余目标：至少有 1 次成功在马桶上小便且持续 3 天没有尿裤子
材料：计时器，咸的食物，喜爱的饮品，替换的内衣/衣服（可以用训练内衣）和强化物	

消退程序

维持标准：2W/1W＝连续 4 次反应中至少 1 次成功且不尿裤子；M＝连续 3 次反应中至少 1 次成功且不尿裤子	**自然环境标准：**目标行为可在自然环境下泛化到 3 种新的自然发生的活动中	**归档标准：**目标、维持和自然环境标准全部达标

目标列表

目　　标	基线：辅助次数与类型	开始日期	达标日期	消退程序		
				维持阶段	自然环境开始日期	归档日期
1. 目标 1：强化物受训者坐马桶的行为成对出现						
2. 目标 2：间隔 3 分钟：（3 分钟不在马桶上/2 分钟在马桶上）						
3. 目标 3：间隔 5 分钟：（5 分钟不在马桶上/2 分钟在马桶上）						

4. 目标 4:间隔 10 分钟:(10 分钟不在马桶上/2 分钟在马桶上)						
5. 目标 5:间隔 15 分钟:(15 分钟不在马桶上/2 分钟在马桶上)						
6. 目标 6:间隔 20 分钟:(20 分钟不在马桶上/2 分钟在马桶上)						
7. 目标 7:间隔 25 分钟:(25 分钟不在马桶上/2 分钟在马桶上						
8. 目标 8:间隔 30 分钟:(30 分钟不在马桶上/2 分钟在马桶上						
9. 目标 9:间隔 45 分钟:(45 分钟不在马桶上/2 分钟在马桶上						
10. 目标 10:间隔 50 分钟:(50 分钟不在马桶上/2 分钟在马桶上)						
11. 目标 11:间隔 60 分钟:(60 分钟不在马桶上/2 分钟在马桶上)						
12. 目标 12:间隔 75 分钟:(75 分钟不在马桶上/2 分钟在马桶上)						
13. 目标 13:间隔 90 分钟:(90 分钟不在马桶上/2 分钟在马桶上)						
14. 目标 14:间隔 1 小时 45 分钟:(1 小时 45 分钟不在马桶上/2 分钟在马桶上)						
15. 目标 15:间隔 2 个小时:(2 个小时不在马桶上/2 分钟在马桶上)						
16. 泛化到环境 1:						

17. 泛化到环境 2：						
18. 维持阶段：在不同环境下评估				2W 1W M		

进行该任务分析的具体建议：

- 确保在进行该任务分析之前已教授相关的预备技能，例如，在马桶上小便（间隔 2 小时）的预备技能包括：恰当地坐在椅子上及接受指令（一步指令）的能力。
- 如果受训者抵触坐在椅子上 1～2 分钟，可以跳过目标 1［在这期间，受训者可以参与到喜爱的活动中（如唱歌、看书等），使受训者上厕所的常规更有强化作用］。
- 受训者在参与任务时应该穿着内裤。
  - 任务完成后，要让受训者冲马桶并给予强化。
  - 如果没有回应（坐在马桶上时无排尿），应该用自然的方式让受训者回到之前的活动中。受训者不用冲厕所或继续强化。
  - 如果受训者没有在马桶上小便，要自然地改变这个行为。可以捉住受训者并把他放在马桶上完成小便。
- 间隔结束时，在卫生间培训数据表上记录下时间和数据留作以后讨论或寻求解决方法。
- 进行如厕训练时，留在卫生间直到受训者可以达到 20～30 分钟间隔目标。在这项如厕任务分析进行过程中，可以带着其他的不在进行的 ABA 训练材料。这是进行其他项目的好机会。
- 在计时器报鸣时，辅助受训者说出上卫生间（口头、图片沟通系统、沟通行为/辅助沟通系统、标识）并辅助他坐在马桶上。
- 全天提供饮料给受训者以增加上卫生间的可能。也要提供咸的食物（椒盐脆饼、薯条等）来增加喝水的欲望。
- 定时检查受训者的裤子是不是干的，并通过语言强化让受训者知道保持干爽。

大便后擦拭干净

等级：□1 □2 □3

S^D： “擦擦屁股”（同时指向卫生纸）	**反应：** 受训者会在大便后把屁股擦干净
数据收集：辅助数据（辅助的次数与类型）	**目标标准：**2 个训练师连续 3 天都观察到零辅助完成
材料：卫生纸，橡胶手套和强化物	

消退程序

维持标准：2W＝连续 4 次零辅助完成；1W＝连续 4 次零辅助完成；M＝连续 3 次零辅助完成	**自然环境标准：**目标行为可在自然环境下泛化到 3 种新的自然发生的活动中	**归档标准：**目标、维持和自然环境标准全部。达标

目标列表

目　　标	基线：辅助次数与类型	开始日期	达标日期	消退程序		
				维持阶段	自然环境开始日期	归档日期
逆向链接程序						
1. 目标 1：最后一步：冲厕所						
2. 目标 2：第十步：将卫生纸扔进马桶里						
3. 目标 3：第九步：用优势手第三次从前向后擦						
4. 目标 4：第八步：用优势手撕下卫生纸，第二次从前向后擦						
5. 目标 5：第七步：从卷纸上撕下卫生纸						

6. 目标6:第六步:将卫生纸扔进马桶里						
7. 目标7:第五步:用优势手从前向后擦						
8. 目标8:第四步:用优势手拿着卫生纸						
9. 目标9:第三步:折叠卫生纸						
10. 目标10:第二步:训练师拿着卫生纸底端,受训者会从卷纸上撕下卫生纸						
11. 目标11:第一步:将卫生纸拉到受训者膝盖						
12. 泛化到环境1:						
13. 泛化到环境2:						
14. 维持阶段:在不同环境下评估				2W 1W M		

进行该任务分析的具体建议:

- 这项任务分析是用逆向链接程序教受训者学会大便后擦干净屁股,即这项任务分析是反向教学的(最先教最后一步),直至受训者掌握所有步骤。因此,对于目标1,除了最后一步,其余步骤都需要辅助。对于目标2,除了最后一步和第十步,其余步骤都需要辅助。对于目标3,除最后一步,第十步和第九步外,其余步骤都需要辅助。以此类推,直到受训者完成所有步骤。
- 如果泛化到使用包装湿巾,务必要加一个步骤,即要求受训者会撕开包装,打开湿巾。
- 确保逐渐弱化口语 S^D,只用手势,这样受训者才不会依赖于言语 S^D,把口头指令作为大便后清洁的一部分(受训者只在听到言语辅助后才擦屁股)。
- 很重要的一点是:每个训练师在教导擦屁股这项技能时应遵循同样的步骤,可以增加一些步骤,例如,让受训者站起来擦,把纸巾放到两腿之间擦等。
- 如果受训者明白“干净/脏”的意思,可以教他们擦到厕纸干净为止。如果他们不明白“干净/脏”的意思,就教他们擦到指定次数。

小便后擦拭干净

等级：□1 □2 □3

S^D： “擦一擦”（同时指向卫生纸）	**反应：** 受训者会在小便后擦干净
数据收集：辅助数据（辅助的次数与类型）	**目标标准：**2 个训练师连续 3 天都观察到零辅助完成
材料：卫生纸，橡胶手套和强化物	

消退程序

维持标准：2W＝连续 4 次零辅助完成；1W＝连续 4 次零辅助完成；M＝连续 3 次零辅助完成	**自然环境标准：**目标行为可在自然环境下泛化到 3 种新的自然发生的活动中	**归档标准：**目标、维持和自然环境标准全部达标

目标列表

目　标	基线：辅助次数与类型	开始日期	达标日期	消退程序		
				维持阶段	自然环境开始日期	归档日期
逆向链接程序						
1. 目标 1：最后一步：冲厕所						
2. 目标 2：第八步：将卫生纸扔进马桶里						
3. 目标 3：第七步：用优势手第三次从前向后擦						
4. 目标 4：第六步：用优势手第二次从前向后擦						
5. 目标 5：第五步：用优势手从前向后擦						

6. 目标 6:第四步:用优势手拿着卫生纸						
7. 目标 7:第三步:折叠卫生纸						
8. 目标 8:第二步:训练师拿着卫生纸底端,受训者从卷纸上撕下卫生纸						
9. 目标 9:第一步:将卫生纸拉到受训者膝盖						
10. 泛化到环境 1:						
11. 泛化到环境 2:						
12. 维持阶段:在不同环境下评估				2W 1W M		

进行该任务分析的具体建议:

- 这项任务分析是用逆向链接程序教受训者学会小便后擦干净,即这项任务分析是反向教学的(最后一步最先教),直至受训者掌握所有步骤。因此,对于目标 1,除最后一步外,其余步骤都需要辅助。对于目标 2,除了最后一步和第八步,其余步骤都有辅助。对于目标 3,除最后一步,第八步和第七步外,其余步骤都有辅助。以此类推,直到受训者完成所有步骤。
- 如果泛化到使用有包装湿巾,务必要加一个步骤,即要求受训者会撕开包装,打开湿巾。
- 确保逐渐弱化口语 S^D,只用手势,这样受训者才不会依赖于言语 S^D,把口头指令作为大便后清洁的一部分(受训者只在听到言语辅助后才擦屁股)。
- 很重要的一点是:每个训练师在教导擦屁股这个技能时应遵循同样的步骤,可以增加一些步骤,例如,让受训者站起来擦,把纸巾放到两腿之间擦。

参考文献

Bondy, A. and Frost, L. (2002) *The Picture Exchange Communication System.* Newark DE: Pyramid Educational Products.

Bracken, B.A. (2006) *Bracken Basic Concept Scale, Expressive.* Bloomington, MN: Pearson Education, Inc.

Partington, J.W. (2006) *The Assessment of Basic Language and Learning Skills – Revised (The ABLLS-R).* Pleasant Hill, CA: Behavior Analysts, Inc.